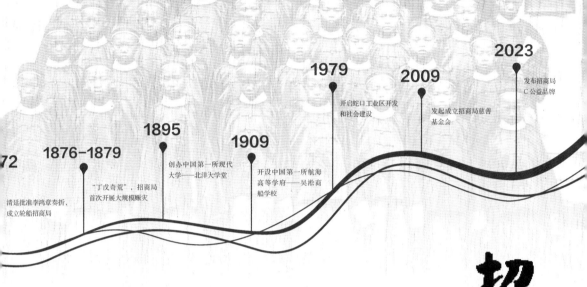

2023
发布招商局
C公益品牌

2009
发起成立招商局慈善
基金会

1979
开启蛇口工业区开发
和社会建设

1895
创办中国第一所现代
大学——北洋大学堂

1909
开设中国第一所航海
高等学府——吴淞商
船学校

1876-1879
"丁戊奇荒",招商局
首次开展大规模赈灾

72
清廷批准李鸿章奏折,
成立轮船招商局

张军立　周秋光
徐宇珊　赖伟军 ／编著

# A HISTORY OF CHINA MERCHANTS' CHARITY AND PHILANTHROPY

# 招商局
# 慈善公益史

社会科学文献出版社
SOCIAL SCIENCES ACADEMIC PRESS (CHINA)

# 序　言
## 商业向善　共益共赢
## 打造令人尊敬的世界一流企业

百年商道，向善为先。150多年来，招商局坚持以商业成功推动时代进步，始终把自身发展置于国家和社会大局之中，以义取利、义在利前。我们不仅坚定服务"国之所需"，以民族工商业先驱、改革开放先锋和中国式现代化践行者之姿，站位高远"筹国计"，也坚持排解"民之所忧"，通过兴办教育、帮扶社会、赈灾救援等方式，温情相助"惠民生"。

我们认为，企业不仅要盈利，更要助力改善社会和环境，为人类福祉作贡献。所以，招商局集团坚持商业向善、共益共赢，通过商业的力量，向公益慈善事业注入可持续发展的不竭动力。自1872年创立以来，招商局一直践行弘扬守望相助、扶危济困的中华民族传统美德，持续推进慈善公益事业。这本书不仅全面记录了招商局慈善公益事业的历史，也充分展现了招商人的家国情怀、社会责任和无私大爱。在不同历史时期，招商局都以实际行动践行公益慈善理念，持续为国家发展贡献力量、为社会进步增添动力、为人民所需传递温暖。

清末民初，招商局先后捐办北洋大学堂、南洋公学、吴淞商船学校，创办招商局公学等，为近代中国高等教育发展贡献了重要力量；还先后选送百余名幼童赴美求学，他们之中很多人成为中国最早的一批工程师、外交官、教育家，以及中国矿业、铁路业、电报业的先行者。

抗日战争时期，招商局护船保产、抢运军队、输送物资、支援前线，为拯救民族危亡不惜作出重大牺牲，在长江要塞沉船24艘全力御敌，占自身船舶总吨位的四成；穿越川江三峡航道天险成功实现六大江轮入川，参与完成中国重要工业装备第一次跨区域大规模转移的壮举，69 名船员以身殉国。

社会主义革命和建设时期，招商局奠定新中国航运业基石，先后恢复长江、北洋、南洋和远洋多条重要航线，积极推动"南船北归"，不断充实国营航运力量，为国家物资保供稳价作出了重要贡献；成立香港友联船厂保障国家远洋船队境外维修，被周恩来总理赞扬"小厂办大事"。

改革开放和社会主义现代化建设新时期，招商局敢为人先，勇立潮头，在深圳蛇口炸响"改革开放第一炮"，既成为改革开放先锋，也成为践行慈善先锋，全力捐资赈灾、兴办教育、培养人才、投身社区公益。

新时代以来，招商局集团以习近平新时代中国特色社会主义思想为指引，积极开展脱贫攻坚、抗击新冠疫情、助教助学、助残助医、赈灾救援、国际合作等慈善活动，取得丰硕成果。在香港聚焦"一老一小"，打造"乐龄科技""C Me Fly 青少年资助计划"等公益品牌项目；参与香港特区政府"社区客厅"建设计划，策划招商暖邨、招商旺邨、招商爱邨系列活动，打造"招商幸福邨"社区服务品牌。深入践行 ESG 理念，发布并实施招商局 C 公益品牌，累计投入公益资金超过 13 亿元人民币，在全球 27 个国家开展 640 余个"授人以渔"项目。比如，开展残障人士捐赠公益项目、斯里兰卡爱心村项目、白俄罗斯"孤儿温馨之家"项目，以及在多国开展"小浪花"志愿服务，树立起负责任的跨国公司形象。在脱贫攻坚的战场上，将企业的商业优势与相关地区的资源禀赋有机结合，助力定点协作地区脱贫致富、乡村振兴。在抗击新冠疫情的斗争中，招商局"灾急送"打造了全国最大的公益抗疫物流平台，全力畅通抗疫物资生命线，被党中央、国务院、中央军委授予"全国抗击新冠肺炎疫情先进集体"称号。招商局集团连续 7 年获评中央单位定点帮扶工作最高考核等次，荣获"中华慈善奖"和第九届"中华人口奖特别贡献奖"等荣誉。

招商局 150 多年的慈善公益史，不仅见证了中国从传统慈善向现代公益的转型，也展现出一家企业将社会责任融入自身发展，进而推动社会进步的过程全貌。招商局的慈善公益事业以其深厚的历史底蕴、鲜明的时代特色和广泛的社会影响，为中国乃至世界的慈善公益事业提供了宝贵的实践经验，更为企业更好履行社会责任提供了生动的案例。

　　商业向善，敦行致远。面向未来，招商局集团将坚持创新引领、服务社会需求、推动时代进步，持之以恒激发商业向善的力量，以创造更大的社会价值为己任，以专业、系统、持续、透明的方式推进慈善公益事业，加快打造商业成功、向善而为、共益共赢、令人尊敬的世界一流企业，为中国乃至世界的慈善公益事业贡献招商力量！

招商局集团党委书记、董事长　缪建民

2024 年 11 月

目·录

## 下编　善举新篇：招商局慈善事业的现代实践

### 第十章　服务脱贫攻坚和乡村振兴：助力提升欠发达地区

上　编
百年善行：招商局慈善事业的
历史印记

# 第一章　开创时期招商局慈善公益
# 事业（1872—1884）

以轮船招商局为代表的中国近代航运业初步酝酿和产生于中国从传统社会向近代社会转型的进程中，尤其是在面临外国航运势力对中国江海航运业威胁的背景下。开创时期的招商局对晚清时期中国经济发展、国家权益维护都起到了一定推动作用，也通过参与慈善公益活动，积极推动社会进步。

## 第一节　招商局的创办与初期发展

1840 年鸦片战争后，欧美帝国主义通过坚船利炮强行打开中国大门，加紧了对中国的政治经济侵略，外国航运势力也对中国江海航运形成垄断。晚清中国面对"数千年来未有之变局"和"数千年来未有之强敌"，①政治、文化、经济、社会等都面临严重危机，社会性质和经济条件发生重大改变，中国社会开始由传统向近代转型。在这样的时代大背景下，中国近代第一家具有资本主义性质的航运企业——轮船招商局应运而生。

### 一　应对时代危机

#### （一）洋务运动的呼应

第二次鸦片战争结束后，清政府被迫再次与西方国家签订不平等条约，中国大量领土被侵占，国家主权遭到破坏。此时期，农民战争也进入低潮，国内暂时出现一种"稳定"的"和局"形势。但在晚清统治集团

---

① 顾廷龙、戴逸主编《李鸿章全集》第 6 册，安徽教育出版社 2007 年版，第 159、160 页。

中，一些当权者如曾国藩、李鸿章、左宗棠以及恭亲王奕诉等人，并没有因为"和局"的出现而放松对西方国家的警惕。特别是曾国藩、李鸿章、左宗棠等人，他们在对太平天国的"华洋会剿"中，目睹西方国家坚船利炮的巨大威力，感受到清政府的长久统治已经面临潜在威胁。为了挽救清政府的统治危机，实现富国强兵，封建统治阶级中的部分成员主张引进、仿造西方的武器装备和学习西方的科学技术，创设近代企业、兴办洋务。这些官员被称为"洋务派"。

事实正如部分洋务派官员所担心的那样，帝国主义国家并没有因为中外"和好"局面的存在而放弃侵略，相反他们凭借一系列不平等条约所规定的特权，不断加紧对中国进行政治、经济、文化侵略，尤其是经济侵略。在鸦片战争之后，清政府在中国沿海与长江沿线被迫开放多处通商口岸，外国轮船成群结队地开进中国水域。和中国传统木船相比，这些外国轮船以蒸汽机作为动力，速度快，优势显而易见。在新式轮船运输的冲击下，中国船业一片凋残景象，沙船客货运输业被逼到溃灭的地步。1869年，苏伊士运河通航，两年后，欧亚海底电缆远东段铺设到上海，上海与伦敦之间的电信联系从此不需再转经香港就可直接发送。便利的交通线路和先进的通信手段，吸引了更多洋商参与对华贸易，航行到中国的外轮也日益增多，大有垄断中国航运业的趋势。因此，在航运业方面收回利权的呼声也越来越高。到19世纪70年代初，清政府把国内主要的农民起义和少数民族起义镇压下去，暂时稳定了封建统治秩序，但实际上整个国家并没有真正兴盛起来，实际的情况就是库藏空虚、商困民穷。[①] 彼时，洋务运动已经兴起数年，洋务派以"自强"为口号创办了一批近代军事工业。但随着军事工业的发展，洋务派认识到"有国者苟欲攘外，亟须自强；欲自强，必先致富；欲致富，必首在振工商"。[②] 为解决漕运危机，振兴工商，李鸿章向总理衙门提出了创设轮船招商局的设想，创办中国新式船业的计划就这样被提上了日程。

**（二）外国资本对中国航运利权的攫取**

鸦片战争是中国从封建社会沦为半殖民地半封建社会的转折点，也是

---

① 夏东元、杨晓敏：《论清季轮船招商局的性质》，《历史研究》1980年第4期，第56页。
② 夏东元编《郑观应集》下册，上海人民出版社1982年版，第11页。

中国江海航权利权丧失的起点。鸦片战争前夕，外国轮船已开始出现在中国海域。1842 年 8 月，英国强迫清政府签订《南京条约》，规定开放广州、福州、厦门、宁波、上海五处通商口岸，"凡有英商等赴各该口岸贸易者，勿论与何商交易，均听其便"，[①] 英国船只可以在五口及五口之间自由出入，往返贩运。这就实际承认了外国商船享有在我国沿海通商口岸自由航行的特权。另外，根据后续《虎门条约》与中美签订的《望厦条约》中有关"一体均沾"的规定，侵华列强均可享受上述特权。

英法两国为扩大在华权益，于 1856 年发动了第二次鸦片战争。1858 年 6 月，英、俄、法、美四国胁迫清政府签订《天津条约》及《通商章程善后条约》，规定各国商船可以驶入长江一带各口通商，各国兵船可以进入口岸防缉海盗。这意味着长江已经变成外国商船航行的黄金水道。

除此之外，清政府还给予外商在税收方面的种种优惠。随着中国沿海与长江航权逐步丧失，外资航运业在中国不断发展扩张。1861 年，上海洋商中已经有人开始进行组织专业轮船公司的活动，并认为组织公司是开放长江水道、发展贸易最实际、最有效的办法。[②] 在当时的条件下，商船是西方侵略者对中国进行商品输出的主要甚至唯一的交通工具。各国轮船公司相继设立后，逐渐在中国江海航线上展开了激烈的竞争。如 1862 年，美商旗昌洋行凭借雄厚实力，先后击败怡和、琼记、宝顺等对手，在上海设立旗昌轮船公司，专营中国沿海及长江沿岸的客货运载。1862—1863 年，上海至少有 20 家洋行经营轮船业务，经过激烈的竞争，最终由旗昌、太古、怡和三家公司霸占和垄断了轮船航运。与此同时，华商附股洋商名下也是 19 世纪 60 年代初的普遍现象。这些华商依附于外商，利用外商的旗号来行船，致使"吾国内江外海驶行之轮船夹板日增月盛，然无一悬中国国旗者"。[③]

从 19 世纪 40 年代至 60 年代，外国侵略者对中国的经济侵略从东南沿

---

① 王铁崖编《中外旧约章汇编》第 1 册，三联书店 1957 年版，第 12 页。

② 聂宝璋：《从美商旗昌轮船公司的创办与发展看买办的作用》，《历史研究》1964 年第 2 期。

③ 陈玉庆整理《国民政府清查整理招商局委员会报告书》，社会科学文献出版社 2013 年版，第 407 页。

海地区扩展到内地，有垄断我国内河航运权的趋势，开辟了连接中国江海并沟通外洋的完整水上运输网，为他们进一步扩大掠夺性的航运活动准备了条件。针对这一现象，北洋大臣李鸿章坦言："各国通商以来，中国沿海沿江之利，尽为外国商轮侵占。"① 为了与洋商争利，挽回利权，李鸿章希望设立中国自己的航运公司来逐渐收回航运利权，招商局就是在这样的背景下应时而生。

### （三）漕运与招商局的创办

1915年，刘锦藻在《清朝续文献通考》漕运卷按语中写道："漕粮为天庾正供，俸米旗饷，计口待食，为一代大政。第运道繁费，备经列圣经营。既其实河运不如海运，海运不如改折，改折又不如畿辅农田，足以裨益本计。"② 漕粮本应由运河北运，但嘉庆以后，河运的积弊与河道淤塞的情况已经很严重。因此，道光初年以后，漕运逐渐改为海运，沙船成为承办漕粮以及南北物资转运的主要方式。但近代以来，随着外国航业入侵，沙船业遭到致命打击，"沙船自沪达津以月计，轮船自沪达津以日计"。③ 中国沙船业濒临破产，并逐渐被淘汰。这时如何解决因沙船业衰落而造成的漕运困难，并进一步抵御外国轮船染指中国航运，成为清政府亟待解决的难题，也成为"试办轮船"的一个重要起因。1873年招商局招股时，有记载称："沙宁船只道光时有三千余号，今仅存四百余号，轮船始惟英公司一号，今且及百号。观此即可见其淘汰之趋势，且洋商除轮船之外，尚有夹板，沙宁船自不能与之抗，优胜劣败业已昭著。"④ 由此可见，此时国内的航权已尽数操纵于洋商之手。为解决这一问题，李鸿章奏称："江浙沙宁船只日少，海运米石日增……请以商局轮船分装海运米石，以补沙宁船之不足。"⑤ "派员设局招商，试办轮船，分运来年江、浙漕粮，以备官船造成雇领张本。"⑥ 可以说，漕运危机与招商局的创办密切相关，是催生

---

① 易惠莉、胡政主编《招商局与近代中国研究》，中国社会科学出版社2005年版，第408页。
② 刘锦藻：《清朝续文献通考》卷75《国用考十三·漕运》，浙江古籍出版社2000年影印本，考8325。
③ 宝鋆等编《筹办夷务始末（同治朝）》卷86，故宫博物院1930年影印本，第18页。
④ 陈玉庆整理《国民政府清查整理招商局委员会报告书》，第407页。
⑤ 易惠莉、胡政主编《招商局与近代中国研究》，第408页。
⑥ 胡政主编《招商局珍档》，中国社会科学出版社2009年版，第3页。

招商局成立的一个重要因素。

1872年1月16日，内阁学士宋晋奏请裁停闽沪船局，引起了一场有关中国航运业前途的大辩论。其实曾国藩早在1865年就于上海设立了江南造船厂（简称沪局），左宗棠也于1866年在福州设立福州船政局（简称闽局）。招商局开办之时，两厂已制造商船四五艘。但因清政府财政困难，宋晋遂以"靡费太重"为由，请旨饬令闽沪两局停止制造，遭到洋务官员曾国藩、李鸿章等人的坚决反对。1872年6月20日李鸿章上奏称："国家诸费皆可省，惟养兵设防、练习枪炮、制造兵轮船之费万不可省。"[①]同时指出，"闽、沪现造轮船皆不合商船之用，将来兼造商船，招令华商领雇，必准其兼运漕粮，方有专门生意，不至为洋商排挤"[②]。并且"须华商自立公司，自建行栈，自筹保险"[③]，还要有"熟悉商情、公廉明干、为众商所深信"[④]的人出面主持。由此，与"运漕一事相辅而行"[⑤]的招商局规制设想初具轮廓。

## 二 官督商办体制的确立与初期发展

招商局的成功创办与运营，离不开以李鸿章为代表的官方的支持。1872年7月，李鸿章遵照总理衙门函示，商令浙局总办海运委员候补知府朱其昂酌拟轮船招商章程。朱其昂等拟出《轮船招商节略并各项条程》20条。章程最初规定招商局的性质为官商合办，但朱其昂很快发现官造轮船内并无商船可领。李鸿章随即向总理衙门转送朱其昂的条议，并着重说明，"目下既无官造商船在内，自无庸官商合办，应仍官督商办，由官总其大纲，察其利病，而听该商董等自立条议，悦服众商，冀为中土开此风气，渐收利权"[⑥]。1872年8月，李鸿章奏准"请照户部核准练饷制钱借给苏浙典商章程，准该商（即轮船招商局）等借领二十万串，以作设局商

---

① 胡政主编《招商局珍档》，第9页。
② 胡政主编《招商局珍档》，第3页。
③ 李鸿章：《李文忠公全集》奏稿卷19，清光绪三十一年（1905）金陵刻本，第44—50页。
④ 中国史学会主编《洋务运动》第6册，上海人民出版社1961年版，第121页。
⑤ 王毓藻：《重订江苏海运全案》续编卷8，第31页。
⑥ 《试论办轮船招商》，同治十一年十一月二十三日（1872年12月23日），顾廷龙、戴逸主编《李鸿章全集》第30册，第484页。

本而示信于众商，仍预缴息钱助赈，所有盈亏全归商认，与官无涉"。① 得到批复后，李鸿章随即派朱其昂、朱其诏回沪设局招商，兴办航业，名为"轮船招商公局"。为了支持创办招商局，李鸿章下令调拨江浙漕粮 20 万石，由招商局轮船运往天津。

招商局于 1872 年 12 月 26 日成立，1873 年 1 月 17 日正式开局营业，② 局址设在洋泾浜南永安街。但囿于时局动荡，开业后的招商局未能一帆风顺，仅持续半年，便进行了一次重大改组。1873 年 5 月李鸿章委派林士志到上海，会同朱其昂，邀集唐廷枢、徐润等洽商接办。朱其昂"自知才力不及"，主动辞去主要负责人工作。③ 1873 年春夏之交，李鸿章授命盛宣怀拟定新章。盛宣怀随即照办，章程名确定为《轮船招商章程》。"轮船招商公局"也变为"轮船招商局"，明确地去掉一个"公"字，以示新组建的招商局是商股商办，官方只有维持之责。1873 年 6 月 4 日，清廷札委唐廷枢为招商局总办，同年 10 月 22 日，委任徐润为会办。④ 唐廷枢与徐润都有丰富的轮船经营经验，在他们的领导经营下，到 1874 年秋，轮船招商局实收资本增至 47.6 万两，1880 年及 1882 年，更分别增至 100 万两和 200 万两。⑤ 在唐廷枢和徐润的经营管理下，招商局进入了"官督商办"的"商承"时期。⑥

其实早在朱其昂等人拟定《轮船招商公局规条》时，招商局就确定了"官督商办"体制。所谓"官督"是指"由官总其大纲，察其利病"，官方直接控制其根本大权，承担扶植之责；⑦ 所谓"商办"是指招商入股，设局置船，公举股份较大者入局为商董，由商董"自立条议，悦服众

① 李鸿章：《李文忠公全集》奏稿卷 20，台北：文海出版社 1966 年版，第 33 页。
② 胡政主编《招商局与上海》，上海社会科学院出版社 2007 年版，第 197 页。
③ 《刘坤一遗集》第 2 册，第 601 页。转引自张后铨主编《招商局史（近代部分）》，人民交通出版社 1988 年版，第 43 页。《招商局史（近代部分）》共有两个版本，以下如无特别说明，均指 1988 年版。
④ 《刘坤一遗集》第 2 册，第 601 页。转引自张后铨主编《招商局史（近代部分）》，第 43 页。
⑤ 黎志刚：《黎志刚论招商局》，社会科学文献出版社 2012 年版，第 15 页。
⑥ 刘广京著，黎志刚编《刘广京论招商局》，社会科学文献出版社 2012 年版，第 32 页。
⑦ 《试论办轮船招商》，同治十一年十一月二十三日（1872 年 12 月 23 日），顾廷龙、戴逸主编《李鸿章全集》第 30 册，第 484 页。

商"。① 总体来说，"官督商办"就是由官掌握用人、理财之权，但"商本盈亏与官无涉"。② 在"官督商办"的体制下，唐廷枢、徐润着手拟定《轮船招商章程》和《轮船招商局规》。《轮船招商章程》规定了招商局的管理体制和营业方向，一定程度上反映了招商局股商的利益。《轮船招商局规》强调了股商尤其是大股东的利益，并声明股票不得转让与洋人。这是近代中国第一次将西方资本主义企业的组织形式和经营原则引入中国企业中。

招商局早期的资本筹集主要通过三条途径：招股、官款与借贷。开创初期，招商局的招股情况较为良好，至光绪九年（1883），招商局股份银总共达到 200 万两。③ 除了通过招股募集资本外，招商局还享有政府提供的低息贷款，也就是"官款"。这些官款实际上是一种特殊形式的"官本"。除招股与官款之外，招商局还向外借贷，借贷的对象包括钱庄、外国洋行、私人以及使用附属企业、保险公司在局的存款等。④

经历了初期的改革与资本筹集，招商局的发展逐渐步入正轨。除在上海设总局外，招商局在天津、牛庄等处共设 19 个分局，⑤ 并陆续向外商购置了"伊敦"、"永清"、"利运"和"福星"等轮船，开辟了江海航线与远洋航线，码头、栈房等设施迅速扩张，并创办了自己的保险公司。⑥ 可以说，西方航运企业对中国航运的垄断正逐渐被打破，中国江海航运业的面貌也发生了重大变化。但与此同时，招商局也面临与外国航运企业竞争的巨大压力。

### 三 初创时期的担当与作为

#### （一）挽回部分航运利权

招商局的设立揭开了近代中国收回利权运动的序幕。在招商局创办的过程中，洋务派虽然与保守派各执己见，在出发点上有所不同，前者倾向

---

① 汤照连主编《招商局与中国近现代化》，广东人民出版社 1994 年版，第 410 页。
② 易惠莉、胡政主编《招商局与近代中国研究》，第 122 页。
③ 张后铨主编《招商局史（近代部分）》，第 49 页。
④ 张后铨主编《招商局史（近代部分）》，第 53 页。
⑤ 《国营招商局之成长与发展》，《国营招商局七十五周年纪念刊》，招商局档案馆藏，档号：B013-WS-201，第 1 页。
⑥ 张后铨主编《招商局史（近代部分）》第 64 页。

于民族资本家的经济利益，后者倾向于封建统治者的政治利益，但是二者在与洋商分利、挽回利权方面的立场一致。抵制外国人在华利益是洋务派创办招商局的一个重要目的。领导洋务运动的李鸿章就曾在试办招商局的奏折中多次强调，应当允许华商自置轮船来发展近代民族航运业，"以中国内洋任人横行，独不令华商展足耶？日本尚自有轮船六七十只，我独无之，成何局面！"① 故成立招商局就是为了改变洋商在中国江海任意横行的局面，"庶使我内江外海之利，不致为洋人占尽"，② "冀为中土开次风气，渐收利权"。③ 王韬也说道："自轮船招商局启江海运载，渐与西商争衡，而又自设保险公司，使利不至于外溢。"④ 郑观应也积极主张"凡西人之长江轮船，一概给价收回"，"庶长江商船之利，悉归中国"。⑤ 当时舆论对招商局挽回部分利权方面也给予了高度评价："此局为华人自办船舶与西商争利之创举，亦为华人合股鸠银以兴立大业之初桄。此局若能兴旺，则将来效西式设公司者，将必接踵而起矣！"⑥

招商局的创办打破了外国航运业在中国江海垄断操纵的局面，使中国新式航运业逐渐站稳了脚跟。招商局后因购并旗昌轮船公司产业，大大增强了自身经济实力，并迫使外商在相对平等的条件下签订了齐价合同，这是中国航运业在维护民族利益、反对外国入侵的斗争中取得的胜利。

### （二）推动近代经济发展

作为近代中国自己创办的第一个大型现代企业，招商局在发展新式产业、收回利权等方面产生了积极作用。招商局确立了中国航运企业在本国水域应有的地位，出资创办了一批与航运密切相关并具有相当规模的附属企业，而且广泛进行局外投资，独资或合资创办了中国第一批具有重要战略意义的工交、金融企业，在中国近代经济发展中发挥了引导、推动和示范作用。

保险业与轮船运输业如影相随。招商局成立后，照例向外商投保，而外商承保条件苛刻，还蓄意刁难。为此，招商局决定自设保险，1875年11

① 顾廷龙、戴逸主编《李鸿章全集》第30册，第485页。
② 顾廷龙、戴逸主编《李鸿章全集》第5册，第258页。
③ 顾廷龙、戴逸主编《李鸿章全集》第30册，第485页。
④ 王韬：《弢园文录外编》，上海书店出版社2002年版，第75—76页。
⑤ 《论商务》，夏东元编《郑观应集》上册，第75页。
⑥ 《论轮船招商局章程账略事宜》，《申报》1874年9月18日。

月初，总办唐廷枢、会办徐润等发布《保险招商局公启》，决定在镇江、九江、汉口等沿江港埠和外洋港埠开办保险业务。为了适应业务不断扩大的需要，1876 年 7 月在为招商局保险的基础上创办了中国第一家船舶保险公司——仁和保险公司。1878 年 3 月又创办济和船栈保险局，后改称济和水火险公司。此后，仁和、济和两家公司合并为仁济和保险公司，"由商局代办"，"听商局挪用"，[①] 成为招商局下属企业。招商局自办的保险不仅为招商局补赔了多次海事损失，而且积累了巨额保险基金，增强了自身实力。

招商局早期局外投资十分广泛，涉及煤炭、纺织、电信、金融、冶金等领域，投资的第一家局外企业是开平矿务局。为解燃"煤"之急，李鸿章委派招商局总办唐廷枢勘察开平镇煤矿，于 1878 年设立开平矿务局。1882 年招商局向矿务局投资 21 万两。开平矿务局发展起来后，为招商局船队提供了大量煤炭，自身也取得了良好的经济效益。电报局是招商局另一家重要关联企业。1880 年李鸿章奏设天津电报总局，设上海等 7 处分局，委郑观应为上海电报局总办，此后由任职招商局督办的盛宣怀兼任电报局督办，对该局进行资金上的支持，这对中国近代电信业的发展起到了推动作用。此后，招商局又投资支持机器纺织局、汉冶萍公司、通商银行等。这些企业在中国近代经济史上都占有重要地位。可以说，招商局对推动中国近代经济的转型发展和社会变革，起了重要作用。

## 第二节　历史背景

### 一　应对天灾人祸的迫切需求

#### （一）自然灾害的频发

中国地域辽阔，地理条件和气候条件都十分复杂，是一个多灾害的国家。历史学者邓拓（云特）在其《中国救荒史》中统计指出：自公元前

---

① 黄强、唐冠军主编《长江航运百年探索》，武汉出版社 2009 年版，第 51 页。

1766 年至 1937 年止，计 3703 年间，发生水、旱、蝗、疫、震等自然灾害共 5258 次，平均每六个月即罹灾一次。而其中影响范围最广、带给人们苦难最深重、对社会经济破坏最大的水灾尤为频繁，从公元前 206 年到 1949 年的 2155 年间，几乎每年都有一次较大的水灾或旱灾。① 及至近代，像黄河、长江、珠江、湘江等重要水系的周围，几乎每年都会受到水灾的侵袭。

以招商局所在的上海为例。上海位于长江下游，周边水系众多，黄浦江、吴淞江、苏州河流经该处。在完成城市化建设前，上海一直为水灾的易发地带。1826 年上海发生特大洪水，成为泽国，时人记载："黄浦当其下游，时天雨浃旬，滨海之乡，正虞泛滥。值上游泄水，千里内外，遂汇为巨浸……哭声震野，申旦相续。百余年来，未有事也。"② 清后期，上海所隶属的江苏省水灾愈加频繁。清道光二十九年（1849），中国长江中下游地区因降雨异常偏多而发生了严重的洪涝灾害，洪涝的降雨中心位于东部太湖流域。关于这次严重的洪涝灾害，旨在记述清代重大历史事件的《清史纪事本末》（黄鸿寿，1986）中记载："夏四月，江苏、浙江、安徽、湖广大雨五旬，余水骤涨，田尽没。水之大，为百年所未有。"从咸丰十年到同治三年（1860—1864），长江中下游地区洪灾导致大面积疫病连续暴发，太湖流域及苏州地区疫情非常严重，如"（咸丰十年）秋冬之间，大瘟疫，死者甚多。难民饿死、冻死者充满道路。盖自四月以至十一月，或杀死，或缢死，或死于水火，或死于病疫，人民几去其半"。③ 招商局自成立之始，几乎每年都见证了水灾的频发。在强烈的社会责任感的驱动下，救灾逐渐成为招商局主营业务之外的重要参与领域。

我国农业史专家闵宗殿曾就清代关内 18 个行省的灾害频次进行了系统的统计。招商局在清末所处的时期大体上为光绪一朝，而从史料记载看，光绪朝是清代灾害发生频率最高也最为严重的一个时期：34 年的时间里共

---

① 李文海、周源：《灾荒与饥馑（1840—1919）》，高等教育出版社 1991 年版，前言第 4 页。
② 纪丛筼：《蔬香斋遗稿》，载南开大学图书馆编《南开大学图书馆藏稀见清人别集丛刊》（16），广西师范大学出版社 2010 年版。
③ 蓼村遁客：《虎窟纪略》，《中华文史论丛》增刊《太平天国史料专辑》，上海古籍出版社 1979 年版，第 27 页。

发生灾害 1198 次，平均每年就有 35.2 次。光绪朝在占整个清代不到 13%
的时间里，发生的灾害次数就达到清代灾次总数的 22.4%（见表 1-1）。
可以说，招商局创立、探索、发展的前三十年，也是清末民众与灾害做斗
争的时期。

表 1-1　清代十朝发生灾害的次数及频率

| 时期 | 清前期 | | | | | 清后期 | | | | |
|---|---|---|---|---|---|---|---|---|---|---|
| | 顺治 | 康熙 | 雍正 | 乾隆 | 嘉庆 | 道光 | 咸丰 | 同治 | 光绪 | 宣统 |
| 灾次 | 192 | 655 | 161 | 1229 | 409 | 791 | 305 | 333 | 1198 | 71 |
| 频率 次/年 | 10.7 | 10.7 | 12.4 | 20.5 | 16.4 | 26.4 | 27.7 | 25.6 | 35.2 | 23.7 |
| 总灾次 | 2646 | | | | | 2698 | | | | |
| 总频率 次/年 | 14.9 | | | | | 30 | | | | |

资料来源：转引自闵宗殿《关于清代农业自然灾害的一些统计——以〈清实录〉记载为根
据》，《古今农业》2001 年第 1 期。数字有更正。

### （二）连年的兵燹灾祸

近代以来，历史的格局一直是动荡、落后与苦难并存。鸦片战争后，
中国逐步沦为半殖民地半封建社会，民族危机日益加深。同时国内的阶级
矛盾也逐渐激化，农民起义不断，如太平天国运动从 1851 年起持续 14 载，
转战 18 省，成为中国历史上规模最大的农民起义运动。与太平天国运动同
时期的还有北方的捻军起义，长达 15 年，亦波及十余省。清政府为了镇压
农民运动，巩固统治秩序，发明了苛重的厘金征收。频繁的灾荒、经年的
战争以及封建统治阶级的剥削与压榨，使数千万人流离失所，在饥饿、瘟
疫、兵祸的威胁下垂死挣扎。当时在华传教士哈巴安德认为，两次农民战
争和云南、陕甘回民起义及"丁戊奇荒"造成的严重人口损失，达到了
8300 万。[1] 历史学者陈恭禄则在其《中国近代史》一书中指出："死者殆
有全国人口总数三分之一，约一万万以上。"[2]

---

[1]　转引自姜涛《太平天国战争与晚清人口》，首届"晚清国家与社会"国际学术讨论会论
　　文集，2006 年 8 月，第 16—26 页。
[2]　陈恭禄：《中国近代史》，商务印书馆 1935 年版，第 217 页。

此后，帝国主义列强又相继发动中法战争、甲午中日战争、八国联军侵华战争以及日俄战争等。面对内忧外患、生灵涂炭的社会状况，招商局为遭遇兵燹灾祸的无辜百姓及时提供力所能及的慈善救助，这是其从事慈善公益事业的重要背景之一。

### （三）中央财政的极度匮乏

咸丰军兴之后，清政府便陷入了巨大的财政危机。按学界公认的看法，在战火连绵的十余年间，清政府为全力应付军需，财政收支时常处于严重的赤字状态。据吴廷燮所著《清财政考略》记载，同治十三年（1874），清廷岁入总计为 6080 万余两，岁出总数则在 7000 万两上下。[①] 据史志宏等人分析，此时的缺口并没有这么大，收支应该大体上处于平衡状态。[②] 并且，清廷能于次年确立海防、塞防并重的政策，并派定此后每年另行筹拨海防经费 400 万两，也从侧面反映出政府对此时的财政形势仍有几分信心。

但在海防、塞防并重之策定议后，清政府财政就没有多少机动余地了。光绪五年（1879）八月，翰林院侍读王先谦对前几年的财政收支进行了一番评估，认为每年新旧入款总数为 5800 万两上下，岁出之款为 4500 万两左右，所以应该尚有盈余。户部则否认了这一估算，其理由是："新增洋税以供机器、海防之用，旧有入款供应支者实无盈余，厘金、捐输为西征、各省防军所耗，则国用已不足。"[③] 由此可知，户部承认新增洋税及厘金、捐输等款本可以带来一些财政盈余，但在洋务建设和西征军务的消耗下，已经十分吃紧，甚至会出现赤字。清政府原本可能持有的一部分财政机动款，很大程度上被洋务和西征挤占了。

在光绪元年到五年这段时间里，清政府财政收支也大致处于勉强维持平衡的状态。这就意味着，一旦有较大的意外性支出，比如救荒，国家财政势必陷入被动之中。不幸的是，清光绪初年，山东、河南、山西、直隶等省发生特大旱灾，尤以 1877 年、1878 两年灾情最重。因这两年分别为农历丁丑年、戊寅年，故史称"丁戊奇荒"。"丁戊奇荒"是一次规模罕见

---

① 吴廷燮：《清财政考略》，1914 年印行，第 18—19 页。
② 史志宏、徐毅：《晚清财政：1851—1894》，上海财经大学出版社 2008 年版，第 274 页。
③ 吴廷燮：《清财政考略》，第 20 页。

的特大灾荒，这种意外性财政负担也格外庞大，最终演化成清政府必须面临的一个棘手难题。马士（H. B. Morse）做过一个估算，认为以山西、河南、陕西和直隶为主，加上其他一些遭灾地区，仅在光绪二年、三年、四年（1876—1878）因灾豁免的田赋总和，便超过 1800 万两，也就是"超过朝廷国库一年收入的五分之一"。① 虽然马士估算的数字未免有夸大的成分，但此三年之田赋较一般年份而减少的数额，确实无法小觑。近来有学者进行了相对准确的统计，此三年间，直隶、山东、山西、河南和陕西五省蠲免或缓征田赋中，仅折色即征银部分便达到 488 万余两，且尚未包括本色即粮米部分。② 这就意味着，此三年平均每年财政至少减收 160 多万两。

从财政中拨解赈济部分的款项也需由政府来承担，这进一步加剧了清政府的财政负担。1879 年初，由朝廷筹拨、各主要灾区省份实际接收到的救灾款和赈粮大致如下：直隶为银 46 万两、粮 22.8 万石，陕西为银 53.1万两，山西为银 103 万两、粮 47 万余石，河南为银 48 万两、粮 33 万石。③需要说明的是，这 250 余万两赈银、100 多万石赈粮，绝非整个灾赈行动花费的总数，而是为了应付最紧急需求而必须火速筹办的救命款、救命粮，④ 事实上距离灾区的最低需求还有很大不足。这就意味着这部分款粮绝不能等待诸如收捐等时日延宕的办法来解决，而必须先从国家财政中设法筹拨。

按照清代荒政的一般做法，灾赈支出首先应由地方官府从自己管理的经费中设法筹办，再上报审批。大体上，这部分经费主要来自地方官府的"存留"⑤。至于其余部分，则一律听候户部调拨，大部分要上解中央，称

---

① 马士：《中华帝国对外关系史》第 2 卷，张汇文等译，商务印书馆 1963 年版，第 342—343 页。
② 李光伟：《晚清田赋蠲缓研究（1796—1911）》，中国人民大学博士学位论文，2013 年，第 220 页。
③ 何汉威：《光绪初年（1876—79）华北的大旱灾》，香港：中文大学出版社 1980 年版，第 75—78 页。
④ 朱浒：《赈务对洋务的倾轧——"丁戊奇荒"与李鸿章之洋务事业的顿挫》，《近代史研究》2017 年第 4 期，第 68 页。
⑤ 所谓"存留"，指清代地方官府在征收钱粮赋税以后，各州县例应坐支及各省布政使司照例留支的部分，主要用来支付地方各项公费及驻军俸饷。

为"起运"。<sup>①</sup> 但"丁戊奇荒"时期，指望各灾区的地方官府能够先从地方经费中挖潜救急，实属奢望。在灾荒爆发前的光绪元年（1875），山西巡抚鲍源深的一个担心可谓一语成谶。当时，他向朝廷奏报该省的财政窘况时称：

> 岁入之项仅三百万有奇，应解京饷、固本饷一百零六万，应拨各路军饷一百九十余万，本省必不可少之用一百六七十万，以出衡入，窘竭情形，岂堪言喻？山西如此，他省可知……夫天时人事之变，常出于意外，所贵思患而预防于未然。今内地空虚若此，设猝有水旱刀兵之事，何以应之？<sup>②</sup>

果不其然，至救灾已急如星火的光绪三年初，山西省"查现在库司别无闲款，仅存上年下忙尾数钱银三四万两"。<sup>③</sup> 其余各遭灾省份的情况亦大致相同。谭钟麟于光绪元年接任陕西巡抚后即发现："民间元气未复，各属地丁钱粮征解仍未敷额，每年收储银两，又因筹拨边防各军口粮及旗、绿各营官兵俸饷、文职廉费，并杂支、制造、赈抚各款，搜括一空。现在库储万分短绌，即本省应发之款，亦已左支右绌。"<sup>④</sup> 另一个重灾省份河南的情况则如前往督办赈务的钦差大臣袁保恒于光绪四年（1878）初所称的那样："豫省田赋额征三百余万两，岁收仅能至二百余万两，而京、协各饷拨解甚巨，库藏不敷。在常年已难支拄，今遇奇灾……进款益少，纵令蒙恩准将京、协各饷一律停解，除去本省用款，所余无几。"<sup>⑤</sup> 大约同时，据河道总督李鹤年证实，河南省当办赈之初，"藩库存银仅止二千余两"。<sup>⑥</sup>

为应对"丁戊奇荒"的冲击，招商局以低廉的运费承运了大批接济华北灾区的赈粮。为了转运在远离灾区之处筹集的大批赈粮，李鸿章在光绪

---

① 史志宏、徐毅：《晚清财政：1851—1894》，第 7 页。
② 朱寿朋编《光绪朝东华录》第 1 册，中华书局 1958 年版，总第 23 页。
③ 朱寿朋编《光绪朝东华录》第 1 册，总第 409 页。
④ 谭泽闿、谭宝篆、谭延闿编《谭文勤公（钟麟）奏稿》，台北：文海出版社 1969 年版，第 136—137 页。
⑤ 丁振铎编辑《项城袁氏家集》，台北：文海出版社 1966 年版，第 3037—3038 页。
⑥ 丁振铎编辑《项城袁氏家集》，第 3056 页。

三年、四年中，迭次指令招商局承运赈粮数量超过 20 万石。办赈被清政府视为"仁政义举"，招商局承运赈粮无利可图，但"事关临封灾赈，虽力难兼顾而义不容辞"。招商局不仅负责承运和代为采买，还要预垫银两，而运赈费用又极低廉，"赈济善举，照军米减半收取"，政府还准备让招商局"全免运费"。① 招商局不计企业得失，亏本或免费运输。例如，光绪三年九月初，该局奉命承运晋、豫两省赈米，"其时客商涌运各粮，共资灾济"，而该局"船只不敷，另雇洋船协运，租费既多，又因时届封河，即在大沽起货，夫车驳运，贴费亦巨"。此外，即便在亏本运输的情况下，招商局也还于"水脚项下分提闽、晋、豫等三省赈捐"，总计高达 1.8 万余两。②

## 二　晚清义赈提供了参与平台

晚清义赈的出现是中国救荒史上的新鲜现象，也标志着中国近代救荒史发生了一次重大变动。关于晚清义赈的特性，李文海指出，由于晚清时期严重的灾荒、荒政的衰败以及社会经济结构的巨大变动，民间自发兴起了"民办民捐"，即由民间跨地域自行组织劝赈、自行募集经费，并自行向灾民直接散发救灾物资。它是一大批江南绅商的联合行动，一方面与江南慈善传统有着极为密切的关系，另一方面又在很大程度上超越了传统的地方慈善事业。③ 而这种超越性的最重要表现，就在于义赈是一种跨地域的地方性救荒实践。也就是说，义赈在其救荒对象指向全国范围内受灾人口的同时，又始终立足于江南地区，其表现出来的地域意识、主要依靠的社会资源以及具体运用的救荒方式，无不带有强烈的江南地方色彩，从而形成了自身独特的运行机制。④

19 世纪 70 年代后期"丁戊奇荒"爆发，尽管清政府为赈灾投入了巨大的人力、物力和财力，可是成绩令人失望。同时，华北地方社会中也没有能够形成多少有效的自救行为。于是，江南社会针对华北地区的严重灾

① 张后铨主编《招商局史（近代部分）》，第 75 页。
② 胡政等点校《招商局创办之初（1873—1880）》，中国社会科学出版社 2010 年版，第 132、140 页。
③ 李文海：《晚清义赈的兴起与发展》，《清史研究》1993 年第 3 期。
④ 有关这方面的详细论述，详见朱浒《晚清义赈研究》，中国人民大学博士学位论文，2002 年，第 5 章。

情发起的大规模救助行动，不仅突破了通常民间赈灾多限于本地乡土的惯例，而且实现了极为广泛的社会动员。义赈以苏州、上海、扬州及镇江、杭州等处设立的组织机构为依托，从以江南为中心的民间社会中集结了大量赈灾资源。此次以江南士绅为主体的义赈活动历时四年（1876—1879）有余，总共募集并散放赈银 100 多万两，历赈山东、河南、山西、直隶四省 50 余州县，救济灾民总数超过百万，为此前所有民间赈灾活动所不及。这种长时间、远距离、大规模的赈灾行动仅在量的方面逊于同时期的国家荒政，在质的方面则有过之而无不及。①

义赈活动促进了官方与江南绅商界的联系，其中亦官、亦绅、亦商，集多重身份于一体的盛宣怀发挥了重要作用，成为联络官方与地方绅商的重要纽带。原本与江南社会颇为隔膜的盛宣怀，借助办理河间赈务和主持直隶筹赈局的机会，与江南义赈绅商界有了紧密交往。正是借助于与盛宣怀在救荒活动中建立起来的联系，身为义赈同人的谢家福、李金镛、经元善等江南绅商以及郑观应等人，才有机会得到直隶总督李鸿章的赏识，由此纷纷跻身洋务企业建设的行列。

盛宣怀于光绪七年（1881）被逐出招商局，成为局外人。在 1883 年的上海金融风潮中，主持招商局的徐润因投资广泛而遇到了个人财务危机，他被发现挪用招商局的公款，引发了李鸿章的不满。李鸿章的不满，可见于他给盛宣怀的批示中："轮船招商局之设，原冀收回洋商已攘之利权，立中国经久不弊之商政。该局自归并旗昌码头、船只，于南北洋、长江揽载生意，扩充不少。去年复添局股百万，本有深固不摇之势，乃唐、徐二道，因开平、承德矿务，擅自挪移局本、息款八十余万，几致掣动全局，实有应得之咎。"② 显然，李鸿章已经无法信任唐、徐等人。因此，在徐润发出由盛宣怀出面维持局务的请求后，李鸿章于光绪九年十月初委派盛宣怀"随时随事就近稽查商办"。不过，随后因中法战争爆发而导致招商局与旗昌公司发生售产换旗的纠葛，盛宣怀直到赎回招商局后的光绪十

① 朱浒：《江南人在华北——从晚清义赈的兴起看地方史路径的空间局限》，《近代史研究》2005 年第 5 期。
② 陈旭麓等主编《轮船招商局——盛宣怀档案资料选辑之八》，上海人民出版社 2002 年版，第 130 页。

一年六月间，才正式就任该局督办一职，并展开了对局务的全面整顿工作。①

在盛宣怀整顿招商局的过程中，义赈同人给予了重要支持，其中最具代表性的人物是谢家福。光绪九年（1883）冬间，盛宣怀刚刚重返招商局，就计划由谢家福和当时主持上海文报局协赈公所的王松森一起负责招商局上海分局事务。② 而在盛宣怀正式出任招商局督办时，谢家福也被李鸿章任命为该局会办，从而与盛宣怀及另一会办马建忠一起，成为此际主持局务的三位关键人物之一。谢家福在局中的职责，除"总管运漕股诸事"外，还负责会同马建忠、沈能虎"互相勾稽"最为重要的银钱股，即"马道核对联票签名，沈道核对流水帐簿签字，谢牧核对月总签字"。③ 同时，盛宣怀与马建忠对招商局主导权的争夺，持续了相当长一段时间。④ 在该过程中，谢家福对盛宣怀来说举足轻重。特别是盛宣怀在光绪十二年出任山东登莱青兵备道后，必须常驻山东烟台，谢家福更是成为其遥制招商局事务的重要一环。⑤ 因此，尽管谢家福以电报局事务繁忙以及自己对"船务更未讲求"为由，在光绪十二年秋间要求辞去招商局会办之职，但始终没有得到李鸿章的批准，⑥ 甚至在光绪十四年因丁艰回籍后，他也没有被开去招商局的差使。当马建忠于光绪十七年八月被排挤离局后，谢家福在局中的地位更为上升。一方面，李鸿章正式委派谢家福会同沈能虎"逐渐秉公整顿"招商局事；另一方面，盛宣怀称谢家福为代替马建忠的最佳人选，并力劝其出任商总，请其"为局计、为公计、为弟计，皆宜出山，不宜坚辞"。⑦ 因此，谢家福在是年九月初回到上海后，成为综理局务的负责人。⑧

① 夏东元编著《盛宣怀年谱长编》上册，上海交通大学出版社2004年版，第234页。
② 《盛宣怀致唐廷枢函》，陈旭麓等主编《轮船招商局——盛宣怀档案资料选辑之八》，第134页。
③ 《李鸿章致招商局札文（盛宣怀拟）》，陈旭麓等主编《轮船招商局——盛宣怀档案资料选辑之八》，第242页。
④ 夏东元：《盛宣怀传》，上海交通大学出版社2007年版，第155—165页。
⑤ 易惠莉：《盛宣怀评传》上卷，江苏人民出版社2012年版，第226页。
⑥ 《禀批纪略》，《申报》1886年11月2日。
⑦ 《盛宣怀致谢家福函》，陈旭麓等主编《轮船招商局——盛宣怀档案资料选辑之八》，第340—341页。
⑧ 《谢家福致盛宣怀函》，陈旭麓等主编《轮船招商局——盛宣怀档案资料选辑之八》，第382—384页。

不幸的是，在回局之前，他的病情就已相当严重，故而仅仅支撑到次年初便不得不回苏州养疾，① 此后因病情加重，直到去世也没能再返回上海。在谢家福离局后不久，曾因金融风潮影响而被迫离开上海的郑观应，接受盛宣怀的邀请，再度加入招商局。其于光绪十八年起就任该局帮办，成为盛宣怀掌控局务的又一得力助手，直到光绪二十九年因盛宣怀失势才告离局。②

### 三　传统经济结构的转型

清末民初是中国社会转型的重要历史时期。随着西方资本主义的入侵，清末的社会经历了巨大变革，政治体系濒临崩溃，经济结构发生变化。随着商品经济的快速发展以及人口压力的增加，都市移民和贫民人数急剧增长，由此衍生出一系列社会问题。在政府权力式微、能力极其有限的情况下，民间力量诸如绅商、买办阶层逐渐担负起救济灾民的主要责任。

近代资本主义这一新的经济形态在中国的产生与发展，客观上为中国近代慈善事业的兴起创造了有利的物质条件。自道光二十二年（1842）开埠，上海以其特殊的地理位置，逐渐取代广州、汉口等地，成为全国新的工商业中心，贸易繁华，十倍于昔。而后，上海轮船招商局、上海电报局等一批洋务民用企业也相继兴办，标志着中国产业技术革命由此拉开帷幕。在李鸿章、左宗棠等洋务大臣的罗致下，许多买办、绅商纷纷进入洋务企业。他们资财雄厚，不仅投资近代新式企业，还捐资积极从事慈善公益活动。

绅商及其经营的工矿企业是近代慈善事业发展的重要善源之一。"在上海各业及织布、纺纱、轧花等局，凡遇本省、外省被灾，无不急公好义，踊跃乐输。"③ 而晚清大规模义赈活动的兴起，更是依靠江浙一带的绅商。经元善、谢家福、盛宣怀、李金镛、严佑之、施则敬、李秋坪等人率

---

① 《谢家福致盛宣怀函》，陈旭麓等主编《轮船招商局——盛宣怀档案资料选辑之八》，第384—385页。
② 夏东元：《郑观应传》，广东人民出版社1995年版，第126—129页。
③ 《书劝赈札文后》，《申报》1898年3月3日。

先以倡，慷慨解囊，踊跃倾箧，发起成立了上海协赈公所。随后，他们又凭借广泛的社会关系向全国各地的士绅商民劝捐，为慈善事业集聚了不少资财。尤其是作为中国近代经济中心的上海，为民间慈善事业的兴起和发展贡献了巨大的财力，"沪上为货财荟萃之区，曩者一有捐输，不难立集"。[①] 上海申报馆协赈所成立以后，即"随诸君子后襄办有年，蒙四方善士源源接济，得以集腋成裘"，[②] 赈济了全国各地众多灾黎。

## 四 中外慈善思想的融合驱动

近代西方的各种理论学说、思想观念纷至沓来，并日趋兴盛。中西文明发生了激烈的碰撞与融汇，对近代中国社会产生了极其深远的影响。西方慈善思想也随着这股潮流涌入中国，渐渐传播开来。受此影响，中国传统的慈善思想在近代激烈跌宕的社会变迁中发生嬗变，由旧趋新，兼纳中西，最终形成了既顺应时代要求又具有崭新内涵的慈善思想。招商局所在的上海，是东西方文化交融的桥头堡，招商局面临的文化交融与冲击也更为明显与剧烈。

西方国家的慈善公益事业进入中国人的视野，据现有资料来看，大概始于《海国图志》。据该书作者魏源介绍，欧洲各国信奉基督教甚笃，民众"俱喜施舍，千余年来，未有因贫鬻子女者，未有饥饿转沟壑者"。教民临终"悔过祈赦"时，往往"分析产业，遗一分为仁用，或以救贫乏，或以助病院"。[③] 除记载西方民众对慈善事业的捐赠善举外，《海国图志》还提到欧美各国政府对慈善事业的资金投入、机构设置与救助办法等情况。如：在善款来源上，英国即开征特殊税种以专赡"瞽目废疾"；[④] 在机构上，法国有救济贫民的"养济院"；[⑤] 英国有由"公正之人董理"的贫院、幼院、病院，[⑥] 美国也有救济贫人的"济贫院"、救助孤儿的"育婴

---

① 《综纪丙申年本馆协赈所筹赈事略》，《申报》1897 年 2 月 12 日。
② 《综纪丙申年本馆协赈所筹赈事略》，《申报》1897 年 2 月 12 日。
③ 魏源：《海国图志》，岳麓书社 1998 年版，第 1100—1111 页。
④ 魏源：《海国图志》，第 1434 页。
⑤ 魏源：《海国图志》，第 1217 页。
⑥ 魏源：《海国图志》，第 1434 页。

院";① 在救助对象与方法上，欧美等国的"贫院"不独供给衣食，还教给贫民谋生技能，"处其中者，又各有业，虽残废之人亦不废。如瞽者运手足，痹者运耳目，各有攸当，务使曲尽其才，而不为天壤之废物"，② 使其能自食其力。美国还设有为残疾人服务的慈善教育机构。《海国图志》的刊行，使中国人对西方慈善事业有了一个初步的认识。19 世纪 60 年代，冯桂芬亦介绍荷兰、瑞典等国的贫儿院等慈善机构。随后，清朝一些出洋的官员和外交使臣在其著述中亦对此陆续有所记载，进一步增加了中国人对西方慈善文化的了解，西方慈善事业也更为中国人所关注。

在社会的急剧变迁中，中国传统慈善事业也受到西方教会慈善事业的冲击。中西慈善文化在碰撞与冲突中又渐趋融合，推动中国社会产生了近代意义上的慈善组织和慈善事业。《申报》的一则报道即反映出这样的情形："自中西通商以后，凡泰西诸国医士接踵而来，药材集齐而至。即如上海一区，西医之设立医馆，已有数处……无论中西富贵贫贱之人，均可就医于各馆，富贵者求医不求药，贫贱者则医药皆出之馆中，甚至贫苦无告之人，沉重难治之症，并令住宿馆内，供其饮食，遣人扶持，病愈即行，不费分文。"③ 内地许多府州县也出现了教会兴办的各类医疗卫生机构和育婴慈幼机构，不仅对中国传统的惠民药局、接婴局、保婴会及育婴堂等善会善堂带来了冲击与影响，也逐渐促进了中国人近代慈善观念的转变。如郑观应联合李金镛、经元善等绅商在上海创设新式慈善组织——筹赈公所，即是仿传教士在华设赈灾委员会的办赈模式，开展大规模的义赈活动。

19 世纪 70 年代后期兴起的义赈活动，在某种程度上也借鉴了西方传教士"洋赈"的运作模式和管理经验。④ 它既以善堂、善会、会馆、行会等传统组织为依托，又突破了以往狭隘的乡土观念、地域观念，开始在全

---

① 魏源：《海国图志》，第 1638—1639 页。
② 魏源：《海国图志》，第 94 页。
③ 《论西国医药》，《申报》1873 年 12 月 16 日。
④ 夏明方：《论 1876 至 1879 年间西方新教传教士的对华赈济事业》，《清史研究》1997 年第 2 期。

国范围内开展大规模的劝募与救济活动，最终形成了网络化的义赈。义赈的兴起，可以说是中国近代慈善事业产生的一个重要标志。

在西方慈善思想与文化的影响下，当时社会各界人士对其给予了极大的关注，希望借此推动与革新中国传统慈善机构，发展近代慈善公益事业。曾在招商局担任重要职务的郑观应在《盛世危言·善举》中着重介绍了英、法、美、俄等国的慈善机构，并称赞说："泰西各国以兼爱为教，故皆有恤穷院、工作场、养病院、训盲哑院、育婴堂。善堂之多不胜枚举，或设自国家，或出诸善士。常有达官富绅独捐资数十万，以创一善事……而其思虑之周密，规制之严明，有远非今日各省善堂所及者。"[1] 他认为这些国家慈善事业之发达，就在于"好善者多，而立法綦密"，[2] 这很值得中国借鉴，用以杜绝传统善堂善会中的贪污侵蚀之弊。光绪十七年（1891），上海格致书院春冬两季课艺以"西方养济院""中国能否以及如何开设恤贫院"为题，要求应试者就所见所闻，将西方诸国慈善机构比较美善的章程、筹款办法切实指陈，以备采择。

此外，中国许多传统善堂也做出了一些调整和改变。中国传统的慈善机构大多重养轻教，对慈善教育有所忽视，而西方慈善机构则更重视"教"，在近代化的浪潮下，很多慈善机构开始重视教养贫而无助的人，使之具备生活技能。清末民初社会动荡，上海在短时间内涌进许多流民，这些流民中有孤苦无依的孤儿，数量庞大的贫困人群更是无力负担子女的教育费用，教育的缺失直接影响着社会的稳定和发展。在这种情况下，从事慈善活动的绅商和社会名流认识到慈善教育的重要性，开始仿效西方设置了收容、教育贫民子弟的慈幼机构，像上海孤儿院、广慈苦儿院、上海贫儿教养院、新普育堂孤儿院等机构；也有传统的善堂善会根据社会实际需要，附设了儿童慈善教养机构（比如同义善会、联义善会、沪南慈善会等）。这种教养并重的慈善理念，不仅缓解了流民对社会造成的压力，还补充了当时社会动荡所造成的教育缺失，符合近代慈善公益思想趋向。

---

① 夏东元编《郑观应集》上册，第 526 页。
② 夏东元编《郑观应集》上册，第 528 页。

## 第三节　主要内容

### 一　首次大规模赈灾——参与"丁戊奇荒"救济

晚清时期，旱、涝、蝗、疫各类灾害频频发生，几乎"无年不灾，无灾不烈"。[1] 其中以 1877—1878 年发生的特大旱灾为最重，史称"丁戊奇荒"。[2] 据记载，"各地旱灾、蝗灾、疫灾接踵而至，自夏徂秋，天干地燥，赤地千里，禾苗枯槁。饥民达五百余万，草根树皮，罗掘俱尽；饿殍盈途，道殣相望，甚至发生'人相食'之惨象，被称为'百余年未有'之'大禄奇灾'"。[3] 这场灾荒波及近十个省份，死亡人数高达一千多万，上亿生灵衣食无着，辗转流离。

灾荒发生之时，招商局才开局数年，实力尚弱。再加上此时期招商局还受到外商轮船公司的挤压，利润微薄。但在这样艰难的形势下，招商局仍义无反顾地担负起救灾重任。在"丁戊奇荒"中，招商局主动承担起运输赈粮与筹集赈款的任务，招商局的慈善公益事业也在"丁戊奇荒"救灾中正式起步。

"丁戊奇荒"时期，招商局的赈款主要来自两个方面，一方面是招商局领导人及其员工的捐助，另一方面是招商局负责转运的赈款。在捐助方面，招商局早期的主要领导人勇于任事、积极承担责任，主动为招商局捐款捐物，共同引领招商局回馈社会。如"朱其昂兄弟及陈树堂、唐廷枢、徐润等以个人名义为山西赈赠款达 4085 两"。[4] 1878 年的华北饥荒中，招商局及其高级主管的赈捐统计如下：轮船招商局 18504.4 两，唐景星 500 两，徐润 500 两，朱其昂 1390.01 两，朱其诏 695 两。[5] 在转运方面，1877 年 4 月初，香港东华医院绅董交招商局银 7200 两转寄山东赈灾，[6] 上海果

---

① 苗青：《盛宣怀与近代上海社会》，上海师范大学博士学位论文，2010 年，第 94 页。
② 夏明方：《也谈"丁戊奇荒"》，《清史研究》1992 年第 4 期，第 83 页。
③ 李文海等：《近代中国灾荒纪年》，湖南教育出版社 1990 年版，第 364 页。
④ 张后铨主编《招商局史（近代部分）》，第 75 页。
⑤ 易惠莉、胡政主编《招商局与近代中国研究》，第 455 页。
⑥ 《香港汇到赈银》，《申报》1877 年 4 月 5 日。

育堂亦将善款交由招商局转输山东。① 后又有广东寄交招商局善款 23460
两，上海同仁元堂交招商局赈济银 500 两。② 截至 1878 年，招商局先后解
送赈银 15 批次，总数高达 230267 两。③

　　招商局在"丁戊奇荒"中还积极承担了运输赈粮的任务。清朝赈粮运
输原来大多由民间代办，但民船逐渐累赔不支，招商局创办后便积极承担
起采办、承运赈粮的使命。1877 年山西、河南灾情严重，受灾州县达 80
多个，待赈饥民超过 500 万人。李鸿章委派招商局道员朱其昂等承办赈粮，
到 10 月份，共采买赈粮 1.8 万石，陆续运往京城和山西。11 月 1 日，徐
润在致盛宣怀的信中写道："晋、豫两省饥荒过甚，饬将来届江广漕米提
办五万石，运拨晋赈，并饬采办米麦四万，另办京都平粜三万，冬施二
万，均由商局承办，赶于封河以前运津拨济。"④ 至 12 月 11 日，徐润再次
致函盛宣怀汇报进展，谓："奉购赈粮，业已运解十六万数千石，核与饬
办之数有盈无绌。"⑤ 与此同时，朱其昂在政府领取粮款并自筹银两，派人
分赴江北、苏州、常州、镇江、上海等地采购赈粮，不到一个月，5 万石
赈米全部运完。同年 12 月，直隶荒歉，缺粮严重，清政府派李鸿章筹办京
城赈米，李鸿章"转饬轮船招商局道员朱其昂等筹借资本，赴南省采购大
米，转运京城，择地设局，试办平粜"。⑥ 朱其昂这次共购到白米 10 余万
石，由轮船运往天津，再雇船转运通州。⑦ 1878 年河南大灾，奉李鸿章之
命，朱其昂将招商局筹款购买的赈米 3 万石拨借河南，并将此批赈粮由招
商局轮船运往天津。⑧ 同年，京城缺粮，李鸿章借拨海防经费 5 万两，户
部同时拨给漕折银 4 万两，由朱其昂购买南方各省大米与奉天杂粮，并用
局轮运京。⑨

① 《东赈续启》，《申报》1877 年 5 月 9 日。
② 《集捐劝赈》，《申报》1877 年 4 月 9 日。
③ 张后铨主编《招商局史（近代部分）》，第 75 页。
④ 《徐润致盛宣怀函》，陈旭麓等主编《轮船招商局——盛宣怀档案资料选辑之八》，第 46 页。
⑤ 《徐润致盛宣怀函》，陈旭麓等主编《轮船招商局——盛宣怀档案资料选辑之八》，第 53 页。
⑥ 聂宝璋编《中国近代航运史资料》第 1 辑下册，上海人民出版社 1983 年版，第 948 页。
⑦ 朱寿朋编《光绪朝东华录》第 5 册，总第 510 页。
⑧ 张后铨主编《招商局史（近代部分）》，第 74—75 页。
⑨ 《李鸿章集·奏稿》卷 31，第 3—4、40 页。转引自张后铨主编《招商局史（近代部分）》，第 75 页。

在"丁戊奇荒"中，由于灾情过于严峻，传统的官赈已经无力承担，此时民间义赈开始兴起。19世纪70年代，沿海地区的商品经济快速发展，诞生了一批有爱国情怀的民族资本家，他们中有不少人热衷于商绅活动和富国利民的各种善举及公益事业，与招商局派往各地主持赈务的负责人一拍即合，共同催生了近代"义赈"组织的出现。1876年冬江北大旱，江苏常州绅士李金镛在徐润、唐廷枢等捐助之下，邀请金福曾、袁子鹏等十余人奔赴灾区散赈，开东南义赈之先声。① 随着灾害程度不断加深，"义赈"这一救济形式开始得到推广，在东南一带得到广泛响应，这在中国赈灾史上开创了一种新的救荒机制，提高了救灾放赈的社会效益。② 此后，义赈组织在各地区相继成立，这些组织中也多有招商局的人参加，例如郑观应，他在当时便已积极参与义赈活动。

在"丁戊奇荒"救济过程中，招商局在筹集赈款与运输赈粮方面做出重要贡献。此后，招商局参与赈灾成为经常性事务，历次灾荒救济几乎都有招商局参与其中。灾荒期间，因清政府自身财力有限，无法支付救灾款项，招商局便承担起筹垫资金的重任。如李鸿章于1878年3月间，遵旨采购奉天小米杂粮，由招商局轮船运津，"所需成本局费，由招商局筹垫"。③ 再如，为方便办理赈运事务，清政府在京城和通州分别设立平粜局和转运局，而二局所需经费，除在北洋海防经费内挪借以外，相当一部分由招商局垫付。在日常运输中，招商局的运费也较为低廉，特殊情况下甚至全部免除运费。然而，此时招商局自身发展也非一帆风顺。"丁戊奇荒"时期，招商局正处于初创阶段，因受到外商轮船公司的挤压而利润微薄。1876年，招商局购并美商旗昌轮船公司需要大量资金；1877年底，招商局"厚生"轮和"长江"轮又相继沉没。面对如此沉重的压力，招商局仍以高度的社会责任感大力助赈，贡献人力、物力和财力，为晚清时期的慈善公益事业做出重大贡献，终使处在死亡边缘的广大灾黎重获新生，这点尤为值得肯定。

---

① 夏明方：《清季"丁戊奇荒"的赈济及善后问题初探》，《近代史研究》1993年第2期，第24页。
② 夏明方：《清季"丁戊奇荒"的赈济及善后问题初探》，《近代史研究》1993年第2期，第28页。
③ 聂宝璋编《中国近代航运史资料》第1辑下册，第951页。

## 二　着手投入教育事业

在近代中国社会，慈善事业的内容更趋宽泛，已不局限于提供基础的生存保障，对国民的启蒙和人才发展更为重视，慈善救济和慈善教育成为近代慈善事业两大重要内容。郑观应在《盛世危言》中就呼吁借鉴西方慈善事业的良法，变"重养轻教"为"养教兼施"。近代以来，传统封建教育日益空疏腐败。在人才培养方面，中国远远落后于欧美诸国，甚至不及东邻日本。当时的有识之士纷纷要求振兴教育、拓宽育才渠道，更新教育体制。其中创办新式学堂就是洋务运动的重要组成部分，招商局作为洋务民用企业的典型代表逐渐投入捐资兴办新式学堂的热潮中，在教育事业上的投资尤为持久。

招商局对教育事业的投入不仅出于时代责任，也出于自身发展对人才的迫切需求。早期招商局的发展面临技术和人才匮乏的困境。面对这种短时间内难以解决的问题，只得暂时求诸洋员以兴局务，"各船皆购自外洋，驾驶管轮全属洋人"，[①]"各船主、大副、二副、大车、二车皆洋人"。[②] 招商局最早的两名总船长是英国人保尔登与罗贝。担任总船长时间最长的是英国人蔚霞，此人于 1876 年入局，担任大铁（轮机长）之职，1885 年补总船长之缺，1887 年起正式任总船长之职长达数十年。此外，由于缺乏技术人员，招商局还聘有外籍工程师。如 1878 年唐廷枢聘用 3 位英国工程师，1879 年招商局外籍雇员增至 9 人，1883 年更增至 18 人。[③] 尽管这些外国技术人才保证了招商局初期的运转，但这些洋人入局大多是为了一己私利，"一心垂涎于招商局的产业"。[④] 招商局订造之船，"无论在英，在沪，非总船主蔚霞经手不成。盖因所购船中用物料，料均有好用钱故也"。[⑤] 其他洋员也常常敷衍塞责，给招商局的经营和发展造成了相当大的损失。因此，培养本土技术人才对招商局长期的发展，可以说是极其迫切的事情。

---

① 夏东元编《郑观应集》上册，第 637 页。
② 夏东元编《郑观应集》下册，第 808 页。
③ 聂宝璋编《中国近代航运史资料》第 1 辑下册，第 1226 页。
④ 聂宝璋编《中国近代航运史资料》第 1 辑下册，第 1230 页。
⑤ 夏东元编《郑观应集》下册，第 827 页。

### 三　协助军运与海防建设

这一时期的招商局独担风险，积极投身于反侵略战争之中，在保存民族航业的有生力量、抵制外国侵略和保护国家安全等方面起了积极作用，同时承受了莫大的牺牲，充分体现了爱国情怀和高度的社会责任感。

在协助军运方面，招商局主动提供船舶转运物资和军队。1874 年 4 月，日本政府公然干涉台湾事务。同年 5 月 8 日，日军在台湾东南登陆，起造土垒炮台。[①] 清政府获悉后派遣沈葆桢带兵前往台湾，招商局随即也奉命派轮船协助政府前往台湾前线运送军队。"伊顿""永清""利运""海镜"等船只先后承担了这项任务，赴台及停泊时间长达 258 天。[②] 这也是招商局轮船首次投入反侵略战争。在此期间，招商局航行了多次轮班，承运了大量人员物资，为民族大义主动担当使命。除此之外，1880 年秋招商局装运皖楚各军赴山海关洋河口，防范俄军，历时数月。[③] 1882 年朝鲜爆发壬午兵变，招商局又派船 4 艘自山东登州运防军六营东渡，帮助邻邦平乱。1881 年至 1883 年间，招商局军运愈益频繁，军火、粮饷、官弁、兵勇、马匹乃至棺木等均在承运之列，其运费"均照定数或七八折，或五六折从减核收"。[④] 1883 年中法战争前夕，招商局轮船再次投入军运，据外国报纸称，"有三千名士兵很快就用招商局的一些轮船从南京运往广州"。[⑤] 另外，招商局也为北洋海防军运提供便利。1881 年李鸿章上奏清廷时言："往岁台湾之役、烟台之役，近日山海关洋河口之役，该局船运送兵勇迅赴机宜，均无贻误，洵于时势大局有裨。"[⑥] 1885—1886 年，招商局共为北洋海军转运兵弁军火 23 次，承运物品包括鱼雷、枪、炮、子弹、千斤柱、车油、铁规、电灯等。[⑦]

---

① 孔凡岭：《1874 年日本出兵台湾探析》，《台湾研究》1997 年第 2 期，第 62 页。
② 张后铨主编《招商局史（近代部分）》，第 129—130 页。
③ 张后铨主编《招商局史（近代部分）》，第 130 页。
④ 张后铨主编《招商局史（近代部分）》，第 130 页。
⑤ 《北华捷报》1883 年 8 月 24 日，第 219 页。转引自张后铨主编《招商局史（近代部分）》，第 130 页。
⑥ 中国史学会主编《洋务运动》第 6 册，上海人民出版社、上海书店出版社 2000 年版，第 60 页。
⑦ 中国史学会主编《洋务运动》第 6 册，第 87—89 页。

在海防建设方面，招商局也发挥了关键作用。早在创办轮船招商局之际，李鸿章就曾在奏折中明确提出："海防非有轮船不能逐渐布置，必须劝民自置，无事时可运官粮客货，有事时装载援兵军火，借纾商民之困而作自强之气。"① 就是说，与洋人争夺中国"内江外海"的航运利益，原本就是创办轮船招商局的一个主要动机，开展航运事业包括"外海"亦即国际航运事业，遂成为轮船招商局业务发展的一个题中之义。② 此后，李鸿章将招商局的设立称作"海防洋务一大关键"。同时，招商局还拨付款项支援中国水师建设，李鸿章于光绪六年奏准，"酌提招商局三届还款约一百万两，抵作订造铁甲之需"，③ 为南北洋海军的发展壮大做出了贡献。此外，招商局也在军费方面给予北洋海军不少资助。1889 年北洋海军购船，缺银七十余万两。李鸿章建议从招商局、电报、矿务等项"酌提余利，以资凑拨"，于是他"请由督办招商局大理寺少卿盛宣怀劝谕各商，每年酌提盈余银十万两，解充北洋海军薪费"。④

除以上几方面外，初创时期的招商局还通过捐资方式协助其他慈善组织开展慈善公益活动，如上海广仁堂。广仁堂是盛宣怀一手创办的民间慈善组织，"平常办理各种善举，遇有灾荒，同人提倡义赈，历有年所"。⑤ 为确保善堂善事不辍，盛宣怀从每年招商局所运江苏、浙江漕白粮米应得水脚中提取部分费用，予以资助，一定程度上保障了广仁堂慈善公益活动的有序开展。

## 第四节　主要特点

### 一　形成官商合作模式

招商局的酝酿与创办离不开官方的支持和资助。为了筹集开局所需的

---

① 中国史学会主编《洋务运动》第 6 册，第 8 页。
② 王志强：《轮船招商局视阈下的中越关系新探（1880—1883 年）》，《东南亚纵横》2010
　 第 9 期，第 62 页。
③ 中国史学会主编《洋务运动》第 2 册，上海人民出版社 1961 年版，第 455 页。
④ 张侠等编《清末海军史料》下册，海洋出版社 1982 年版，第 665—666 页。
⑤ 刘晨晖：《震荡：晚清六名臣》，团结出版社 2017 年版，第 332 页。

大宗资金，时任直隶总督的李鸿章与津海关道陈钦、天津道丁寿昌商议后，准照苏浙典商借领练饷制钱定章，于 1872 年 8 月 15 日报请户部拨借直隶练饷局存款制钱 20 万串，作为设局商本，"以示信于众商"。① 随后，李鸿章令朱其昂等人重新拟成《招商局条规》28 款。新规作为招商局开局后的基本制度，强调官方对招商局的管理权限，使招商局自创立起就与官方保持紧密联系。1872 年 12 月 23 日，李鸿章致函总理衙门，在信中他对招商局的体制进行明确阐述："自无庸官商合办，应仍官督商办，由官总其大纲，察其利弊，而听商董等自立条议，悦服众商。"② 招商局官督商办的体制自此确立。

在官督商办体制下，招商局的慈善公益事业呈现以官方主导为主、官商相互配合的特点。主要表现在两个方面。

首先，初创时期招商局的慈善公益事业多由一些主政官员主持，尤以李鸿章为典型。李鸿章作为直隶总督兼北洋通商大臣，主导创办了招商局。招商局早期参与的慈善公益活动也多由李鸿章一手调度。这些活动无不彰显出招商局与政府往来之密切以及政府官员对招商局慈善公益业务开展的直接影响。

其次，在官督商办的体制下，官方给予招商局一定的优待政策，为慈善公益活动的开展提供便利。李鸿章评价招商局"赖商为承办，尤赖官为维持"。③ 客观而言，清政府通过加拨漕粮、提高运漕价格与减免税收，增加了招商局的营业收入，这在一定程度上为招商局从事公益慈善事业奠定了物质基础。如在招商局开局前后，李鸿章多次为其筹借官款和拨运漕粮，在税收方面招商局也得到清政府一定的优待。1877 年，由于受到外国轮船公司跌价挤压，招商局运费盈余减少，于是李鸿章上奏朝廷，要求苏浙督抚给招商局加拨漕粮，须分四五成拨给招商局轮船承运，不得短少，以及将海运官物交给招商局运输。④ 次年，江苏巡抚梅启照上奏，称"业将本年海运米

---

① 王溪、齐学裘：《见闻随笔》卷 2，第 12—14 页。转引自张后铨主编《招商局史（近代部分）》，第 30 页。
② 顾廷龙、戴逸主编《李鸿章全集》第 30 册，第 484 页。
③ 转引自张后铨主编《招商局史（近代部分）》，第 56 页。
④ 顾廷龙、戴逸主编《李鸿章全集》第 7 册，第 499 页。

石拨招商局轮船装运二十五万余石，核计五成以上"。① 受此政策调整影响，招商局运漕数量和运漕运费收入大大增加。1876—1877 年度，招商局运漕 29 万石，运漕水脚收入 17.4 万两，而 1877—1878 年度运漕则达到了52.3 万石，运漕水脚收入 31.38 万两，运漕数量和运漕收入较前一年度大幅增长。清政府还通过提高运漕价格变相补贴招商局。1885 年，招商局在得不到清政府资金支持的情况下，向汇丰银行举借 30 万英镑外债，以赎回在中法战争中出售给旗昌洋行的全部局产。次年，李鸿章提出要提高招商局的运漕价格，将价格由每石三钱五分提高到四钱三分一厘，且不扣海运局公费，以此作为对招商局的补贴。② 如此一来，运漕就能继续成为招商局稳定的收入来源。③ 此外，清政府还减免招商局的应征税收。在招商局最初拟定的招商局章程和条规中，即强调招商局轮船所有报关装货事宜，均照洋商章程办理，除正常报纳关税外，招商局载货进出，免筹防落地等捐。1876 年，经李鸿章上奏清政府，允许招商局运送赈粮也可援照沙船海运漕粮章程，准其搭货二成进出海口，免予输税，招商局轮船凡采买或购运粮食，均由李鸿章发给执照，沿途经过关卡免征厘税。④ 招商局船只进出某些港口时，与外国轮船不同，还可以免征船舶吨位税。1877 年，招商局船舶吨位扩大之后，该局船只进出各口从按吨抽厘改为"包捐"，招商局每月仅输饷 1000 两，每年可减少三四千两的支出。1886 年，为扶助招商局，李鸿章还奏请朝廷允准招商局运漕回空免北洋三口出口税二成。⑤ 而且在中国的航运企业中，招商局是唯一同洋商一样享有子口税权的中国企业。

## 二　尝试现代公益做法

招商局自 1872 年成立至 1912 年中华民国建立，走过了晚清的 40 个春秋。这 40 年也是中国传统慈善向近代慈善转型的关键时期，既有传统的延承，又有新的发展。招商局的慈善公益事业也体现出相关特性，具体表现

---

① 中国史学会主编《洋务运动》第 6 册，第 27—29 页。
② 顾廷龙、戴逸主编《李鸿章全集》第 11 册，第 326 页。
③ 张后铨主编《招商局史（近代部分）》，第 166 页。
④ 顾廷龙、戴逸主编《李鸿章全集》第 7 册，第 107 页。
⑤ 顾廷龙、戴逸主编《李鸿章全集》第 11 册，第 325 页。

为四个方面。

一是从救助内容上看，初创时期招商局的慈善公益事业仍以传统的运输赈粮、筹运赈款为主。二是从空间范围上看，招商局的慈善公益事业突破传统的地域性救灾模式，破除了狭隘的畛域观念，活动范围不再限于当地，而是利用轮船的运输优势在社会救助领域发挥了重要作用，并取得了显著成效。如"丁戊奇荒"期间，招商局总局和分局为山东助赈 49195 两，[①] 缓解了燃眉之急。三是从实施主体看，招商局慈善公益事业实施主体的范围不断扩大。招商局成立之初，参与救灾的主体通常是该局的主要负责人，如李鸿章、唐廷枢、徐润、朱其昂等人。但随着招商局从事慈善救济的人员数量不断增加、范围不断扩大，越来越多的招商局成员加入救灾队伍。另外，招商局的救助内容也在不断丰富，比如初创时期招商局开始资助近代新式学堂，尽管当时招商局因财力有限，资助学堂规模较小、数量较少，但这种积极探索尤为值得肯定。四是从赈灾方式看，招商局开始运用近代报刊等新兴传播手段传递灾害信息，辅助慈善公益活动。初创时期的招商局在从事慈善公益活动时，非常注重宣传报道。"丁戊奇荒"期间，《申报》就曾对招商局的慈善公益活动进行持续性报道，这也是慈善组织与新闻媒体在救灾过程中结合的初次尝试。

## 三 爱国色彩与社会责任感并存

初创时期的招商局不仅肩负振兴民族航业的使命，其积极参与慈善公益活动也凸显了浓厚的爱国主义情怀与社会责任感，这在招商局所参与的协助赈灾、运送难民、支持军运和海防等各项活动中都有所体现。

如前文所述，在招商局所参与的慈善公益事业中，运送赈粮赈款占据很大比重。但由于清政府财政困难，无法提供足够的运输款项，招商局常常预先筹垫资金，或以极低的价格担负起运输任务，或是花重金另雇外轮协运，以缓困局。这种急社会之需、解国家之困的奉献精神和社会责任感实属可贵。

晚清时期的招商局先后经历了中法战争、甲午中日战争、八国联军侵

---

① 《申报》1878 年 4 月 22 日。转引自张后铨主编《招商局史（近代部分）》，第 75 页。

华战争、日俄战争等。在反侵略战争中，招商局义无反顾地承担起军运任务。如 1874 年招商局船受雇参与转运唐定奎统带所部步队 6500 人东渡赴台。1883 年"招商局之海晏、普济、日新三轮船拟由津赴牛庄，装载吴清卿京堂所带之兵"。① 在此之后，招商局军运愈益频繁，军火、粮饷、官弁、兵勇、马匹乃至棺木等均在承运之列，其运费"均照定数或七八折，或五六折从减核收"。② 招商局不仅直接派船参加军运，还拨出大宗资金支援中国水师建设。由于当时"中国海防非创办铁甲快船数只不能成军"，经李鸿章奏准，招商局将每年应归还的官款拨出 35 万两，以抵订造铁甲船之需，三年合计高达 100 余万两。③ 招商局这种宁亏商本也甘愿为海防军运服务的行为，鲜明地体现了民族性、爱国心以及高度的社会责任感。

---

① 李玉主编《〈申报〉招商局史料选辑·晚清卷Ⅱ》，社会科学文献出版社 2017 年版，第 598 页。
② 张后铨主编《招商局史（近代部分）》，第 130 页。
③ 《刘坤一遗集》第 2 册，第 605 页。转引自张后铨主编《招商局史（近代部分）》，第 130 页。

# 第二章 官督商办后期招商局慈善公益事业 (1885—1911)

官督商办后期，盛宣怀开始全面执掌招商局。在此期间，招商局持续推动中国近代工业化的进程，并实现慈善公益事业的系统化、常态化、多样化发展。面对天灾人祸，招商局持续参与赈济活动，还推动赈济机制的现代化。在教育领域，招商局兴办新式学堂培养新式人才，为近代教育开创了新局面。

## 第一节 历史背景

### 一 招商局内部人事与体制的变动

招商局在创办伊始名义上实行"官督商办"体制，不过在实际上管理权主要由商人唐廷枢和徐润掌控。唐、徐二人按商办原则经营招商局，经营管理方针亦十分鲜明，即力图"纯用西法经理"的指导思想和积极扩大规模、努力进取的经营方针。比如他们力图提高商股地位，增强商董权力，在招商局局规和章程中强调"应照买卖常规办理"。要求清政府"清（请）免添派委员"，"清（请）免造册报销"，"并拟除去文案书写听写等名目"。①

而围绕招商局和唐廷枢、徐润经办方针的争议，也从唐、徐进入招商局开始持续到 1885 年、1884 年二人分别离局。这些争议大体可为两类。一是要求将招商局所借官款改为官股，以至要求将招商局收归国有。如1878 年叶廷眷向李鸿章上禀建议将招商局所借官款改为官股，1881 年两江

---

① 朱荫贵：《从 1885 年盛宣怀入主招商局看晚清新式工商企业中的官商关系》，《史林》2008 年第 3 期，第 38 页。

总督刘坤一再次上奏重提此事并要求将招商局收归国有。二是不断有人要求对招商局进行"彻查""严查""整顿"等。这方面以 1880 年国子监祭酒王先谦上奏请求查办招商局，1881 年刘坤一奉旨派江海关道刘瑞芬、办理江南制造局直隶候补道李兴锐严查招商局为典型。① 可见，以唐廷枢、徐润为代表的商人团体与清政府对于招商局经营管理的分歧日益加剧，这也导致清政府对唐、徐的不信任逐渐加深。而这背后则集中体现了官商目标不一致的关键症结。

　　1883 年上海金融风潮爆发，倒账风潮随之而来。唐廷枢因积欠局款、徐润因挪用局款遭到攻击，李鸿章遂派已升任天津海关道的盛宣怀"到局维持一切"，② 盛宣怀在查处整顿招商局的过程中，官商之间的矛盾急剧激化。1884 年，唐廷枢、徐润遭撤职，由其联系而获得的买办资本次第以提款、退股的形式退出招商局。③ 1885 年 8 月，李鸿章札委盛宣怀为招商局督办，道员马建忠、知州谢家福为会办。这标志着招商局商办色彩的弱化和官督色彩的加重。此后直至清朝灭亡，盛宣怀实际上长期执掌着招商局的大权，并对招商局慈善公益事业的发展起到了关键作用。

## 二　协助政府与回应民众诉求的需要

　　晚清时期，频繁的战争给社会经济造成巨大破坏，军费支出已使国库空虚，历次对外战争的巨额赔款和外债的激增，令清政府财政危机进一步加剧。如 1895 年甲午战争赔款 2.3 亿两，1901 年庚子赔款 4.5 亿两。这两次赔款使清政府的财政走向崩溃，不得不转借外债以偿赔款。其中甲午赔款共向俄法、英德借款 3 亿余两，赔款转而成为长期的外债负担。庚子赔款由清政府发出债券交由各国收执，分作 39 年摊还，年息 4 厘。4.5 亿两赔款，加上逐年利息，遂申算为 9.8 亿余两。以 1902 年为例，外债、赔款支出已在 4700 万两以上，约占当时清政府财政收入额的 40% 和支出额的 30%。④

---

① 朱荫贵：《从 1885 年盛宣怀入主招商局看晚清新式工商企业中的官商关系》，《史林》2008 年第 3 期，第 39 页。

② 张后铨主编《招商局史（近代部分）》，中国社会科学出版社 2007 年版，第 172 页。

③ 汪熙、陈绛编《轮船招商局》（盛宣怀档案资料选辑之八），第 92、675、697—698 页。

④ 陈锋：《清代财政支出政策与支出机构的变动》，《江汉论坛》2000 年第 5 期，第 67、68 页。

战争导致社会各阶层的经济状况恶化，尤其是处于社会底层的广大农民，生计更加艰难。"自甲午庚子两次赔偿兵费以来，岁去之款骤增四五千万，虽云未尝加赋，而各省无形之搜刮实已馨尽无遗。……在富饶者力可自给，中资之产无不节衣缩食，蹙额相对。至贫苦佣力之人，懦者流离失所，强者去为盗贼。"①

长期的战乱也严重破坏了农业生产，导致许多地区土地荒废、水利设施损毁，不但削弱了农民抵御自然灾害的能力，还增加了灾荒的发生频率和破坏程度。同时，清政府财政亏空严重，无法有效开展救灾和防灾活动，也在一定程度上加剧了灾害的严重程度。比如在1890—1898年短短9年间，顺直地区年年水灾，且有6年水灾严重。由于顺直地区是"万方辐辏，户口殷繁"之区，"畿疆重地，救灾之切，百倍寻常"。②若将造成万人以上死亡的灾害列为巨灾的话，整个光绪时期（1875—1908）共发生万人以上死亡的巨灾24次，死亡人数为15612442人，其中死亡10万人以上的6次，50万人以上的3次，100万人以上的2次，1000万人以上的1次。③

面对天灾人祸，招商局与士绅群体和民间慈善组织联合劝捐，将民间力量引入救灾，将义赈代替官赈，推动赈灾的现代化。当时的一些官绅、名流常常愿意参加赈灾活动，借此博得好名声，扩大他们的社会影响，这种事例在清晚期的记录中已成常态。例如，新加坡招商局陈金钟因自1881到1900年共20年的善举，被清政府特旨传奖："以劝集赈款，予新嘉坡福建绅商兼充暹罗领事、候选道陈金钟传旨嘉奖。"④此外，陈金钟还单独捐助1000两赈济灾民，李鸿章亦请旨："俯准陈金钟自行建坊，给予'乐善好施'字样"。⑤

## 三 早期管理层的价值认同

在盛宣怀、朱其昂、郑观应、徐润、唐廷枢等开明士绅的领导下，招

---

① 李文治编《中国近代农业史资料》第1辑，三联书店1957年版，第913页。
② 中国第一历史档案馆编《光绪朝朱批奏折·赈济》，中华书局1995年版，第452页。
③ 张高臣：《光绪朝（1875—1908）灾荒研究》，山东大学2010年博士学位论文，第57页。
④ 《清实录》第55册，中华书局1987年版，第854页。
⑤ 顾廷龙、戴逸主编《李鸿章全集》第13册，第201页。

商局对经济、制度、思想等层面的近代化都进行了诸多探索。招商局在慈善事业方面的成就在某种程度上也是管理层对人生价值的践行。

招商局的创办者和管理者深受中华优秀传统文化熏陶，这为他们积极参与慈善公益活动奠定了文化根基。"积德行善"不仅是中国传统商人社会的基本道德伦理观，更是中国社会不同文化背景和不同阶层人士共同认同的价值观念。盛宣怀自幼受传统儒家文化影响，推崇仁爱、民本、经世等理念，参与了诸多慈善公益活动。受范仲淹设义庄的启发，盛宣怀创设拙园义庄，"设义学以教子姓，给义粮以恤茕独，置义冢以救凶丧事"，"以瞻合族一切衣食嫁娶丧葬均有助"。① 招商局创立以后，盛宣怀作为筹办人之一，与朱其昂、郑观应、徐润等人积极参与慈善事业。"丁戊奇荒"最后一年，盛宣怀为确切掌握灾区实情进而实行针对性救济，亲自前往灾区调查，在"绅董同去者，足皆不肯入户"的情况下，毅然"以身先入"，"每躬自巡行村落，风日徒步，按户抽查，在东光县某乡，竟至露宿终夜，归而咳逆，上气大作，盖毕生喘疾所由萌芽也"。② 盛宣怀还在天津创立广仁堂，在上海参与创建万国红十字会等慈善机构。在他的领导下，招商局的慈善活动愈加频繁，逐渐朝着系统化、常态化、多样化的方向发展，在慈善救济形式、机制等方面也有了新的变化。三进招商局的郑观应作为中国近代最早具有维新思想体系的理论家，坚持宣扬"努力从公、一心向善""救人自救""害人自害"的思想言论，将行善积德作为商人处事的行为准则。据载，早在 1876 年江南旱灾发生时，郑观应的父亲郑文瑞就"捐资为倡，并谕伊子郑观应等在上海筹捐"。从这次受父命赈济江南旱灾开始，到 1878 年与盛宣怀携手筹赈直隶水灾，郑观应逐渐熟悉并经常参与社会活动，成为上海赈务活动中的重要人物。另外，招商局的创始人李鸿章及其他负责人如唐廷枢、朱其昂等，基于对中华优秀传统文化中"乐善好施"的价值认同，也都积极从事各项公益事业。他们互相影响，共同引导招商局回馈社会。

---

① 上海图书馆编《上海图书馆藏盛宣怀档案萃编·拙园义庄记》，上海古籍出版社 2008 年版，第 48 页。
② 盛恩颐等：《（盛宣怀）行述》，《愚斋存稿》卷首，沈云龙主编《近代中国史料丛刊续编》（122），台北：文海出版社 1975 年版，第 11 页。

除了传统文化的熏陶，西方慈善思想的传入以及时局的变动也对招商局的士绅产生了巨大影响。受西方新的社会慈善福利观和公益思想影响，慈善的范畴得以扩大，不是单纯的慈善救济，也包括慈善教育；不只是以养为主，还要教养并重，且更倾向于以教为主导；不仅要救助贫困弱势群体，还要发展社会公共事业，改良社会环境，让全社会人都受益。[①] 郑观应就是典型的代表。他尤为重视贫寒子弟的教养问题，在回复李金镛、金荅生的信，力劝他们在天津创设广仁善堂时说："务祈收养贫寒子女，请工师分教。各习一艺，是自食其力，所学有成。……人尽其才，贫民日少。泰西今日之治即以此强国。"[②] 在郑观应看来，社会要不断发展和进步，就必须重视教育和培养人才，"学校者，人才所由出，国势所由强"。[③] 但晚清时期，国家积贫积弱，政府难以承担教育成本，对此郑观应认为一种有效途径是"富者出资，贫者就学"。[④] 同时，郑观应还十分关注职业教育，积极倡导广设工艺局，让部分人可学有所长，以获得的知识和技能来谋生，"工艺学堂亦今世之亟务也"，[⑤] "不但教育成才，……亦可令其技艺通习，资生有路也"。[⑥] 特别是在中国社会人口日益增长、生计日渐艰难的情况下，"教其各成一艺，俾糊口有资，自不至流为盗贼"，[⑦] 也能有力维护社会稳定。郑观应对职业教育的重视，实际上为招商局从事慈善公益开辟了新的方向。

## 第二节 主要内容

### 一 参与慈善赈济

#### （一）兵燹救济与难民转运

19 世纪 80 年代至 20 世纪初，我国灾难频繁。陕西、山东、直隶、江

---

① 周秋光、林延光：《传承与再造：中国慈善发展转型的历史与现实》，《齐鲁学刊》2014 年第 2 期，第 83 页。

② 夏东元编《郑观应集》下册，第 1137 页。

③ 夏东元编《郑观应集》上册，第 276 页。

④ 陈景磐、陈学恂主编《清代后期教育论著选》上册，人民教育出版社 1997 年版，第 526 页。

⑤ 郑观应：《盛世危言》，中州古籍出版社 1998 年版，第 68 页。

⑥ 夏东元编《郑观应集》上册，第 476 页。

⑦ 夏东元编《郑观应集》上册，第 267 页。

浙等地区频繁发生严重的水灾、旱灾等自然灾害，战乱的频次也较之前愈加频繁。这二十多年里，相继发生了中法战争、甲午战争、八国联军侵华战争、日俄战争、辛亥革命等一系列事件。这给社会生产力低下、经济结构脆弱的半殖民地半封建社会中国带来了深重灾难。招商局因其特殊的企业性质，在漕粮运输、难民转运、物资接济等方面起到了重要作用。

光绪十年（1884）中法在越南交战。8 月 23 日，法军进攻福州船政局，福建水师全军覆没，是为"马江海战"。在此沉重打击下，清廷朝野震动，被迫对法"宣战"。鉴于战事危急和海防主力丧失，在事官员必须更慎重地考虑漕运问题。1885 年 2 月 26 日，法国海军司令孤拔宣布派兵船在吴淞口附近海域搜查，通知各国商船禁止运输漕米、兵械，开始实行"大米禁运"政策。为了防止法军对运粮船只的阻截，李鸿章、盛宣怀等人决定将招商局船只暂卖于旗昌洋行，并挂美国国旗。英国、德国船商趁此机会开出极低运费，企图控制漕粮海运权，被李鸿章识破并严词拒绝。李鸿章提议，现在招商局船旗虽换，而局尚存，江浙漕粮唯有仍照旧章，交招商局承运，收回轮船时盈余仍归招商局。经唐廷枢与洋行商议，决定以招商局所装四成交旗昌洋行代运，以沙宁船所装六成交怡和、太古洋行分运。① 洋商虽多次想插手漕粮海运，但清廷为维护利权，始终加以拒绝，即使雇用，亦完全由招商局负责。就时局来看，招商局船只易主确是无奈之举，但在李鸿章、盛宣怀等人极力争取下，招商局坚守住了漕运独立自主的底线，在客观上达到了所预想的政治、经济目的。而中法战争中招商局所采取的策略也成为之后面临对外战争时的可行方案。在 1894 年的甲午战争中，招商局也采取了同样的方式，保证了北洋军队漕粮的正常输送。

招商局在兵燹中的直接救助形式主要为两种：一种是运输军队和救灾的漕粮，另一种是救济转运受兵灾之害的难民。特别是从 1900 年八国联军侵华后开始大规模的人道救济。1900 年，义和团运动爆发，八国联军侵入北京，沿途烧杀抢掠。在京的粤东会馆就灾民的困境有如下描述："遭此变故，困厄不堪言状。祸之始作，铁路先断，轮船不通，虽欲逃生而无

① 曾国荃：《奏为筹议新漕暂雇轮船代运事》，军机处录副奏折，光绪十年十月十五日，转引自倪玉平《西方势力与晚清漕粮海运》，《中国经济史研究》2004 年第 4 期，第 135 页。

路，或转徙而流离，或束手而坐困，加以乱兵乱民遍地焚掠，银肆尽毁，质库全空，既无复典借之路，南粮不来，民食日缺，且将为无米之炊。……苟延残喘，毫无生机。此时妙手空空，而饔飧不给、御寒无具者，盖十室而八九。若不亟筹接济，再延时日，何堪设想！"① 虽然这里求救的是居住于北京的南方行商，不是当地人，但从侧面表明了京城内的危急情形。在此期间，在湖广总督张之洞、两江总督刘坤一的支持下，上海道台余联沅在上海与各国领事签订了《东南保护约款》，从而形成了所谓的"东南互保"局面。东南互保的达成，使江南地区避免了兵祸，社会经济得以保全并实现进一步发展。在北方战火连天的时候，江南各地士绅及时关注到北方惨状并着手实施救援，时任招商局督办的盛宣怀更是积极号召，并充分利用招商局的运输优势来解救遇难民众。

1900 年 8 月，为了应对北京的乱局，陆树藩、严信厚等人在李鸿章的支持下，决定成立救济善会。9 月 9 日，陆树藩在《申报》上发表《救济善会启》，随后公布了具体章程。章程所决议的最主要的内容是救济方案即海路救援，具体为派遣轮船往天津救助东南各省难民，并计划在清江浦设立难民总局，作为运输中转站和西北各省难民赈济点。同年 9 月，救济善会成立，招商局委员谭干臣、韦文甫和郑观应等人捐助大米 500 石予以支持。② 在救济善会发布公启后仅 9 天，严信厚等人也在《申报》上发布公启，宣布济急善局成立。这两大救济组织能够很快成立，离不开盛宣怀的幕后支持，甚至可以说他是济急善局的主要幕后主持者。作为该会重要主持人之一的施则敬明确宣称自己是"随同盛京卿诸公承办济急善局"的。③ 另外，盛宣怀还不时公开出面参与济急善局的行动，利用自身声望为济急善局筹募了大量捐款。救济善会与济急善局成立后发挥出很大作用，救援战线很快深入灾区。当时由于战乱，南北道路阻绝，京津地区的难民基本无法逃出，即便逃出也没有交通工具可以前往安全区域。对此，救济善会的陆树藩很早就决定"派轮船往津"接运被难官商。盛宣怀得知这一消息后立刻表示支持，并派遣招商局"爱仁"轮北上赴津护送难民，

---

① 《京都粤东会馆各京官公函》，《申报》1900 年 10 月 11 日。
② 《特颁巨款》，《申报》1900 年 10 月 7 日。
③ 《声明代办》，《申报》1900 年 11 月 23 日。

于 10 月 15 日"慷慨启行"。是日中午，陆树藩偕德国医官贝尔榜、德人喜士以及著名外交官陈季同、思想家严复、德文翻译洪中并司事、家丁、小工等共计 82 人，登上招商局"爱仁"轮，开出吴淞口停泊。这艘被称为"救命船"的"爱仁"号，还有随行的"德生"号，装载"米三千三百石，面二千一百三十二包，饼干五千二百廿磅袋，寒衣三万五千五百四十件，棺木大小五千余具，药料数百箱"①，扬帆北上，开启人道主义之旅。

陆树藩亲自北上救济，还请求李鸿章"札饬招商局委员，凡有救济善会董事以及司事、仆役人等来往清江、天津各处，均准免收轮船水脚，如有救出难民，或由清江，或由天津回南，一概不收川资作为捐助"②，"札饬电报局委员，凡有救济善会往来电报，援照办理灾振成案，一概不收报费"。③ 在得到李鸿章"已分别咨行，劝谕筹办"的批复后，陆树藩便致函盛宣怀，请求其"札饬直隶、山东德州、广东以及苏杭湖宁绍，派人筹款。各处所有招商、电报各局，一体知照，同襄善举，并请免收报费、水脚，以期迅速而惠灾黎"。④ 盛宣怀也十分爽快地同意了陆树藩的请求，邀请他前往招商局与顾肇熙、郑观应商讨具体办法，以求"成此善举"，后经研究决定，免去了救济善会此行的川资和电报费。

10 月 19 日，"爱仁"轮抵达天津大沽口下碇。陆树藩和"爱仁"轮的到来，给濒临绝境的难民带来希望。据称："天津被难士商，均知有救命船到塘沽，纷来求渡。"⑤ 10 月 27 日，救济善会在天津火神庙设局办公，同时发布《塘沽轮次告被难南旋各士商》的通告，声明"爱仁轮船专供本总局来往津沪救济之用"，"准士商纷纷来局报名登轮，刻期起程南返"。而津局开办之后，短短几日，前往救济善会报名回南之人就已有 200 余名，考虑到"爱仁"轮载客能力有限，陆树藩当即决定用"爱仁"轮于 11 月 2 日将这批难民运送回沪。这是中国救济善会救助的首批难民。据说当时

---

① 《筹创中国红十字会启》，《救济文牍》卷 1，苏省印刷局光绪三十三年（1907）铅印本。
② 《救济会章程》，《申报》1900 年 9 月 10 日。
③ 陆树藩：《陆郎中禀傅相》，《救济善会本末》，中国国家图书馆藏本。
④ 《呈招商电报局督办盛》，《救济文牍》卷 3。
⑤ 陆树藩：《救济日记》，1900 年上海石印本，第 3 页。

"被难之人欢声雷动，津地均以救命船呼之"，而"北方绅商士民见此义举，无不交口称羡，以为东南人有此善心，所以得免浩劫"。① 然而，还未待到"爱仁"轮出发，向救济善会报名回南而未能登船的难民人数又已达到 200 余人。由于"爱仁"轮即将返沪，救济善会暂时无法安排如此数量的难民南返。考虑到在天津开展救援已花费不少，陆树藩在与上海救济善会总局同人的书信中不无遗憾地表示："惟专假一轮，需费甚巨。此轮回申后，敝意拟请不必再行专放，俟此间人数众多，再电请派轮。"② 所幸的是，盛宣怀得知天津有难民难以返沪的情形，随即派出招商局"公平""安平""泰顺"三轮往返于津沪之间，接济难民回南，解决了救济善会的燃眉之急。1901 年开春，救济善会重新开始接济难民回南，盛宣怀又派遣"新丰""丰顺"二轮前往救济，分两批于 4 月 5 日、6 日运送天津难民 600 余人。至此，招商局接济难民的工作基本收官。此次赈济中，中国救济善会救回在津难民 5000 余人，运送灵柩 136 具。可以说，在如此艰难的形势下，招商局能取得这样的成绩实属不易。

在此次救济过程中，招商局起到了重要作用。救援方式由以往的铁路为主转为以海运为主，招商局提供的海运通道无论是救济效率还是规模，皆远远超过陆路救护。据陆树藩在《救济日记》中的统计数字，到 10 月下旬他返回上海时，经由海路南下的难民就有 11 批，共计 3583 人，而据考证，至次年 2 月轮船接送活动告终为止，总共救济人数为 5000 余人。此外，招商局还筹划向北方运送棉衣和粮食，"前承傅相电传陈京兆意，赶办棉衣五千套，则敬承办，现已告成，运存招商局栈房，陆续轮运到津转解，即请代陈傅相，转致陈京兆"。③ 实际上，这时期招商局已出现严重亏损，且庚子事变八国联军攻入北京后，清政府要员已逃离北京，也不可能给招商局任何实际帮助，此时招商局的救济行为完全是在自身慈善观念和责任意识驱动下的自发行动。在清皇室外逃、军队溃败、毫无保护的情况下，招商局派遣船只进入战区也冒了很大风险，可谓孤注一掷。这种不顾自身安危解救难民的举动，是真正担负社会责任的企业行为。

---

① 《陆纯伯部郎致上海救济善会第三号公函》，《申报》1900 年 11 月 10 日。
② 《陆纯伯部郎致上海救济善会第三号公函》，《申报》1900 年 11 月 10 日。
③ 《济急第九号公函》，《申报》1900 年 11 月 12 日。

　　1904 年日俄战争爆发，日俄双方在中国东北展开了残酷的拉锯战，清王朝以日俄两国"均系友邦"为由宣布中立，对这场发生在本国领土上的战争也无力干涉。这场他国之间的战争给中国人民带来了深重的灾难，有函电称："烽火仓皇，田庐灰烬，匪徒肆掠于先，盗骑追袭于后，身家性命之不知，父母妻子之罔顾，青磷白骨，心惊鹤唳之声，雪窖冰天，肠断哀鸿之响。"① 与此同时，由于朝鲜半岛也是双方争夺的对象，驻韩大臣许台身于 3 月 2 日致函清外务部称：近期俄日在韩国仁川接战，我华民"在此不下二三千人，产业货物甚巨，前因风声日紧，既虑韩国匪党，又畏俄胜，兵抵汉仁，必遭蹂躏，极为惶恐，咸怀归志"。为保安全，乞请外务部饬令"招商局照前章程，仍派商船每月来仁一次，借为缓急之备用"。② 3 月 10 日，外务部仍保持中立立场，拒绝了许台身的请求："惟招商轮船平时既不常赴韩，当此谨守局外之时，匆而派往，恐致猜嫌"，且"本部业已告驻京内田，请其转电驻韩林使，遇事妥为保护"。③

　　尽管缺少官方支持，但沈敦和、任锡汾、施则敬等江南善士"念我东人，乃遽殃及，骨肉摧残，风云愁惨"，④ 义愤满怀，遂决定联络社会各界人士，"力筹赈救北方被难民人之策"。⑤ 这次筹赈不但获得了国内的普遍响应，也得到了国际慈善组织的大力支持。不久之后，中、英、法、德、美五国人士又合办上海万国红十字会，成为中国红十字会的先声。1904 年4 月 6 日，上海万国红十字会在牛庄建立分会，首重医药，购运大量药品优先运往营口，并设立大医院兼办救护事宜。红十字会与招商局、中国电报局达成一致，在俄军官的默许下，对伤员进行救治，光辽阳分会一处医院就收留伤兵、难民八九百人。⑥

　　庚子国变、日俄战争中的救援，是招商局在清末两次较大规模且具代

---

① 《东三省红十字普济善会章程并启》，《申报》1904 年 3 月 3 日。
② 孙学雷、刘家平主编《国家图书馆藏清代孤本外交档案》第 38 册，全国图书馆文献缩微复制中心 2005 年版，第 16117—16118 页。
③ 孙学雷、刘家平主编《国家图书馆藏清代孤本外交档案》第 38 册，第 16121 页。
④ 《东三省红十字普济善会章程并启》，《申报》1904 年 3 月 3 日。
⑤ 《普济群生》，《申报》1904 年 3 月 11 日。
⑥ 《红十字会日记摘存》，中国红十字会总会编《中国红十字会历史资料选编（1904—1949）》，南京大学出版社 1993 年版，第 48—54 页。

表性的人道救援，其在救济过程中规范的救济章程、有序的调度以及与社会各界积极有效的联动表明其在慈善救济事务上已逐渐形成相对成熟、规范的体系，并且完成了由传统义赈向近代规范化赈济的转变。

### （二）漕运与多样化救济

漕运，即漕粮运输，是一种田赋转运的方式，有陆运、河运和海运三种形式，不仅对维持皇室、在京百官以及军队的运转至关重要，也在赈济灾民、平粜市场等维护社会稳定和发展的层面发挥关键作用。招商局成立之前，洋商轮船挤压传统的漕运贸易，传统沙船业受到毁灭性打击，船只数量从道光年间的 3000 余号，减少到同治六年的 400—500 号。[1] 招商局设立之初衷，即在承担各地繁重漕运任务的同时收回航运利权，抵制洋人在华的资本掠夺，打破洋轮对国内航运利权的垄断，而赈灾自然而然地成了漕运的附加功能。

招商局自成立之初就充分利用其漕运功能进行赈济。19 世纪 70 年代至 90 年代，招商局的赈济形式以输送粮食为主、捐银为辅。据统计，仅从 1887 年至 1893 年，招商局赈粮总数便近 100 万石。[2] 招商局承运赈粮主要采用包购包运的方式，需要先行垫付购粮款。如 1898 年淮徐等地受灾，朝廷下旨要招商局先行垫付粮款"三五十万"两，而该年招商局已在山东赈灾中垫付巨款，无力再筹垫，但因为是清政府特旨下令招商局筹垫，最后由招商局筹银 2 万两垫付。[3] 而且，赈粮运费极低，是以比照军米的半价承运，甚至有时连半价也拿不到，清政府准备让招商局免费承运。除此之外，当灾害发生后，清政府常为赈灾进行劝捐。如 1910 年，在招商局垫付冬赈 9 万元尚未收齐的情况下，次年需要再次筹措 4 万元应付春赈，此时招商局已无力应对。通过低价运送赈粮、包购包运、赈灾劝捐等方式，清政府将赈灾负担转嫁给招商局。[4]

随着近代西方慈善思想的传入以及本土慈善组织的发展与变革，招商

---

[1] 张后铨主编《招商局史（近代部分）》，第 9—11 页。
[2] 张后铨主编《招商局史（近代部分）》，第 167 页。
[3] 易惠莉、胡政主编《招商局与近代中国研究》，第 606 页。
[4] 狄金华、黄伟民：《组织依附、双边预算约束软化与清末轮船招商局的发展——基于轮船招商局与清政府关系的分析》，《开放时代》2017 年第 6 期，第 182 页。

局的慈善实践也在逐渐成熟。与早期招商局不同，清末招商局所转运的物资中，除了作为主要救济物资的粮米，棉衣、药物乃至水果、燃料等物资也经常出现在救灾清单之中，这说明招商局所参与的慈善救济越发立体化、多样化，能针对灾区的复杂情形将救援力量用到实处。

　　早在"丁戊奇荒"时，招商局就进行过衣物捐赠，此后更加趋于常态化。1885 年 10 月 26 日，《申报》刊登了招商局筹募运送棉衣的信息，"惟御寒无具，拟乞就近筹募棉衣数万件等因。如蒙好善君子慨助直省棉衣，即请于十月内交至四马路协赈公所，由敝局轮船起解天津，水脚一概捐免"。① 对于衣物捐赠记述最为详细的赈济事件发生在 1904 年的日俄战争时期。1904 年 9 月份，日俄双方于辽阳展开会战，日军伤亡近 2.4 万人，俄军伤亡 1.7 万人，战况极其激烈，而"辽阳之役，华民死者不亚于俄日两军之数"。② 10 月，东北已进入冬季，饱受兵燹摧残的难胞，衣不完具，受冻挨饿。上海红十字会相继在《申报》等报刊发布《劝募东三省战地冬赈款项并棉衣启》《急募东三省棉衣启》《红十字会棉衣捐款》。招商局在盛宣怀的倡议下，积极捐赠，"本会昨承督办铁路大臣盛宫保倡捐棉衣五百套，顾敬斋捐助棉衣洋五十元，王一亭捐助棉衣五十套"。③ 上海万国红十字会牛庄分会赶办 5000 袭棉衣（计女衣 2000 袭、童衣 3000 袭），而后定做的 3 万套棉衣，皆由招商局轮船运往东北散放。

　　除了粮食、衣物等大类，招商局也承运一些小类的救济物资。如 1889 年上海金利源招商局承运的一些物品，可以体现这一特点："林丰助锅焦④廿六斤、馒头六斤，鞠亭和助锅焦十八斤，杏两居助锅焦二千四百廿七斤……"⑤ 无论是数斤馒头还是上千斤锅焦，招商局都不遗余力地予以运输，捐往灾区，并刊报进行公示。这也说明，招商局的慈善救济事业出自纯粹的善心，并且具有良好的信用，无论捐物价值大小，都尽可能地登报声明，以确保救援物资能应用到实处，这在一定程度上维护了招商局慈善

---

① 李玉主编《〈申报〉招商局史料选辑·晚清卷 Ⅱ》，第 628 页。
② 《中外日报》1904 年 11 月 30 日。
③ 《万国红十字会来函》，《申报》1904 年 12 月 11 日。
④ 锅焦，为烧干饭时所起的焦锅巴。
⑤ 《上海金利源招商局煤料所姚彦嘉代文报局分募经收东赈饭干捐并收买锅焦五月初一至六月十二止第一单》，《申报》1889 年 7 月 17 日。

的公信力。

（三）联合国际慈善组织

晚清时期是我国民间慈善组织快速发展且发生近代化变革的时期，这一过程主要是以民族资产阶级为主体推动，其中江南地区的慈善士绅团体表现尤为活跃。这些士绅团体不但在经济层面与西方多有交流，而且在慈善思想层面也深受西方影响。招商局当时已有不少国际航线，在与西方资本主义和传教士的交往过程中也自然而然地与国际慈善组织多有合作往来。

1904 年，上海万国红十字会的成立标志着中国红十字会的创立。招商局与上海万国红十字会的前身救济善会、济急善局之前就有着密切的联系。1897 年，旅日商人孙淦上书请创办红十字会，文中称："万国公法之中，以此会为近数十年至善之大政。"次年，孙淦的禀文在《时务报》刊出，1898 年 3 月 26 日又经《申报》转载，① 引起强烈反响。1900 年 9 月 9 日，为救济京、津难民，由陆树藩创办的救济善会初具红十字会雏形。如《救济善会启》所称，中国救济善会"亦如外国红十字会之例，为救各国难民及受伤兵士起见"。② 救济善会成立后的第 9 天，由严信厚创办的济急善局成立。9 月 25 日，济急善局同人邀集大批绅商筹议救济事项，招商局的顾肇熙、严滢等人参加了会议。在之后的赈济过程中，陆树藩会同近代著名思想家严复、中国前驻法国参赞陈季同、德国医官贝尔榜等人，搭乘招商局"爱仁"号轮船深入京津地区，就地接运难民回南。1904 年 2 月，日俄战争爆发，当月 20 日，有识者在《申报》上发表文章，强烈呼吁相关机构师法中国救济善会，按照红十字会规则行事。③ 同年 3 月 3 日，著名绅士沈敦和在《申报》上发表《东三省红十字普济善会章程并启》，当天下午 3 时许，时任招商局总理的杨士琦应发起人之一施则敬的邀请，出席了此次会议，并在会议上宣告"东三省红十字会普济善会"成立。3 月10 日，在英国传教士李提摩太的主持下，中、英、法、德、美五国代表会集上海公共租界工部局，宣布上海万国红十字会正式成立。

1904 年 3 月 15 日，沈敦和与施则敬、任锡汾等联名致电盛宣怀，并

① 《创兴善会》，《申报》1898 年 3 月 26 日。
② 《救济善会启》，《申报》1900 年 9 月 9 日。
③ 《劝中西官绅急救北方难民说》，《申报》1904 年 2 月 20 日。

附上上海万国红十字会捐册，请求盛宣怀"将所拟万国红十字会上海支会捐启、公函两稿迅赐核定，克日掷还"。① 从该函内容可知，沈敦和不仅向盛宣怀通报了组织上海万国红十字会一事，而且就章程的相关内容征求了盛宣怀的意见。3 月 29 日，为了筹集赈灾善款，沈敦和与吕海寰、盛宣怀、吴重熹、吴郁生等还联名通电各省将军、督抚、海关等，呼吁各方为救济一事，慷慨拨助捐款。1904—1905 年，盛宣怀担任招商局督办，沈敦和担任招商局协理。经两人协商，凡是上海万国红十字会救济灾区的物资，统由招商局轮船免费运至天津，交天津分会负责分发灾区。所有上海万国红十字会人员、医生以及救出难民乘坐招商局轮船时一律免费。1907年，在吕海寰、盛宣怀等人的努力下，上海万国红十字会改组"中国红十字会"，由盛宣怀担任首任会长。1910 年 2 月，朝廷下谕："吕海寰等奏酌拟《中国红十字会试办章程》请立案一折，着派盛宣怀担任红十字会会长。"② 这是迄今所见最早的一份确认清政府下谕指派盛宣怀担任红十字会会长的文献。

盛宣怀能够担任首任中国红十字会会长，与其常年关注并亲身参与慈善公益有着直接联系。1871 年直隶水灾，正值盛宣怀投身李鸿章幕府的第二年，他首次参与赈灾行动。为赈济灾民，他在父亲的带动下从江南筹集银两衣物到天津发放，并捐助赈米两千石。此后，他还组织和参与了数十次赈灾。特别值得一提的是，在"丁戊奇荒"期间，盛宣怀不仅带头捐赠，还积极发动江苏、浙江、上海一带的亲友商绅捐粮捐钱。劝捐主要依靠行业商会进行，这些行业商会平时从事施医、施药、施衣、施棺、恤嫠、保婴、惜字等工作，灾时就成为募捐义赈的组织机构。在清政府财政亏空之时，盛宣怀通过劝捐将民间力量引入救灾、义赈，代替官赈，具有历史性的意义。也可以说，在与新式慈善组织的紧密联系和有效配合下，官督商办后期招商局的慈善救济事业取得了显著效果。

## 二　投入文教事业

甲午中日战争一役清政府战败，北洋水师全军覆没，这标志着持续了

---

① 转引自《清末民初的中国红十字会》，《咸宁日报》2020 年 3 月 16 日，第 5 版。
② 《宣统政纪》卷 3，宣统二年正月癸亥条。

30 余年的洋务运动最终以失败告终。李鸿章作为洋务运动主要发起人和领导人，甲午战争的惨败对其本人产生了不小的冲击。这也促使晚清当局对洋务运动进行深入总结和反思。随着民族危机的不断加深，资产阶级维新派掀起了新一轮的改革（即戊戌变法）。倡导学习西学、大力兴办新式学堂就成为维新运动的重要内容，继而推动了中国教育的近代化发展。

### （一）北洋大学

早期招商局的顺利运营，主要是借助外国技术人员来管理，但误用矿师贻误勘矿①的事件给招商局带来深刻的教训。盛宣怀总结聘用外国技术人员的经验与教训，意识到创办洋务企业成败的关键在于人才，而不在于资本。他认为实现"足食、足兵、民信"和国家富强，关键在于培养储备人才，特别是不断地培养青年后起之秀。而借材异域，聘用洋人只是权宜之计，不应长期依赖洋员。其理由除聘请费用高昂外，更重要的是长期依赖外国人员会导致国家利权外溢。② 为了解决人才短缺问题，盛宣怀在督办招商局期间，于 1895 年 10 月主导创办了近代中国的第一所新式大学——北洋大学堂。

盛宣怀总结洋务教育的经验，在北洋大学堂的创办之初就参与规划设计。北洋大学堂立校章程之一《天津中西学堂章程》指导思想包括"通才和专才培养相结合""兴学强国"等。北洋大学堂仿效美国办学模式，以哈佛、耶鲁大学的教育为参照，讲授现代的声光化电与人文科学。北洋大学堂拟设督办（名义校长）一人，由盛宣怀兼任；设总办负责学校行政管理；总教习丁家立负责学校教学事宜。"各学科的教学工科，由学科教授

---

① 1875 年，在李鸿章授意并在其弟、湖广总督李瀚章的支持下，盛宣怀开始主持创建和经营湖北煤铁开采总局。此后，盛宣怀主持设立湖北开采煤铁总局，带同所聘外国矿师，深入鄂省各地，遍察矿苗，试办了武穴、荆门煤矿及大冶铁矿。但由于各种原因，至1881 年，所办各矿均遭失败，同年湖北开采煤铁总局也被撤销。煤铁开采失利的一个主要原因是缺乏矿冶技术人才。开采煤铁需用近代矿冶、化学、机械技术人员和设备，而煤铁总局"督斯役者以迄员董工匠，一无所知，重听命于洋师而已矣"。这里所说"洋师"，系指 1876 年 2 月盛宣怀高薪聘请的英国矿师马利师（Morris）。该矿师勘察半年，旷时靡费，却毫无进展。原来马利师"实为开矿之机器洋匠，并不谙于地学、化学"。盛宣怀不由得发出"开矿不难在筹资本，而难在得洋师"之慨叹。参见欧七斤《盛宣怀兴学动因探析》，《常州工学院学报（社科版）》2013 年第 2 期，第 3 页。

② 欧七斤：《盛宣怀与中国教育早期现代化——兼论晚清绅商兴学》，华东师范大学博士学位论文，2012 年，第 29—31 页。

负责，但人员的延聘、学科的增减则需〔须〕经总教习决定"。① 在学制上，天津北洋西学学堂分头等学堂和二等学堂两级学制，修业均为四年。头等学堂第一年不分科，学习英文、物理、化学、天文、制图、地理、理财、万国公法等公共通识科目；第二年在工程学、电学、矿务学、机器学、律例学中选学一门专门学科。当时政府在外交上急需懂得各国法律的人才，故设法律科；盛宣怀倡导培养实用人才，以应工业发展需要，设立土木、矿冶、机械学门。1897 年山海关铁路学堂并入北洋大学堂，增设铁路专科。1900 年八国联军入侵津京，学校停办。1903 年北洋大学堂开学复课时，分设法律、土木工程、采矿冶金三个学门，机器学门停办。后应外交需要，学堂附设法文班、俄文班，培养外交人才，四年后停办。1907年、1908 年开办师范科，培养中等学校教师，两年后裁撤。师范班开设生理学、心理学、伦理学、教育学、教授法、管理法等课程。从课程设置来看，北洋大学堂的办学目标是培养实业技术型人才，这也顺应了甲午战后救亡图存的时局趋势。

表 2-1　1895 年北洋西学学堂头等学堂课程一览

| 学年 | 课程 |
| --- | --- |
| 第一年(四班) | 几何学、三角勾股学、格物学、笔绘学、各国史鉴、作英文论、翻译英文 |
| 第二年(三班) | 驾驶并量地法、重学、微分学、格物学、化学、笔绘图并机器绘图、作英文论、翻译英文 |
| 第三年(二班) | 天文工程初学、化学、花草学、笔绘图并机器绘图、作英文论、翻译英文 |
| 第四年(头班) | 金石学、地学、考究禽兽学、万国公法、理财富国学、作英文论、翻译英文 |

资料来源：《皇朝经世文新编》卷六《学校》。转引自王玉国《丁家立与北洋大学堂》，《天津大学学报（社会科学版）》2003 年第 1 期，第 73 页。

北洋大学自建校后，仿照西方高质量教学体系，始终以重质不重量的学风严格挑选和培养学生，培养了大批为近代中国发展做出突出贡献的优秀学生，北洋大学也被时人誉为"东方的康奈尔"。② 从建校到抗战初期的这段时间，欧美许多著名大学都明文规定，承认北洋大学授予的学士学

① 赵宝琪、张凤民主编《天津教育史》上册，天津人民出版社 2002 年版，第 127 页。
② 金以林：《近代中国大学研究》，中央文献出版社 2000 年版，第 10 页。

位，可免试直接入研究院攻读硕士、博士学位。① 从北洋大学教学机制来看，头等学堂已相当于当时美国大学本科水平，而二等学堂是为头等学堂提供生源，其定位更贴近于预科，二等学堂课程设置也与头等学堂接轨。北洋大学培养出来的学生，许多在近代社会做出了骄人的成绩，如王宠惠、王宠佑、王正廷、金邦平、温宗禹、王世杰、马寅初、陈立夫、张太雷、马千里、徐志摩等人均是北洋大学培养出来的佼佼者。在一定程度上，可以说北洋大学的建立对中国近代政治、经济、文化、外交等各个领域都产生了较大影响。

**（二）南洋公学**

北洋大学设立以后，考虑到富国强兵不仅需要先进的工艺技术，还需要现代化的政治、经济人才，1896 年 3 月盛宣怀接受地方实力派人物、两江总督刘坤一的邀请，赴南京商议新政条陈。借此机会，盛宣怀面陈刘坤一，准备在上海捐购基地，筹款开办一所新式学堂——南洋公学。1896 年 10 月，盛宣怀上奏《条陈自强大计折》，提出练兵、理财、育才为自强之三大端："盖国非兵不强，必有精兵然后可以应征调，则宜练兵；兵非饷曷练，必兴商务然后可以扩利源，则宜理财；兵与财不得其人，虽日言练，日言理，而终无可用之兵、可恃之财，则宜育才。"② 后因办学经费关系未能获准。1897 年 1 月 14 日，盛宣怀复奏《筹建南洋公学及达成馆舍片》，获得批准。经数月筹备，南洋公学于 1897 年 4 月 8 日正式开学。1903 年秋改为南洋商务学堂。1905 年 3 月 16 日，南洋商务学堂划归商部，更名为"商部上海高等实业学堂"。此间，盛宣怀担任公学督办，又常驻上海，对公学缔造经营，不遗余力。

北洋大学、南洋公学的创办，面临的最重要的问题是如何解决办学经费。盛宣怀在筹办南洋公学之初，估算公学每年所需经费约银十万两。清廷在批准盛宣怀创办南洋公学时指出："京师、上海两处，既准设立大学堂，则是国家陶冶人材之重地，与各省集捐设立之书院不同。着由户部筹定的款，按年拨给，毋庸由盛宣怀所管招商、电报两局集款解济，以崇体

① 张宝运、贾晓慧：《北洋大学及其留学人才论》，《高等教育研究》2005 年第 2 期，第 94 页。
② 夏东元：《盛宣怀传》，四川人民出版社 1986 年版，第 204 页。

制。"① 但由于《马关条约》的签订让清政府付出了巨额赔款，其已无法拿出多余的钱款资助教育。于是，盛宣怀将办学资金来源转向其管辖的招商局与电报总局，而招商局则承担了南洋公学早期办学的大部分经费。随着南洋公学规模不断扩大，办学经费也逐年增加。南洋公学每年收到招商局的经费款额如表 2-2 所示。

表 2-2　南洋公学办学初期招商局拨给款额

| 年份 | 数额 | 年份 | 数额 |
| --- | --- | --- | --- |
| 光绪二十三年 | 规元三万两 | 光绪二十六年 | 规元七万五千两 |
| 光绪二十四年 | 规元九万两 | 光绪二十七年 | 规元六万两、英洋一万元 |
| 光绪二十五年 | 规元六万两 | 光绪二十八年 | 规元八万两 |

注：本表对原表格中招商局在南洋公学每年投入的资金进行了重新统计与整理。
资料来源：《交通大学校史资料选编》第 1 卷，西安交通大学出版社 1986 年版，第 81—83 页。

　　与偏重西方科学、技艺教学的北洋大学不同，南洋公学更注重本土文化教育。在南洋公学创办之前，盛宣怀派何嗣焜调研北洋大学堂，发现这些学生是由丁家立从上海、福州和香港等地经过英语和现代科学考试后录取的，精通中文者寥寥无几。何嗣焜回沪后与盛宣怀商量此事，盛宣怀认为京师同文馆之类的学堂虽然创办多年，然而并没有改变人才匮乏的局面，原因是"孔孟义理之学未植其本，中外政法之故未通其大，虽娴熟其语言文字，仅同于小道，可观而不足以致远也"。② 盛宣怀希望南洋公学培养出来的人才，既精通中国传统文化，又懂得西文西艺，并有一定的专长，在其毕业进入社会后能体现其实用价值，而不是像旧式书院出来的儒生，仅会八股填词而已。

　　南洋公学的招生始于创办师范学堂，当时科举制度还没有废除，私塾遍地，新式师资急缺，而没有新式师资做保障，新式学堂也就无法创办。在招商局的资助下，南洋公学开师范教育的先河，成为第一所专门培养师资的教育机构。最初该校的师范生，既是学生又是老师。平时采取半读半

---

① 《清德宗实录》卷 397，光绪二十二年十一月壬辰条。

② 朱寿朋编《光绪朝东华录》第 4 册，总第 3880、3881 页。

教的形式，除了上课学习各种西学，还在该校的外院兼做教师。当时外院没有合乎时代要求的教科书，师范生还仿照国外师范教育的做法，为外院学生编译各种教科书。这时期先后有《蒙学课本》《笔算》《物算》等教材问世，不仅供外院学生使用，而且被国内其他学堂广泛采用，是中国自编近代教科书的起点，在社会上影响很大。此外，招商局在创办中国自己的航政学校、资助学生出国留学等方面也都做出了积极努力，成绩有目共睹。应该说，招商局为近代教育开创了一个新的发展局面。

**（三）高等商船学堂**

北洋大学、南洋公学作为近代教育最具代表性的学府，也是招商局教育事业中最为突出的成就，它们为近代中国培养了大批人才。除了上述两所较为综合的学府，一些由招商局创办的专业学堂同样功不可没。自西方大航海时代开启以来，列强无一不重视航海教育，并通过远洋航行进行殖民与资本掠夺。清政府在航海贸易，尤其是航海人才等方面长期受制于西方列强，"虽有轮船招商局，仅通域内，未涉重瀛，管驾各员，且皆借材异地"。[1] 晚清航海教育事业发展也十分凋敝，仅同治五年（1866）由闽浙总督左宗棠创办的福州船政学堂一所，在这之后商船类学堂的兴办一直归于沉寂。1901年，丧权辱国的《辛丑条约》迫使以慈禧太后为代表的顽固势力推行新政，以挽救摇摇欲坠的清王朝。其中，实业教育改革开始为统治者所重视。1903年，《奏定实业学堂通则》把商船学堂纳入实业教育体系，"实业学堂之种类，为实业教员讲习所、农业学堂、工业学堂、商业学堂、商船学堂"。[2] 1906年学堂改隶邮传部，唐文治任监督。此时中国航权旁落，一切重要通商口岸及航政权、航行权、海关和引水权都为洋人控制和把持，唐文治常感慨于"商船所至，海权所至"。1909年春，邮传部拟发展航海贸易，唐文治请示邮传部另增设船政专科。

1909年船政科创立，开启了我国的近代高等航海教育事业。船政科学制四年，其中在校授课3年，实习1年。在课程设置中，唐文治主张"文理相通""厚植基础，博览专精"，重视实习和训练学生的实际操作能力，

---

[1] 《邮传部奏筹办商船学校大概情形折》（宣统三年三月），上海海事大学校史馆官网，https：//museum.shmtu.edu.cn/2019/0209/c8137a72292/page.htm。

[2] 舒新城编《中国近代教育史资料》中册，人民教育出版社1961年版，第750页。

设有各国通语旗法、舢板运用术、帆缆运用术、泳水术、炮术学与实习、兵式体操、航海实习等课程。宣统元年（1909），盛宣怀鉴于"商业振兴，必借航业，航业发达，端赖人才"的发展理念，① 将南洋公学改为高等实业学堂，并设路电、土木、航政三科，由招商局"每年报效该学堂经费二万两"，予以资助。② 1911 年 3 月，盛宣怀在他上奏的《筹办商船学校大概情形折》中，提出将船政科扩充招生、别设专校的想法。同年 4 月，邮传部采纳建议并考察宁波、吴淞两地后，认为："吴淞江面宽阔，各国商船络绎往来，地居南北之中，交通至便，建筑船校为天然适当之区。"随后选定吴淞口炮台外濒江空地百余亩，拨给商船学校做基址，定名为"邮传部高等商船学堂"。同年，招商局在给南洋公学的常规捐助外，又以添办商船学校为名，特别加拨 4 万两。③ 1911 年 8 月，商船学堂在《申报》刊登广告招收新生，因免收学、膳、宿费，仅收制服费，引得三千名学子报名。1911 年辛亥革命后，邮传部改称交通部，该校更名为吴淞商船学校，唐文治辞去兼职，由交通部聘萨镇冰（1898—1952）为校长，并由副总统黎元洪慨助巨金。1914 年，第一班学生毕业。可惜当时国内轮船公司规模较大者，除招商局外寥寥无几，人才消纳既有困难，该校经费亦时感拮据，遂于 1915 年奉命停办，由海军部接收改办海军学校。中辍十余年后，又于 1929 年复校，定校名为"交通部吴淞商船专科学校"，即今上海海事大学、大连海事大学前身。

虽然高等商船学堂存续时间较短，但招商局与其渊源颇深。二者在经费、校舍、教学、训练、实习学员就业、人事管理等诸方面都有着密切关联，先后有四位招商局人员出任吴淞商船学校校长。而吴淞商船学校培养的航运人才也为招商局的发展夯实了基础，他们大多从事水运行业，成为招商局航运教育、企业管理及运输船舶之中坚。

### 三　创设义赈基金

义赈是一种民间慈善救助行为。其特点是"民捐民办"。义赈在运作

---

① 胡政主编《招商局与上海》，第 98 页。
② 胡政主编《招商局与上海》，第 99 页。
③ 张后铨主编《招商局史（近代部分）》，第 91 页。

上包含两个基本环节，即筹赈和放赈。分支机构负责义赈款项的筹措募集，派出机构办理赈款的发放与各类工赈事项，二者联系紧密。晚清时期的义赈组织，往往依托于政府、企业等，在各类型机构中，经济类组织占比最重，这是因为义赈活动需要大量的资金投入。招商局自创办起，即是盈利规模较大的经济机构，在慈善赈济方面也主动提供相应的资金支持和交通便利，并在赈济过程中形成了早期的慈善基金模式。

招商局设立义赈基金的动因，源于对光绪十五年（1889）秋季浙江全省和江苏南部的水灾救济。当年10月，时任护理江苏巡抚的黄彭年向李鸿章发电求助，李鸿章后回复称：江苏省赈务"为日长需款巨，蠲减普且多，只得集捐"，并提出"招商局能筹数万更妙"。① 但当时由于世界经济波动，招商局蒙受了较大损失，再加上向清政府缴纳了一笔较大的官款，因此财政较为紧张。对此，招商局管理层与李鸿章商定，认为该局应"本有提银备缓急之议"。李鸿章指示时任招商局督办的盛宣怀赶往上海，与会办马建忠筹商，"来春由局酌筹苏、浙济赈银各若干具报"。盛宣怀则根据自己掌握的情况，认为"查苏灾不重，浙亦较山东轻，若多捐，恐年年各省援为例"，因此向李鸿章提出"商局原议报效十万，分五年缴。昨与马（建忠）等商定，明春缴二万，即解江、浙赈局统收分解，庶可有赈必捐，不致极盛难继"。② 1891年，盛宣怀再次提议："劝令招商局商人报效十万两，详请中堂奏明在案。"③ 盛宣怀的提议得到了李鸿章的准许："奏准在（招商局）公积内提出官款免利报效银10万两，指定作为预备赈济之用。"④ 盛宣怀对这笔资金的作用与使用目的十分清楚，其在给李鸿章的禀文中称："窃为治之道，莫贵于先事预防，而于救荒尤为第一义。""自光绪初年创办义赈，迄今十数年，非不闻灾驰救，而转辗劝募，待款稍集，然后往援，死者已不可复生，不过为善后之计。每与放赈义绅与言及此，未尝不恨缓（不）济急，不能真救民命也。"⑤ 盛宣怀凭借多年的慈善

---

① 顾廷龙、戴逸主编《李鸿章全集》第22册，第559页。
② 顾廷龙、戴逸主编《李鸿章全集》第22册，第565页。
③ 《经元善致盛宣怀函（附件一）》，《盛宣怀档案未刊稿》，上海图书馆藏，编号：00042855。
④ 《交通史航政编》第1册，交通铁道部交通史编纂委员会1931年版，第274页。
⑤ 《经元善致盛宣怀函（附件一）》，《盛宣怀档案未刊稿》，上海图书馆藏，编号：00042855。

救济经验，感于灾后再筹集赈款，恐怕"死者已不可复生"，进而提出灾荒救济"先事预防"的思想，这在当时无疑是先进的。为了切实保证这笔基金的备赈效用，盛宣怀与招商局同人经过磋商，制定了一份关于这笔基金管理办法的六条章程：

一、蒙北洋大臣李傅相拨交招商局认缴官款息银十万两，以备各省水旱灾荒一时募捐不及、为义赈开办垫款之用，其银发交汇丰银行，长年□厘生息。

二、银行存券簿据，应仍交招商总局收藏，对年算息时，由协赈公所义绅谢家福、严作霖、施善昌等至招商局取券，会同招商局总办向汇丰银行核结，逐年禀报。

三、一闻各省灾信，协赈公所访确后，倘款难猝集，即由谢、严、施三义绅电禀北洋大臣，电示遵行，并候分饬招商局、汇丰银行凭电照付，以期迅速，然后补禀北洋大臣，据情入奏。

四、各省官吏或公正义绅，如遇地方急赈欲借此款者，亦须电禀北洋大臣，候电饬谢、严、施三义绅议覆奉准后，再电饬招商局、汇丰银行照付。该省官绅除补禀北洋大臣外，并须备具公牍、印领，派员赴沪向领，其领纸存招商局归卷。

五、此项备赈银两只可暂借应急，无论上海协赈公所及各省官绅领借后，亟须募捐归还，至迟不得逾三个月，俾利息不致久耗。

六、培养查赈善士，须择夙有善念、勤敏耐劳之才。欲求历久不渝者，颇难其选，应由谢、严、施三义绅随时随地物色访求延请，定后应将衔名禀明北洋大臣存记。救灾如救焚，一遇各省灾赈，即须立刻成行，庶可多救民命。每位每月酌送薪膳洋陆元，以十位为率，此款可在次一年息金生息项下支给。①

招商局设立的这笔专项资金，初步具备了慈善基金的性质，在之后的多次赈灾活动中发挥了重要作用。如光绪二十二年（1896）湖南遭灾，谢家福、严作霖和施善昌即会商盛宣怀，从中借垫 4 万两本金以为义赈之用。

---

① 《经元善致盛宣怀函（附件一）》，《盛宣怀档案未刊稿》，上海图书馆藏，编号：00042855。

1899 年又划垫 1 万两本金赈济山东。在很多时候，这笔基金的息银还被直接用作助赈之需。如光绪二十一年，其息银 2100 两捐助奉直水灾；次年，提息银 1800 两捐助湘赈；1897 年提息银 1800 两，济助各处赈需；1899 年提 900 两，助赈山东。不仅如此，其息银还常常能够派上其他用场。如光绪二十二年，经元善等人创设同仁公济堂，就从此项息银中得到了 1000 两的捐助。1898 年经元善创办中国女学堂时，也希望盛宣怀能够从此项息银下暂时拨助 3000 两，以资协助。另外，有些贫困善士也从中获益。如常年办理义赈的绅士刘芬因生活窘迫，便由此项息银下每年拨助 300 两以为贴补之用。①

招商局该项资金从赈捐报效到义赈基金的转化，在当时的历史背景下具有重要进步意义，尤其对其募捐机制的变化和组织机构的常规化具有促进作用。1880 年前，即义赈兴起不久之时，中国近代工业化进程虽已起步，然而发展很不充分。在洋务派开办的军事工业中，绝大部分企业连经费都时时堪虞。况且，这些工业企业又根本不是按照商品生产的价值规律运营，连利润都无从谈起，更遑论其他。招商局在此时期尽管有一定的营业利润，可是仅仅是官方要求的赈需就难以应付。当时的《申报》《字林西报》大量赈灾记述显现，义赈能够收到的大额捐款为数极少，绝大多数是零零碎碎的小额捐款，甚至还有许多捐款仅为数十文或几文钱。1883—1884 年，上海陈家木桥赈所为此问题进行了集议，并提出成立一个"备赈公所"的计划，以期将义赈作为一种常规化的救荒机制，但终因客观条件限制，此项计划未能付诸实施。② 1891 年招商局正式设立的义赈基金，是义赈自兴起以来收到的数额最大的单笔捐款，亦标志着义赈经费的构成发生显著改变。

## 第三节　主要特点

### 一　筹赈网络初步形成

招商局自创办以后十数年里，在科学的管理以及清政府的政策支持

---

① 《杨廷杲、口庆徵禀盛宣怀文》《杨廷杲致盛宣怀函》，《盛宣怀档案未刊稿》，上海图书馆藏，编号：00024373、00063116。

② 朱浒：《从赈捐报效到义赈基金——轮船招商局 10 万两赈灾款项的来龙去脉及其意义》，朱浒：《取法乎上：历史研究的问题感》，天津人民出版社 2021 年版，第 233—247 页。

下，逐渐发展起来，并且取得了不小的成绩。为了支撑招商局发展，洋
务派相继创办造船、煤矿、电报等近代企业，如 1878 年开办的开平矿务
局、1881 年建成的中国电报局、1890 年兴建的汉阳铁厂等，都为招商局
的后期发展提供了有力的民族资本支持。与此同时，这些企业在客观上
也促进了慈善公益事业的发展，助推了慈善组织网络的形成，使 1880 年
以后的慈善义赈活动开始具备明显的联合协同特征。除了企业间协同，
地方绅商间的密切联系也促使了这一网络的形成。中国近代著名的义赈
慈善家不仅在企业金融交往中有着密切的联系，这些官、绅双重身份的
慈善家私下交往也日趋频繁，李鸿章、李金镛、盛宣怀、郑观应、谢家
福、施善昌等著名绅商，突破了籍贯、地域限制，在义赈过程中多有联
合救赈。

　　招商局所在的上海是义赈活动发起的重镇，在呼吁人们办赈、劝捐以
及居中转运方面起到了核心作用。早在 1876 年底，李金镛在前往苏北办赈
前，即在上海与唐廷枢等人会商义赈事宜。1877 年，招商局总办唐廷枢积
极响应英国驻烟台领事的《劝山东救赈文启》，《申报》称："西人既有是
举，中国人必不让其专美，唐君果有是举，其余绅富必不令其独任。"①
《申报》的这则劝枭说不但对唐廷枢的赈济响应作出了高度评价，还从侧
面说明当时各企业、绅商的联合义赈已成为必然的趋势。及至 19 世纪 80
年代，上海作为全国义赈中心的地位不断加强，以上海北市丝织业会馆为
主导，② 招商局、中国电报局等企业为核心，形成了覆盖全国的慈善组织
网络。当时山东、直隶等省发生重大水灾，亟须江南各地的义赈组织进行
力量的整合，这样既可节省长途转运银两、物资等的成本，也能减少许多
重复性事务。不过由于中国电报局在 1881 年才正式创立，而 1883 年又是
其业务拓展的关键时期，无暇全力经营繁重的赈务，于是就请托陈家木桥
金州矿务局代收，而其中主要办赈人员仍是此前义赈的主要领导人物，即

① 《劝赈山东饥民并荒年不能平粜说》，《申报》1877 年 3 月 10 日。
② 1883 年，上海北市丝业会馆主施善昌为救赈江苏水灾开设筹赈公所，由此踏入义赈行列。
　1890 年，施善昌又创办了上海仁济善堂筹赈公所。由他领导的这两个组织是现代经济组
　织之外的义赈组织的最重要力量。在上海金州矿务局、电报局、文报局等义赈组织裁撤
　之时，丝业会馆和仁济善堂筹赈公所就居于中国义赈事业的领导中枢地位。

郑观应、盛宣怀、谢家福、经元善等人，所依托的仍以在各地皆设有分支
机构的招商局系统和电报局系统为主。

表2-3　轮船招商局、中国电报局筹赈网络

| 轮船招商局 | | 中国电报局 | |
|---|---|---|---|
| 省份 | 省辖 | 省份 | 省辖 |
| 浙江 | 宁波、温州 | 直隶 | 天津 |
| 福建 | 福州、台湾 | 山东 | 济宁、烟台 |
| 广东 | 广州、香港、汕头 | 奉天 | 牛庄 |
| 江苏 | 镇江 | 江苏 | 扬州、苏州、镇江 |
| 安徽 | 芜湖 | 浙江 | 杭州、南浔、绍兴、宁波 |
| 江西 | 九江 | 福建 | 福州 |
| 湖北 | 汉口、宜昌 | | |
| 共计7省 | 共计12处 | 共计6省 | 共计12处 |

资料来源：根据《各处代收山东赈捐启》，《申报》1883年8月16日提及的各处代收赈捐机
构整理。

此后，以上海文报局作为筹赈的中心机构，各慈善组织通过招商局和
中国电报局进行了大规模义赈，无论是救济规模还是救济频次，较之前都
有相当大的扩大或提高。《字林沪报》就有如下评述："历筹江北、安徽、
山东、顺直赈款为数甚巨，比闻两粤水灾，三索捐册，广为分布……江淮
多善士，倘蒙捐助赈款，务请就近交托。"[1] 该文还体现出当时已出现相对
系统的物资转运体系，各省物资仅需就近交托，即可将赈济物资转运各受
灾地区。根据靳环宇《晚清义赈组织（1876—1895年）研究》的统计，
上海筹赈高峰期所拥有的慈善分支机构多达99处，涵盖现代企业、现代医
疗机构、传统金融组织、传统商业组织、传统善堂、传统教育机构、政府
机构、绅士家庭、近代慈善组织、近代商业组织十大类型。其中现代企业
40处，占所有筹赈分支机构的40.40%，主要分布于电报局和招商局；传
统商业组织20处，占总数的20.20%；政府机构14处，占14.14%；传统

---

[1] 《上海文报局赈务丛谈》，《申报》1885年7月20日。

善堂 10 处，占 10.10%；传统金融组织 7 处，占 7.07%；绅士家庭 3 处，占 3.03%；近代商业组织 2 处，占 2.02%。另外，传统教育机构、近代慈善组织、现代医疗机构各 1 处，分别占总数的 1.01%。①

在这样的协同赈济模式下，招商局的赈济十分活跃。如上海文报局登载第十九批赈款启："闰月二十七日交招商局拱北轮船运往烟台东海关兑收，转解灾区散放。"② 上海北市丝业会馆登载第二批直赈银两启："兹于本月二十三日起解第二批规银六千两，即装招商局'新丰'轮船运解到津。至此次轮船水脚仍蒙招商局宪照章捐免。"③ 上海仁济堂刊载汇解山东第三批赈银启："敝堂不得已，竭力凑解第三批规银六千两，由招商局轮船运往山东查收济用"，"兹值招商局普济轮船开往天津，敝堂附解顺直棉衣一千一百件，叨免水脚"。④

此外，中国电报局也在联合义赈中发挥了重要作用，为灾情信息传递、救灾工作开展提供了技术支撑。中国电报局 1880 年由北洋大臣、直隶总督李鸿章奏准设于天津，后迁至上海。由于电报具有快速传递信息功能，此恰可满足及时报灾之需，故某地电报一通，倘有灾情，疆臣多电奏朝廷，而朝廷往往对此也有特别要求。例如光绪三十二年（1906）5 月中旬湖南发生重大水灾，巡抚庞鸿书当即电奏，清廷因而能在第一时间内闻知此情："庞鸿书电奏悉，湘省水灾情形甚重，朝廷深为悯恻。"遂及时做出指示："着颁发帑银十万两，由湖南藩库给发"，责令庞设法拯救，不得让灾民流离失所，并要求庞"仍将办理情形随时电奏，毋稍延缓"。⑤ 同年 10 月，皖北又遭严重水灾，安徽巡抚恩铭立即向清廷电奏此情，并请求"拨发藩库银十万两，以资赈抚"，亦迅即获得允准。⑥ 这一情状在电报建设前是无法实现甚至无法想象的，可见电报一经被疆臣用于奏报灾情，

① 靳环宇：《晚清义赈组织（1876—1895 年）研究》，湖南师范大学博士学位论文，2004 年，第 193 页。
② 李玉主编《〈申报〉招商局史料选辑·晚清卷Ⅱ》，第 723 页。
③ 李玉主编《〈申报〉招商局史料选辑·晚清卷Ⅱ》，第 758 页。
④ 李玉主编《〈申报〉招商局史料选辑·晚清卷Ⅱ》，第 766 页。
⑤ 中国第一历史档案馆编《清代军机处电报档汇编》第 3 册，中国人民大学出版社 2005 年版，第 121 页。
⑥ 中国第一历史档案馆编《清代军机处电报档汇编》第 3 册，第 134—135 页。

"飞章"终成现实,救灾的时效性亦大大提高。晚清电报的建设,其于救灾之意义不仅体现在臣工报灾等方面,更日益凸显于社会赈灾上。光绪二十二年(1896)4月初,湖南省醴陵等属发生水灾,是月3日,中国电报局督办盛宣怀致电直隶总督王文韶,让其通过各地电报局向当地民众快速发布灾情,并号召及时捐助:"各省皆有电局,均可通饬劝捐,呼应较灵。"① 而大受其益的湖广总督张之洞事后更是奏称:"电线为方今要政,最为有益于地方民生、商务之举。"② 这表明电报已在晚清社会经济领域发挥巨大功能,不仅增强了救灾防灾的时效性,从而在一定程度上减轻了灾害所带来的损失,尤为关键的是,它使此一时期的救灾防灾手段初步具备了近代特质,因而具有转折性意义。③

## 二　慈善救济常态化

历经多次灾荒救济,招商局初步形成一套较为成熟的救济体系。慈善救济与公益活动也成为招商局的常态化事业。其中,水灾救济是招商局慈善救济中最主要的事业之一。19世纪80年代以后,直隶水灾愈加频发,近乎每年都有该地域灾情奏报。1888年李鸿章接到直隶灾情报告称:"本年入夏后,雨水汇注各河漫口,堤埝被冲,田庐复淹,赈抚无款可筹。"针对赈款不足、赈济物资运输困难等问题,李鸿章采取了"劝掳承运粮米各船商认捐,每运正米一石,提扣曹平银一分"的办法,利用招商局的漕运能力,将相应赈款从各船商水脚中进行扣除。同时,李鸿章还电令招商局会馆董事朱鼎起,要求其在江浙联络绅商,劝捐议捐,并将水脚欠款定为"每运正米一石,认捐漕银五厘"。④ 1893年直隶地区再次发生大水,"顺直地因大水为灾,沿河漫溢被淹",受灾民众多达40余万人。⑤ 李鸿章下令截留江苏、江北由招商局承运的漕米10万石,奉天粟米1.4万石,并

---

① 盛宣怀:《愚斋存稿》第4册,台北:文海出版社1975年版,第1843页。

② 苑书义等主编《张之洞全集》第2册,河北人民出版社1998年版,第1232页。

③ 夏维奇:《电报与晚清时期的灾害赈防》,《历史教学》2009年第24期。

④ 《移招商局劝办顺直赈捐由》,光绪十四年二月初七日,招商局集团档案馆藏,档号:B030-cy-01-1056。

⑤ 《为顺天府尹奏请因顺直水灾请拨江苏江北河运漕折并预拨浙江海运漕米办理冬春赈抚由》,光绪十九年九月十五日,招商局集团档案馆藏,档号:B030-cy-01-131。

准备办理赈捐以资接济，筹办各类物资进行赈捐。① 此次灾情被上奏时不仅在赈济问题上进行了调度，还突出强调了灾情的严重，"查光绪十年、十三、十四、十六数年均因水灾，东蒙赏措海运漕米十六万石。本年顺直灾况较前数届为至垂"，② 招商局在数次直隶水灾中，都承担了重要的物资运输任务。

　　除了直隶水灾，招商局亦频频参与其他地域的水灾救济。1886 年山东济阳、惠民等地发生严重的黄河水灾，盛宣怀等就让招商局与怡和、太古、麦边各洋行轮船公司商议搭客略增水脚，俾助赈款。③ 1889 年秋江浙地区遭受严重水灾，秋收无望，灾民流离失所。面对广大灾黎的艰难处境，除了各级地方政府发放的官赈以外，社会各界人士也发动起来为受灾地区捐款献物，上海各慈善组织几乎每日都在《申报》上登载所经收的各地为江浙二省所捐赈灾款项的清单。作为当时规模最大的民用企业，招商局也是义不容辞，除利用自身的便利条件积极为受灾地区运送赈粮外，还为江浙第二年的春赈捐银 2 万两，④ 救活了不少"屋宇谷粟皆付之洪涛、荡然而无一物相存"的灾民。1893 年上海六马路仁济堂接解山西第九批赈款 1 万两，"托由招商局汇解山西，以应接济"。⑤ 可以说，由"丁戊奇荒"开始的招商局慈善救济事业，经过长时间实践探索，已形成较为成熟的慈善救济机制。在这之后，招商局的慈善救济不仅范围覆盖全国多个地区，慈善救济也更趋常态化。

## 三　教育事业成就突出

### （一）近代中国高等教育初步奠基

甲午之后洋务派、清流派，甚至一些顽固派，还有散在民间的乡绅士

---

① 《为顺天府尹奏请因顺直水灾请拨江苏江北河运漕折并预拨浙江海运漕米办理冬春赈抚由》，光绪十九年九月十五日，招商局集团档案馆藏，档号：B030-cy-01-131。
② 《为顺天府尹奏请因顺直水灾请拨江苏江北河运漕折并预拨浙江海运漕米办理冬春赈抚由》，光绪十九年九月十五日，招商局集团档案馆藏，档号：B030-cy-01-131。
③ 《寄周玉帅继方伯》（1897 年 9 月 27 日），《愚斋存稿》卷 100 "总补遗"。转引自张后铨主编《招商局史（近代部分）》，第 244 页。
④ 陈旭麓等主编《轮船招商局——盛宣怀档案资料选辑之八》，第 766 页。
⑤ 李玉主编《〈申报〉招商局史料选辑·晚清卷Ⅱ》，第 774 页。

子、城市工商业者，无论在朝在野、是官是民，都在痛彻思考民族前途，不同程度地要求学习西方、变革内政，以抵御外侮、挽救危亡。尽管他们派别不同，但是都认识到改革的关键在于人才，人才的基础又在于教育，衰败的科举教育非改不可，兴办新学事不宜迟。在此大背景之下，盛宣怀总结技术实业学堂的办学经验和教训，针对多年来难以造就高级技术、行政管理人才的困顿，进一步仿行西方分层设学的学校体系，顺势应变，于1895年率先创建北洋大学堂，内设二等、头等学堂，翌年又设立南洋公学，内分师范院、外院、中院、上院。头等学堂、上院学制四年，招收接受过系统的初等、中等教育的学生，分门肄习工程、法政等专业，明确定位为"外国所谓大学堂也"。① 北洋大学堂、南洋公学的创建适应了甲午战后全国上下一致对兴办新学广育人才的强烈呼求，又得盛宣怀及其主事者的倾力办理，恪守既定章程，管理良善，程度较高。北洋大学堂办至1899年即有首届学生毕业，南洋公学至20世纪初年声誉渐起，为当时朝野人士所称道，视之为"大学堂"。② 尽管北洋大学堂、南洋公学从课程设置、生源师资、教学水平等方面来看，还只是现代大学的雏形，且北洋大学堂办至1900年因战事暂停，但是它们的创建与发展在近代高等教育蹒跚起步时已实属难得。

北洋大学堂、南洋公学的相继创建，也标志着我国近代高等教育的正式产生。此已为多数学者与教育史专著历来所认可。周予同认为："普通分科大学的成立，当以光绪二十一年（1895）盛宣怀所奏设的天津西学学堂中的头等学堂为最早。……继天津西学头等学堂而设立的，是光绪二十三年（1897）盛宣怀所奏设的上海南洋公学上院。"③ 陈旭麓亦曾指出："南北洋学堂同为我国高等教育的首倡。"④ 刘炳藜亦称北洋大学堂头等学堂"为中国新式大学建设之始"。⑤《第一次中国教育年鉴》指出："（天津）西学学堂及南洋公学之头等学堂及上院，要亦我国大学教育之雏

---

① 盛宣怀：《拟设天津中西学堂章程禀》（1895年9月19日），《皇朝经世文新编》第6册《学校》（上），第25页。
② 欧七斤：《盛宣怀与中国教育早期现代化——兼论晚清绅商兴学》，第190—191页。
③ 周予同：《中国现代教育史》，上海良友图书公司1934年印行，第190页。
④ 陈旭麓：《陈旭麓文集》第3卷，华东师范大学出版社1997年版，第72页。
⑤ 刘炳藜：《教育史大纲》，上海北新书局1931年版，第432页。

形也。"①

**（二）近代普通教育体系初步搭建**

1895 年盛宣怀主持制定捐设新式学堂规划，拟设大学堂（含二等、头等学堂两级）、小学堂各若干所，基本形成实施三级学制的规划。当年开办的北洋大学堂，设二等、头等学堂两级，首次实施在一校内分层设学的办法。盛宣怀此举，与稍后孙家鼐于《议复开办京师大学堂折》提出的学校分为小学堂、大学堂两级的主张，被周予同称作"是两级学制之理论的实际创始者"。② 若连同为二等学堂提供生源的初等教育机构，初步构成小学、中学、大学三级学制。

南洋公学开办后，设立了由外院、中院、上院三种教育层次组成的正规学校教育系统，另设师范院培养师资，组成四院教学制度。这种按三级办学的做法，与西方近代学校教育体系大体一致，由此正式形成我国分层设学、相互衔接的学校体系。赵尔巽主撰《清史稿》述及晚清学校组织时，说南洋公学"学制分为三等，已寓普通学校及预备教育之意旨"，"中国教育有系统之组织，此其见端焉"。③

盛宣怀主持实施的三级学制在当时发挥了示范引领作用。稍后成立的京师大学堂即沿用公学办法，"'当于大学堂兼寓中学堂、小学堂之意，就中分别班次，循级而升，别立一师范斋，以养成教习之才。'这是盛宣怀在南洋公学合设四院的办法"。④ 稍后各地建立新式学堂时，定名三等学堂、二等学堂者所在不少，如上海的三等公学堂、养仁中西三等公学堂，无锡的三等公学堂，安庆的二等学堂，均取法南北洋两学堂设置，并与之相衔接。盛宣怀对于近代学制的成功实践，对近代学制从观念状态到真正实施具有开创性与示范性意义，为 1902 年和 1904 年两次全国性学制的颁布提供了正规教育办学形式的成功实例。⑤

---

① 民国教育部编《第一次中国教育年鉴》"丙编·教育概况·学校教育概况"，上海开明书店 1934 年版，第 10 页。
② 周予同：《中国现代教育史》，第 76 页。
③ 赵尔巽：《清史稿》志八十二"选举二"，中华书局 1977 年版，第 3125 页。
④ 孟宪承：《新中华教育史（高级中学师范科用）》，中华书局 1932 年版，第 317 页。
⑤ 欧七斤：《盛宣怀与中国教育早期现代化——兼论晚清绅商兴学》，第 192—193 页。

### （三）培育航海技术人才

中国高级航海人才的缺乏桎梏着海运业的发展，而大量使用洋员使航权终难自主。招商局在其艰难曲折发展的道路上深切感到兴办教育的重要性。"中国欲兴商务必从学堂始，士夫幼攻举业不明度算无论矣，商贾利析锱铢，于进出口货互市大局罕能窥其奥秘，故与西商角智力辄不竞。"[1]当时招商局的有识之士也认识到问题的严重性。如招商局帮办郑观应指出："本局轮船日增驾驶皆用西人，吃亏极大，亦为我国之羞，非但交涉事繁，漏卮更重。"为挽救航权、振兴国运，就必须"急仿各国开商轮驾驶学堂，教育人才"。这是因为"既需船械，要精制造；既精制造，要识驾驶。所谓有人才而后可与人争胜也"。[2]

为了扭转航海技术受洋人掣肘的不利局面，并促进自身的不断发展，招商局对中国近代航海教育的创办和发展尤为重视，先后出资赞助成立晚清邮传部高等商船学堂和民国初年的吴淞商船学校，共招收过六届学生，其中黄友士（曾任招商局"江顺"轮船长等）、金月石（曾任招商局总船长）、冯骏（曾任招商局副总经理兼总船长）、章臣桐（曾任招商局船务处副处长等）、杨志雄（曾任招商局常务董事）等校友为招商局的发展做出过重大贡献。招商局自己创办的航海专科学校和招商局公学航海专修科也招收过四届学生，其中毕业于招商局航海专科学校的夏爵一后来曾任海员总工会负责人和上海中国航海驾驶员联合会秘书长，是中国近代著名的海员运动领袖。毕业于招商局公学航海专修科、后来成为长江上各家轮船公司知名船长和领江的，有薛之道、周伯昌、游俊渊等。[3]

### 四 慈善管理体制初步建立

#### （一）赈济物资的堆栈与管理机制

"堆栈"是保管和转运货物的设备和建筑物，是中国贸易服务的组织形式之一。它能保障货物顺畅流转，为贸易和制造业的发展创造有利的条

---

[1] 交通部财务会计局、中国交通会计学会组织编写《招商局会计史》，人民交通出版社 1994 年版，第 259 页。

[2] 夏东元：《郑观应传》，华东师范大学出版社 1981 年版，第 101—102 页。

[3] 史春林：《轮船招商局与中国近代航海教育》，《交通高教研究》2009 年第 5 期，第 43 页。

件，促进国家工商业的发展。招商局是我国最早兴办码头货栈的企业，先后在上海、天津和汉口等口岸兴建了不少设施，其标志着中国近代码头货栈业的兴起。堆栈不仅是一种商贸机构，也是应对灾荒的"义仓"，招商局堆栈的设立也标志着传统救荒机构及其职能的近代化转变。

　　招商局从成立伊始便重视码头货栈的建设，"自1872至1885年初步形成了仓储体系"，成为长江中下游地区与外商货栈相抗衡的中国公司。至1885年，招商局的货栈不仅在上海、天津等沿海通商口岸初具规模，并且在长江中、下游各重要口岸都设有分局，业务遍及香港、澳门、温州、宁波、镇江、九江、芜湖、汉口、沙市、宜昌等城市，形成了自己的货栈网络。表2-4着重统计了1885年后招商局码头栈房等产业的购置情况，更为直观地反映出此一时期招商局的产业规模。

表 2-4　招商局码头栈房等产业的购置（1885—1901）

| 年份 | 码头栈房产业的购置 |
|---|---|
| 1887 | 上海北栈内添设关栈，增造起重机器、码头。中栈、东栈各添栈房 |
| 1888 | 上海东栈、北栈，天津、宁波，温州，添造栈房，南京添置铁船栈 |
| 1889 | 上海北栈、中栈、东栈及天津、香港5处略为添造房屋 |
| 1890 | 添置上海南栈地产，计用银170000两。汕头栈房扩充，用银6000余两。添置广州码头，计用银6000余两 |
| 1891 | 上海南栈添造栈房，支银20000两，中栈添造栈房，用银5000两。汕头建栈房，用银7000两 |
| 1892 | 香港、汕头添置码头。计香港用银54000两，汕头用银6000两。宁波添造栈房，支银2000两 |
| 1893 | 添置上海华栈，计用银55000两。又添置上海华产，计用银100000两。上海南栈、汉口、香港三处添造栈房，每处支银10000两。汕头添造栈房，支银4000两。海防及顺安二埠停航已久，难期复航，故将二埠栈房工料变卖，注销成本共34000两，内海防22000两、顺安12000两 |
| 1895 | 添置杨家渡栈，计支银62000两。购置斜桥房屋，计支银20000两。扩张上海北栈，计支银175000两，华栈支银65000两，香港局产计增支银2000两，温州局产支银2000两 |
| 1896 | 添造上海北栈工房计支银125000两，杨家渡栈118000两，天津栈房20000两，添造镇江、九江栈房，又加筑汕头、香港码头，改造厦门、沙市趸船，共支银399000余两 |
| 1897 | 上海北栈、华栈、杨家渡栈添置栈房。上海十六铺、镇江翻造市房。吴淞、塘沽、宜昌、杭州添置地产。计支银共289000余两 |

| 年份 | 码头栈房产业的购置 |
|---|---|
| 1898 | 上海买回总局房产,支出银 115000 余两。上海南栈新置杨泰记基地、码头,市房计支银 344000 余两。又天津、塘沽新置基地及续造码头、栈房,支银 75000 两;添造上海南栈、北栈、东栈、九江、汉口、宜昌、汕头各处栈房,支银 69000 余两 |
| 1899 | 上海北栈、南栈、华栈添造栈房,共支出银 65500 余两。塘沽、吴淞、温州添置基地,计支银 13300 余两。镇江、芜湖、九江、汉口、沙市、宜昌、汕头添造栈房,支银 18800 余两。金陵新置地基,连买局房,支银 20500 余两 |
| 1900 | 翻造上海北栈、华栈、杨家渡栈房。宜昌、汉口、宁波、温州、香港、营口、梧州、南京等各埠栈房、住房均翻修,计支银 78100 余两 |
| 1901 | 翻造总局办公房屋,计支银 9900 两。汉口三公司合造新码头,招商局用 3700 两。上海杨家渡栈添造栈房、码头船等用 58100 余两,华栈添造栈房及码头船、铁桥等用 66000 余两。华栈买地用 7000 两,塘沽买地用 6000 两。南栈、中栈、北栈添造工程,用银 4400 余两。塘沽新河码头造铁路支路等,用银 9600 余两。香港修建码头,用银 11700 余两。九江、镇江、南京、宜昌、宁波、温州、汕头 7 处添造栈房,用银 37700 余两 |

资料来源:《国营招商局产业总录》,1947 年 5 月印,第 2—3 页。

    招商局的码头堆栈在历次灾荒救济中发挥了重要作用。以 1902 年平粜为例,先是 1901 年上海秋收歉薄,加上第二年春雨不时,收成只得三四分,民力十分拮据;同时该年入春以后,米价有涨无落、腾贵有加,每石接近 8 元。闵行北马桥镇董事李祖锡等"恐青黄不接之时,无米可炊,乡民不免滋闹;加上外来光蛋、伏莽尚多,一朝勾结,患不可胜言","前次米贵,尚有囤积。此次米贵,四乡并无盖藏。若非出洋采办,不足以济民食而靖民心"。上海士绅曾铸与商务局商议,主动申请邀请同人借道库巨款作为买谷谷本,亲自出洋购米。对此,积谷董事曹基善和姚文枏等一面恳求曾铸等士绅多购米石,以备四乡平粜,一面向上海知县请求支援。5月,上海积谷总局从城内各典领出正息款项钱 22276 余千文,为陆续平粜转运资本。后来上海士绅共同商议决定,由上海知县汪懋琨代表苏松太三属,请求清政府暂借存沪漕粮 20 万石,平价出粜;同时筹议平粜章程六条,送交知县审核。上海士绅借漕平粜的建议由上海商务局上报呈请,经盛宣怀批准,决定酌借储藏于上海的漕粮 15 万石平粜。上海城内平粜点共设 12 处,由上海道台照会各局绅董分别办理,同时派衙役襄理平粜。6

月，盛宣怀批示，续拨江南 2 万石漕米中先拨给上海 2000 石，交由上海知县汪懋琨，同时缴价 1 万元。

在招商局所处的上海，仓储的积贮和赈济都具有十分明显的特色。上海积谷重积钱，轻积谷，后来干脆只积钱，不积谷。这与上海特定的社会经济状况相关联。随着近代上海成为东南沿海经济中心，其米粮交易市场之发达为其他江南州县所不能比拟，上海能够轻易地从市场获得粮食，赈济贫民。同时，近代交通事业的迅速发展使上海的米粮与世界市场联系日益紧密。上海往往能够采买洋米，通过国际市场的粮食交易来缓解特定灾荒时期的粮食匮乏问题。这也是上海道台强调上海无须积谷的重要理由。另外，作为近代东南沿海迅速崛起的城市，上海比较容易获得清政府的重视，如光绪二十八年清政府拨解巨额漕粮平粜，使上海积谷不积钱的局面能够得以维持和发展。

### （二）赈济物资的转运与管理机制

招商局在 1880 年以前就已经在国内的沿海及沿江（长江）一带开辟了航运线路，并延伸到日本、南洋等地。这种现代化的交通工具及其运输网络的开辟，为近代义赈组织的筹款、放赈提供了极大便利，既可以依托各地轮船招商分局筹款并将之带到上海，又可从上海将救赈钱物运往灾区。1876—1895 年，中国义赈组织的绝大部分救赈钱物是由招商局以"免叫水脚"的方式转输的。

规范货物运输并保证其安全是近代货栈的基本要求。《轮船招商总局章程》对货物运输和货物安全做出约定，形成了有序的货物运输和安全保障管理制度，以保障货栈和委托人的利益。如货物运输方面，章程第 113条规定："货物装入驳船须向驳船人领取收据，仍由栈足发货单一纸注明件数，申明有无破残，若内中有格外损坏之件，即须扣留报局办理，一面将发货单批明交驳船人收执。"[1] 该条规定了运输时必须留意货物是否完好，以收取凭据来证明货物的情况，保障了货栈的利益。在货物安全方面，章程第 112 条规定："杠条货物必须督令工人小心杠推，如有破损仍

---

① 《交通史航政编》第 1 册，第 181 页。

归该管栈等理直，若原来有破残等弊，务必当面与交货之人理明。"① 该条规定了货物运输必须小心，防止损坏，对已经损坏的货物应及时与交货人沟通，这样既保证货物的完好，又维护了货栈的利益。在防止货物起火和被盗方面也有相关规定，章程第 117 条规定："栈房货仓必须透气，门户必须闩锁，更夫认真巡查，火烛尤须谨慎。"② 第 118 条规定："各货仓迨船堆货之处，概不许用无罩火、灯纸、灯笼及蜡烛、火把，亦不准吸烟。"③ 这些防火防盗的规定进一步保障了双方的利益，促进了管理方式的近代化。

栈房收条主要是针对进口商品进入码头货栈的一种记录，是根据存货人的请求而发行的一种存栈凭证。货物进入货栈之前，"理货部工作人员须检查该货物有无损伤障碍，然后于收条单上记载进口船只的名称、船提单号码、栈租、件数、货名、价值等内容"。经栈长和会计审核签字后，收条再交付货主查验，"如无错误，货主须如实填写姓名、商号、货栈名称、地址、存货的日期等"。④ 待双方确认无误后，栈房收条方能生效使用。它不仅是货物寄存的凭证，更是提货的证明，货主须同时出示栈房收条和提货单才能提取货物。

提货单是货主从货栈提出全部或一部分货物的凭证，货主只需填写货物信息便可取货。提货单的内容包括"存货单号码、货物数量、货物名称及其他相关的要求，货主的签名须与栈房收条签名一致方能提货"。⑤ 货栈理货部接受提货单后，须检查货物是否完租，货物是否对应。如果将货物全部提出，要求货主在出栈栏内签字确认。若只提取部分货物，货主须在出货栏内填写货物的数量和名称，待检查无误，"理货部则办理相关手续，命货主前往货栈取货"。⑥ 栈房收条和提货单制度的实施减少了不少烦琐的环节，不仅提高了商品流通的效率，促进了贸易的发展，而且在一定程度上降低了货栈的损失。

---

① 《交通史航政编》第 1 册，第 181 页。
② 《交通史航政编》第 1 册，第 181 页。
③ 《交通史航政编》第 1 册，第 181 页。
④ 丁振一：《堆栈业经营概论》，商务印书馆 1934 年版，第 75 页。
⑤ 丁振一：《堆栈业经营概论》，第 77 页。
⑥ 曾白光：《上海码头货栈鸟瞰》，《交通杂志》1936 年第 4 期，第 86 页。

### （三）赈济资金的统筹与转运机制

招商局不仅自设慈善资金，在转运资金中发挥重要的作用，在筹赈与赈银转运中亦有一定的特色。

19 世纪 80 年代，中国电报局利用其在全国的分支机构，再加上有意识地发展其他领域的筹赈分支机构，建立了一个全国性的义赈组织管理系统网络。上海电报局委托陈家木桥金州矿务局组建了上海陈家木桥金州矿务局山东赈捐公所，该公所在电报局系统、招商局系统、传统善会善堂系统以及其他经济组织中发展出覆盖全国的筹赈分支机构。该义赈组织则通过陈桥公所以及苏州、镇江、扬州等电报局统一领导其系统内的义赈事业，形成了以陈家木桥金州矿务局山东赈捐公所为上层，以苏州、镇江、扬州电报局赈所为中层，以各地筹赈分支机构为基础的科层管理体制。关于这时上海陈桥公所在电报局、招商局两系统内的全国筹赈分支机构，该公所在 1883 年 8 月 16 日《申报》上所发捐启中即有显示。该启如下：

> 启者：敝处承招商轮船总局、中国电报总局诸公函托各处代收赈捐，今将各处经手台衔开列于左。如有善士解囊，请即就近交付汇解为祷。天津招商电报局黄花农翁，燕〔烟〕台招商局陈敬亨翁，牛庄招商局翁晓山翁，济宁电报局何雨生翁，清江电报局陈次雄翁，扬州电报局李韵亭翁，又复茂恒钱庄、元亨利钱庄，苏州电报局许寿民翁、盛伯苏翁、谢佩孜翁，南浔电报局吴中耆翁、朱叔梧，杭州电报局许仲强翁、高仲英翁、张既耕翁，绍兴电报局徐仲凡翁、经凤君翁，宁波招商局谢益斋翁，又电报局蔡媚青翁、华小瑚翁，温州招商局蔡月轩翁，福州招商局唐英斋翁，又电报局盛衡山翁，台湾招商局王修三翁，香港招商局张禄如翁，广州招商局唐应星翁，汕头招商局廖紫珊翁，镇江招商局吴左仪翁，又电报局王灼堂翁、张廉泉翁，芜湖招商局刘吉六翁，九江招商局孙楚卿翁，汉口招商局张寅宾翁，宜昌招商局李笏斋翁。上海陈家木桥山东赈捐公所同人公启。[①]

很显然，这种现代化的组织管理模式直接借鉴了中国电报局这一现代

---

① 《各处代收山东赈捐启》，《申报》1883 年 8 月 16 日。

化企业的经营管理体制。但是必须指出的是，这一现代化的组织管理模式只是在陈桥公所系统内运转，当时上海还存在丝业会馆筹赈公所、上海怡顺昌山东募赈沪局等其他义赈组织，尚未采用这种现代化的管理模式。

现代化的经济组织对于筹赈发挥了重要作用。1884 年，施善昌为办理山东、直隶、江浙等地春赈，请托各地的招商局机构代为筹募赈款，并获得广泛支持。当时招商局系统内共有 19 处积极响应。[①] 此后，通过这种渠道，施善昌丝业会馆筹赈公所的筹赈分支机构拓展到全国，并延伸到国外。至此中国义赈组织网络化的筹赈分支机构建设基本定型。无论哪一个义赈组织主导进行某地的大型灾荒救济，其筹赈网络大都不会脱此规范。并且由于各筹赈分支机构参与筹赈多是基于其深厚的慈善动因，上面所提到的各筹赈分支机构在此后的义赈中大多能坚持下来。每逢救赈之时，义赈组织在《申报》登高一呼，各分支就会积极参与其中。比如 1885 年上海文报局协赈公所、与昌丝栈协赈公所联合办理两广水灾时所联络的筹赈分支机构，主要就是全国的电报局系统、招商局系统，以及传统善会善堂、各类经济组织等。随着近代社会生产力的快速发展，社会流动加剧，招商局及时充分地利用了这些新的信息、交通网络，极大地促进了近代慈善救济网络的形成，其自身也成为这些网络中的关键节点。

---

① 分别是上海轮船招商局总办唐廷枢、徐润、郑观应、张叔和，镇江招商局袁鹤亭，芜湖招商局刘吉六，九江招商局孙楚卿，汉口招商局张寅宾，宜昌招商局李笏斋，宁波招商局谢益斋，温州招商局蔡月轩，福州招商局唐英斋，烟台招商局陈敬亭，牛庄招商局翁晓山，天津招商局黄花农，香港招商局张禄如，广州招商局唐应星，汕头招商局廖紫珊，厦门招商局王渊如，神户招商局麦旭初，长崎招商局广裕隆宝号诸人，横滨招商局罗伟堂。

# 第三章　商办时期招商局慈善公益事业（1912—1926）

1911 年辛亥革命爆发，清王朝的统治土崩瓦解。与时代变革相应，招商局也结束了官督商办体制，开启了完全商办历程。商办时期招商局的航运事业不断发展，在一战时期达到顶峰，一度走向繁荣的航运经济为商办时期招商局从事慈善公益事业奠定了良好基础。但与此同时，国内地方军阀混战与招商局自身经营管理不当等问题，也在一定程度上制约着招商局慈善公益事业的发展规模。

## 第一节　历史背景

辛亥革命推翻了清王朝统治，结束了两千多年的封建帝制，建立了资产阶级民主共和国。新生的民主政权制定了一系列相关政策鼓励发展资本主义工商业，这为我国民族资本主义的发展开辟了道路，也为招商局内部体制的转型提供了契机。北京政府时期，招商局自身的航运呈现"单驼峰"形发展态势。一战前，受外国势力与国内军阀战争的影响，航运活动未有多大起色。一战期间，航运竞争相对和缓，招商局借此有利时机，大力发展航运业，其航线运力与运费收入都得到明显提高，是为招商局航运发展的"黄金时期"。一战结束后，招商局航运业有所衰落，直到 1926 年12 月暂时停止。这一时期招商局的慈善公益活动也伴随其航运事业发展的起伏而上下波动，在"黄金时期"慈善公益活动较多，战争结束后慈善公益活动规模随之缩小。

## 一　商办体制的确立与发展

辛亥革命爆发之际，招商局作为清政府控制下最大的一家官督商办企业，不可避免地受到革命浪潮的冲击。招商局的股商们虽大多属于民族资产阶级，但在政治上更倾向于君主立宪。这种经济地位与政治立场，使他们对辛亥革命心存疑惧，这种疑惧一直到临时政府成立后才逐渐消解，招商局与临时政府的关系也慢慢地从对抗转变为合作，此为招商局实现商办体制提供了可能。与此同时，临时政府实行保护和促进民族资本主义发展的经济政策，颁布了保护私有财产的法令，此为招商局实行完全商办提供了政策依据。

1912 年 3 月 10 日，袁世凯在北京就任中华民国临时大总统，开启北京政府的统治。3 月 31 日，招商局在上海张园召开第二次股东常会，标志着招商局进入完全商办时期。新董事会选举临时政府司法部部长伍廷芳为第二届董事会主席，杨士琦为副主席，并将招商局改称"商办招商局轮船公司"，后又称"商办招商轮船有限公司"。1912 年 10 月，随着盛宣怀回国返沪，袁盛之间重新展开了对招商局的争夺。这场争夺与晚清时期的袁盛之争虽有很多相似之处，但终因时代不同，其内容与形式都发生了巨大的变化。① 1913 年 6 月 22 日，招商局召开股东常年大会，选举新的董事会。新董事会成立后，双方争夺暂趋和缓。为了争取股东的支持，双方更加强调招商局的商办性质。因此，在这种特殊的历史条件下，招商局在整个北京政府时期都保持完全商办的体制。

招商局实现完全商办后，为加强管理、加快自身发展，从完善管理机构、实行航产分管等方面进行一些改革，主要如下。其一，效仿日本航业改组管理机构。在 1913 年 6 月 22 日召开的招商局股东常年大会上，董事会决定仿照日本邮船会社章程，进行管理体制的改革。具体来说，即确立了董事会会长负责制的领导体制，规定了董事会的工作程序和会议规则，同时正式确立了董事会的职能，明确了科长职责制。② 此外，招商局还进

① 张后铨主编《招商局史（近代部分）》，第 298 页。
② 胡政主编《招商局画史：一家百年民族企业的私家相簿》，上海社会科学院出版社 2006 年版，第 51 页。

一步对总局与沪局的职责与权限进行划分，使总局与沪局各司其职，更好地管理本局业务。其二，成立积余产业公司，实行航产分管。长期以来，招商局航产一体、船栈不分，导致其资产过于庞大，管理不当，局产损失严重。1914 年 2 月 16 日，招商局召开特别股东会议，决定："所有局产悉照公估时价核给股票，将无关航业之市房及各种股票划出，另立积余产业公司分别办理积余产业。"① 积余产业公司专营房地产，这也是招商局历史上第一次实现主业与副业分开经营，史称"航产分业"。房地产的收入成为这一时期招商局的主要收入来源。在整个商办时期，其营业较为顺利，主要收入为地产租金和股票股息，每年均有大量的盈余，具体的收支情况如表 3-1 所示。

表 3-1　1914—1926 年积余产业公司收支概况

单位：两

| 年份 | 收入 | | | 支出 | 盈余 |
| --- | --- | --- | --- | --- | --- |
| | 合计 | 其中 | | | |
| | | 地租 | 股息 | | |
| 1914 | 137639 | 137639 | — | 26013 | 111626 |
| 1915 | 142022 | 139872 | 2150 | 21130 | 120892 |
| 1916 | 161825 | 137894 | 23931 | 29230 | 132595 |
| 1917 | 184536 | 147892 | 36644 | 30235 | 154301 |
| 1918 | 197251 | 133497 | 63754 | 37167 | 160084 |
| 1919 | 228581 | 156032 | 72549 | 38078 | 190503 |
| 1920 | 218252 | 158983 | 59269 | 32768 | 185484 |
| 1921 | 193962 | 193962 | — | 36699 | 157263 |
| 1922 | 207831 | 207831 | — | 66258 | 141573 |
| 1923 | 225869 | 225869 | — | 74756 | 151113 |
| 1924 | 218350 | 218350 | — | 77007 | 141343 |
| 1925 | 239071 | 239071 | — | 81813 | 157258 |
| 1926 | 214824 | 214824 | — | 82887 | 131937 |
| 总计 | 2570013 | 2311716 | 258297 | 634041 | 1935972 |

资料来源：《国之巨擘　勇赴国难》，招商局历史博物馆展厅第二部分（1912—1949）。

————————————

① 胡政主编，孙慎钦编著《招商局史稿·外大事记》，社会科学文献出版社 2014 年版，第 19 页。

此外，1925 年 7 月 14 日，招商局董事会召开特别会议，审查通过了董事会副会长盛升颐拟定的稽核处章程 15 条，成立了招商局第一个监察机构——稽核处。① 稽核处的成立对于招商局内部的监督管理具有重大意义。

商办时期的招商局伴随时代发展浪潮，不断完善管理体制，积极进行内部改革。进一步说，招商局创新商办体制也为同时代其他企业树立了标杆，推动了近代民族资本主义经济的发展。

## 二 航运事业的繁荣与衰落

招商局的航运事业深受时局影响。商办时期的招商局处境十分艰难，国内有地方军阀的攻讦混战，外部面临帝国主义的经济侵略。在 1912 年至 1926 年间，招商局航运业务除一战期间有过短暂的繁荣外，大多数年份都处于萧条和萎缩的状态。

从国内发展形势来看，民国肇建并没有带来持久的和平，此后国内军阀混战不断。袁世凯于 1912 年拥兵江北，招商局江轮被迫停航 4 个月之久，客货运输收入减少 20 余万两，各埠仓栈收入也大为减少。② 1913 年夏，袁世凯为镇压"二次革命"，再次把战火烧到上海制造局一带，"沿江上下几无宁土"，③ 严重影响了招商局正常的航运活动。对此，在招商局的报告书中也有不少记载，如"本年（1913）夏间皖赣又肇兵端，沿江而下遂及上海制造局一带，烽火连朝，成为战地。于是长江上下、川楚闽粤几无宁土。七月间江永轮船满装客货被截于湖口，固陵轮船回沪修理被扣于九江，以至七、八两月局船除供差遣往来北洋之外，余皆停泊浦江及香港等处，不敢越雷池一步。故本年所得水脚更较上年短少十三万余两，全为兵事所致，非市面盛衰所致也"。④ 从以上记载可以看出，在一战爆发前，国内频繁的军阀战争以及动荡不定的政局，严重干扰了招商局的正常营运，给其带来了极大的损失。

从国际形势来看，清末以后各国列强通过不平等条约加紧了对我国的

① 《国之巨擘 勇赴国难》，招商局历史博物馆展厅第二部分（1912—1949）。
② 张后铨主编《招商局史（近代部分）》，第 305 页。
③ 张后铨主编《招商局史（近代部分）》，第 307 页。
④ 陈玉庆整理《国民政府清查整理招商局委员会报告书》，第 489 页。

侵略。甲午战后，列强掀起瓜分中国的狂潮，对我国水域展开了疯狂掠夺，一战前已形成列强共霸中国江海航运的局面。在这种形势下，招商局很难有自己的发展空间，从当时运营情况来看，招商局整体上都未有较大的发展。直到一战爆发，各国因忙于战争将部分轮船撤离中国，招商局的航运业务才逐渐得以发展，出现短暂的繁荣。

1914 年一战爆发后，帝国主义列强为应对战争需要，纷纷将在中国从事航运活动的部分船舶撤回本土，来华航运逐渐减少。据有关统计，1918 年进出中国各通商口岸的外国船只总吨位比 1913 年下降了 20%（详见表 3-2）。

表 3-2　1913—1919 年外国船只进出中国通商口岸情况统计

| 年份 | 1913 | 1914 | 1915 | 1916 | 1917 | 1918 | 1919 |
|---|---|---|---|---|---|---|---|
| 总只数 | 69000 | 70000 | 65000 | 66000 | 67000 | 63000 | 72000 |
| 总吨位（千吨） | 73431 | 73027 | 66504 | 64623 | 62884 | 58475 | 6863 |
| 吨位指数 | 100 | 99 | 91 | 88 | 86 | 80 | 93 |

资料来源：张后铨主编《招商局史（近代部分）》，第 307 页。

由表 3-2 数据可以看出，一战期间中国江海航线航运竞争相对和缓，这为招商局发展航运业提供了大好机遇。借此时机，招商局在长江航线大力增加运力。1911 年，其在长江航线配备船舶总吨为 8864 吨，占当时长江四大轮船公司（太古、怡和、日清与招商局）全部吨位的 16.2%。1914 年，在长江航线配备运力增加到 18704 总吨，占比上升到 23.3%。1918 年更是增加到 19625 总吨，占比为 21.5%。[1] 此外，招商局还积极经营南洋及北洋航线，取得了良好的经济效益，运费收入出现了逐年递增的趋势。据统计，仅 1914 年运费收入即达 300.6 万余两，比上年增加 58 万余两。[2] 由于运费收入剧增，招商局的运费结余也不断增加。招商局经营效益的向好为广大股商及部分职员提供了更多实惠，从 1914 年到 1918 年，招商局共分配股息 331.8 万两、花红 57.8 万两，合计 389.6 万两。[3] 企业的稳定

① 严中平等编《中国近代经济史统计资料选辑》，中国社会科学出版社 2012 年版，第 248 页。
② 张后铨主编《招商局史（近代部分）》，第 310 页。
③ 张后铨主编《招商局史（近代部分）》，第 310 页。

与可观的收益进一步激发和调动了员工的生产积极性，使招商局朝着良好的方向发展，同时也为其慈善公益事业提供了相对充足的资金。

一战期间招商局航运活动发展势头良好，其增长幅度之大，为创局以来所仅见，被誉为航运发展的"黄金时期"。然而招商局未能充分把握机会做长远的发展规划，面临诸多问题，主要表现为招商局的船舶拥有量未能得到相应增长，新航线的开辟受到种种条件的限制，与航运密切相关的仓栈码头未能改善反而恶化，等等。故其繁荣犹如昙花一现，一战一结束，列强卷土重来，招商局便再次陷入发展困境。

一战结束后，随着国内外形势的恶化，招商局经营活动受到诸多限制。如 1924 年 8 月江浙发生战事，客货运输因而停顿，"始而江轮被扣，运兵运械，继而完全停驶，收入锐减"。[①] 与此同时，国外洋船纷至沓来，招商局委员会报告书中记载："欧战一告结束，外轮卷土重来，不能与之角逐争雄，我国航业，复为外商所把持。"[②] 外国企业资本雄厚，又以政府为后盾，通过多次跌价竞争，重新抢夺中国市场。招商局则"上无政府之实力维护，下无社会之精神团结"，在与外商的竞争中"殊不足与争胜"。[③] 1920 年后招商局运费年收入降至 400 万两以下，1926 年降至 280 万两。[④] 除此之外，商办时期招商局的海损事件也时有发生。特别是 1916 年后，海损事件愈加频繁，成为这一时期轮船营运中一个突出的问题，如 1916 年"新裕"失事，1917 年"普济"失事，1918 年"江宽"失事、"致远"失事等。[⑤] 1916 年至 1926 年间，招商局共发生大型海损事件 10 起，重大恶性海损事件 5 起。[⑥] 海损事件频发，使招商局的经济力量受到了很大的削弱，也在一定程度上暴露出招商局内部经营管理的混乱。

## 三 经营管理的腐败与困境

商办时期招商局的经营状况与其航运活动基本一致，形成了"单驼

---

① 《交通史航政编》第 1 册，第 268 页。
② 张后铨主编《招商局史（近代部分）》，第 310 页。
③ 张后铨主编《招商局史（近代部分）》，第 316 页。
④ 汤照连主编《招商局与中国近现代化》，第 414 页。
⑤ 陈玉庆整理《国民政府清查整理招商局委员会报告书》，第 496—505 页。
⑥ 张后铨主编《招商局史（近代部分）》，第 319 页。

峰"形，一战时期各项收入达到高峰，一战之后又逐渐降到一个较低的
水平。这一现象与招商局自身的经营管理是分不开的，商办后期招商局
的经营管理出现了混乱和腐败的局面，此外海员罢工、依赖洋员、军阀
破坏也是这一时期招商局存在的突出问题，最终导致全局轮船"暂行停
驶"的局面。

　　招商局在商办初期的经营状况不佳。招商局委员会报告书中记载了
其 1913 年的经济概况："招商局金融竭蹶年甚一年，兵灾损失各款已据
实呈报，能否赔偿多少尚无把握。辛亥年沪军都督府借款五十万两，又
积欠水脚二十余万，又汉商追赔会垫款十万两，凡此巨款不特本项久悬
并须筹垫，利息不特筹垫并且东移西应，罗掘俱穷。故本年支出息款有
十一万两之多，经济之窘可以概见。"① 从上述报告可知，一战前招商局
的经营状况已出现诸多问题，逐渐入不敷出。一战期间，招商局的运费
收入出现短暂上升，船吨年产值随之逐年提高，运费结余也呈现上升的
局面。1918 年同一战以前的 1913 年相比较，运费收入、船吨年产值、运
费结余三项，前者分别是后者的 2.9 倍、3.2 倍和 14.6 倍，增长速度是
相对比较快的。② 但一战之后，招商局的经营状况每况愈下，需要向外大
量借贷才得以维持，利润率在很低的水平徘徊，部分附局企业也出现了长
期亏损的问题。

　　囿于时代，招商局自商办以后所面临的难题主要表现在资金与技术两
方面。在资金方面，由于招商局资金短缺，需向银行借款以缓解自身的困
境。1923 年，招商局因营业亏损，积欠庄款达 300 余万两，经董事会议
决，以原抵押品向汇丰银行增借至 500 万两。1924 年，招商局又续向美国
花旗银行借款 100 万两。这些借款在一定程度上缓解了招商局的资金短缺
问题。需要说明的是，招商局的营业亏损除其自身经营管理不善外，还
与外资航运企业的挤压和竞争有关。商办时期，外资航运企业始终把招
商局视为主要竞争对手，极尽排挤与挤压。在技术方面，由于商办时期
国内缺乏航海技术方面的专业人才，不得不聘用许多外籍船员加以帮助。

---

① 陈玉庆整理《国民政府清查整理招商局委员会报告书》，第 487 页。
② 张后铨主编《招商局史（近代部分）》，第 316 页。

这些船员在航海方面发挥了一定的作用，但其聘用成本的高昂也的确加重了招商局的财政负担，据载，"英籍船员每船用至六名或八名，月俸由五百两至千两之多，另加交际费百两，上海住宅之一切经费，皆由局中给与"。①

商办的最后几年，招商局内部矛盾频发，管理层不断争夺招商局的最高权力，先后有三大家族之争、股东大会之争，员工起义不断。在此背景下，招商局进一步陷入困境。1926 年，"局中竟欲以局产中价值六千万元之上海三大码头，作价三千万元，售与日商，嗣因慑于舆论，其议始寝。惟负债累累，损失之巨，为历来所未有"。② 加之此时军阀频繁抽调局轮以应兵差，最终也导致局航运营完全中断。1926 年 12 月初，股东会议议决，全局轮船"暂行停驶，一面急筹补救之方，徐图更新之计，是虽停顿于一时，或可维持于永久"。③ 1926 年 12 月 8 日，招商局在上海各报刊登了停航启事，该停航启事震动了航运界和整个社会。1927 年初，蒋介石发布沪字第十号任命状，委任杨杏佛办理招商局事宜。同年 4 月，正式组织"清查整理招商局委员会"，几经曲折，终在 1929 年将招商局收归国有。④

整体来看，在商办时期，招商局顺应时代发展潮流，完成了由官督商办向完全商办体制的转变，成为招商局发展历程中的一次重大转型。新董事会成立后，对招商局进行了局部改革与调整，一定程度上促进了招商局的发展。一战时期，招商局的航运业务迎来短暂繁荣。但其没有抓住这一有利时机从根本上扩大业务经营，最终错失发展良机。迨一战之后，西方势力卷土重来，加之国内连年的军阀混战，招商局的发展又陷入困境。商办后期，招商局外有帝国主义的竞争与排挤，内有诸多矛盾相互交织，最终导致招商局于 1926 年 12 月 8 日宣布全局轮船暂行停驶。可以说，商办时期招商局的慈善公益事业与招商局自身的发展状况密切相关，在航运发展的黄金时期，慈善公益的资金较为充足，发展规模较大。但在其他时

① 聂宝璋、朱荫贵编《中国近代航运史资料》第 2 辑上册，中国社会科学出版社 2002 年版，第 806 页。

② 《国营招商局之成长与发展》，《国营招商局七十五周年纪念刊》，招商局档案馆藏，档号：B013-WS-201，第 6 页。

③ 张后铨主编《招商局史（近代部分）》，第 364 页。

④ 朱荫贵：《中国近代轮船航运业研究》，中国社会科学出版社 2008 年版，第 287 页。

期，囿于招商局自身的经营状况以及战争、外国资本等诸多因素，慈善公
益事业的规模未能有根本上的扩展。

## 第二节　主要内容

### 一　支持辛亥革命

辛亥革命爆发后，革命的策源地武昌与中华民国临时政府所在地南京
均处于长江流域，革命力量与国内外反动势力为了各自利益都十分注重争
夺水上优势。武昌起义后，外国侵略者在武汉江面麇集了 16 艘军舰。至
11 月，在中国领水的外国军舰多达 51 艘。[1] 袁世凯率北洋军队攻陷汉口、
汉阳后，也对长江实行了全面封锁。中华民国临时政府成立后，同年 1 月
12 日，孙中山以临时大总统名义宣布北伐，推翻清朝统治。在北上反清革
命中，招商局积极响应临时政府号召，勇担时代大义，发挥了重要作用。

在辛亥革命过程中，招商局多次派出轮船支援民军，运载官兵、军犬
及大炮等军用品，支援北伐的轮船达 13 艘之多。1912 年 1 月 13 日，临时
政府海军部长黄钟瑛命令"南琛"号运兵船与"海容""海琛"两巡洋舰
驶往秦皇岛，接应各省北伐军队。招商局"泰兴""公平""新铭"等三
艘轮船同时奉命开往吴淞，准备驶往烟台参加军运。此外，招商局"江
宽"轮由民军租用，航行于南京武汉之间；"江孚""江永""江裕""江
新""快利""固陵"等轮开赴上海；"广利""新昌"也被临时政府租用
以应军差。16 日，"新铭""新昌""泰兴""公平"等轮船从吴淞开航，
每船载兵 1000 人，在军舰护送下开往烟台等地。[2] 据《申报》记载："江
孚、江新两船日前各载兵并军火若干开往南京，该兵将在浦口登岸，驻扎
以候遣调。昨日江宽、江裕、江永三船亦各载兵千名并军火多件，大炮数
尊，先后开出，俟抵浦卸载后，即将回沪复行运兵赴宁。"[3] 一个多月时间

---

[1]　张后铨主编《招商局史（近代部分）》，第 288 页。
[2]　《申报》1912 年 1 月 14 日、1 月 19 日、2 月 2 日。转引自张后铨主编《招商局史（近代部分）》，第 289 页。
[3]　《译闻》，《申报》1912 年 2 月 2 日。

里，招商局局轮因承担军差，补贴运费达 10 万两之多。[①] 1912 年 2 月初南北议和，招商局轮船停止承担军运任务，逐渐恢复正常营运。

辛亥革命时期，招商局坚定支持临时政府北伐。在自身发展举步维艰的情形下，为了革命事业在经济上做出巨大牺牲，展现出鲜明的社会责任意识和浓厚的爱国情怀。

## 二　开办近代教育

商办时期招商局继续投身近代教育事业，为近代中国航海教育的发展做出了重要贡献。这一时期招商局不仅继续资助新式学堂，还创办了自己的公学，制定了相关航海制度，在实践中培养了大批新式航海人才。

### （一）吴淞商船学校

由于航海人才的稀缺，招商局在早期的经营中不得不"借材异域"，雇用大量洋员与外籍专家。为了彻底改变这一局面，招商局遂决定投资创立航运学校，培养航海专业人才，吴淞商船学校即为当时最具代表性的学校之一。

1912 年民国成立后，交通部接管高等商船学堂，易名为"吴淞商船学校"。同年 9 月 22 日，学校迁入吴淞炮台新校舍。该校以培养商船管理与驾驶人才为宗旨，在校学生 160 人，开办经费 10 万两，常年经费 6 万两。在这些经费中，招商局承担了其中的一大部分。[②] 可以说，招商局的资助对吴淞商船学校的开办及其初期的发展起到了关键作用。但因人才出路困难与经费匮乏等问题，1915 年该校被国民政府下令停办，由海军部接办为海军学校。

吴淞商船学校作为中国历史上第一所高等航运学校，开中国高等航海教育之先河。该校与招商局在经费、校舍、教学、训练、学员就业和人事管理等方面有着密切的联系。与此同时，吴淞商船学校的发展历程也反映了招商局对中国航海教育所做的贡献，从侧面凸显了招商局高尚的爱国情怀、进取的创新精神以及高度的社会责任感。[③]

---

① 胡政主编《招商局画史：一家百年民族企业的私家相簿》，第 48 页。
② 《招商局》编辑部《招商局史研究专刊》（二），招商局史研究会 2006 年版，第 26 页。
③ 《招商局》编辑部《招商局史研究专刊》（二），第 28 页。

**（二）招商局公学**

商办时期招商局所开展的教育事业范围进一步扩大，不仅资助其他新式学堂，还进一步创办招商局公学，教育方式也更为多元化，甚至开创了部分公益教育事业，既满足了学生的学习需求，又培养了大量的航海人才。

清宣统元年（1909），招商局由晚清邮传部管辖，此时的招商局面临航海人才缺乏、专业人才需要借助洋人的困境。为了解决人才瓶颈问题，招商局遂派遣学生赴日本学习航海驾驶技术。然而仅仅依靠外派留学，不仅花费巨大，而且很难解决航海人才短缺的问题，必须设立自己的学堂方能从根本上解决这一难题。1917 年，招商局的上层领导联名上书董事会，请将公积红股全部股息改办同人公益之学堂，并于 1918 年在上海提篮桥购定房屋先行试办高等小学，名为"招商局公学"，第一任校长为丁庚尧。①据载，"招商公学由招商总局员司拨红股四千股，计本银四十万两，又积余红股四千股，计本银四十万元，作为基金。所有此项红股利息收入，即捐充学校经费及其它公益之用"。②

招商局公学于 1918 年开学，"开学之初有学生一百五十六名，时有校舍大小楼二座，创办费计四万九千余两"。③同时规定：凡本局同人之子孙均可照章入校肄业，不收学费住宿费，以示优待。④还在《民国日报》上刊登招商局公学的广告："本局同人，在上海美租界华德路，办立高等小学并附初等小学，专为招商局同人之后裔而设。学费、寄宿费均免，膳食费酌收"，"如有同人后裔来堂肄业者，请速将姓名、履历、年岁课程开来挂号，至所切盼"。⑤

招商局公学建立后，面临船舶驾驶人才不足的问题。当时招商局公学董事郑观应极力主张在校创设驾驶科，他曾提到："航业者，国家之命脉也；航学者，航业之津梁也"，"兹我公学设立之旨，首在造就航务人才，

---

① 《本局编年纪事》，《国营招商局七十五周年纪念刊》，招商局档案馆藏，档号：B013-WS-201，第 68 页。
② 张木兰：《轮船招商局的企业社会责任》，《公益时报》2014 年 11 月 21 日。
③ 陈玉庆整理《国民政府清查整理招商局委员会报告书》，第 504 页。
④ 史春林：《轮船招商局与中国近代航海教育》，《交通高等教育》2004 年第 5 期，第 41 页。
⑤ 《招商局公益学堂广告》，《民国日报》1918 年 7 月 2 日。

暨职业教育，逐渐次第举行，非独我局根本之图，更足为国家富强之助"。[①] 为此，招商局拟就原有招商局公学进行扩充，在公学内附设专科，"另招较有算学驾驶资格而具有充当海员志愿之中大学毕业学生若干人……以期速成而资聘用"。[②] 基于这种认识，招商局于 1928 年 10 月增开航海专修科，为中国航运业培养了一大批驾驶与轮机人才。[③]

### （三）航海专科学校

为加快培养中国人自己的现代航海专业人才，1923 年 9 月，招商局首次独立创办航海专科学校，教授的课程主要有天文、航海术、造船、装货方法、无线电收发、罗经差、操艇术和急救法等。该校以"华甲"舰为练习军舰，预定航行全球实习，培养船长人才。1924 年 1 月 12 日，"华甲"舰从上海起航，北上青岛、大连，后转赴日本横滨，准备开往美洲，但因该舰发生产权纠纷，实习中止。[④] 1924 年 10 月，该舰被收编入北京政府的海军渤海舰队，至此，招商局第一个航海专科学校宣告解散。[⑤] 该学校虽然只存在一年有余，但为中国航运业培养了一批驾驶与轮机人才，展示了招商局为航海强国所做出的不懈努力。

商办时期的招商局在教育方面投入了大量的资金和人力，为我国培养了一大批新式航海人才。其中，招商局出资创办的晚清邮传部高等商船学堂与民国初年的吴淞商船学校共招收六届学生，招商局自主创办的航海专科学校与招商局公学专修科共招收四届学生，[⑥] 这些毕业生不仅服务于企业自身发展，也有力回应社会和国家发展所需，在中国教育史上留下了浓墨重彩的一笔。

### 三  推进国内外慈善救济

商办时期，招商局慈善救济活动的范围进一步扩大，除了国内民众的日常救济，还拓展到邻邦日本，帮助日本民众渡过难关。与此同时，招商

---

① 夏东元：《郑观应传》，第 258—259 页。
② 聂宝璋、朱荫贵编《中国近代航运史资料》第 2 辑上册，第 814—816 页。
③ 胡政主编《招商局与上海》，第 101 页。
④ 史春林：《轮船招商局与中国近代航海教育》，《交通高等教育》2004 年第 5 期，第 41 页。
⑤ 中国航海学会编《中国航海史（近代航海史）》，人民交通出版社 1989 年版，第 525 页。
⑥ 黄梓樱：《论清末轮船招商局的近代航海教育》，《长江丛刊》2020 年第 2 期，第 84 页。

局还加强与中国红十字会等新式慈善团体的合作，帮助了大批灾民。

**（一）国内慈善救济**

此一时期，招商局持续推动慈善救济事业进一步发展，除基本的赈粮、赈款外，也十分关注各地的灾情状况，以己饥己溺之心第一时间参与赈济，对身处水深火热中的灾民给予了极大帮助。

1917 年京兆、直隶地区发生水灾，受灾地区之广，受灾人数之众，为数十年所未遇。据统计，"京直地区受灾地方总计达 103 县，包含 19045 村，其中重灾 40 县，轻灾 63 县，受灾民众为 6351344 名"。[①] 水灾对人民的生命财产和正常生活造成了极大的影响。部分地区有"将村庄冲去者，淹毙人口数百人之多"，[②]"冲倒房舍，大村则一二千间，小村则数十百间不等"，[③] 民众流离失所，风餐露宿，相率避难者络绎不绝。面对此种惨状，1917 年 9 月 29 日，冯国璋发布大总统令，特派熊希龄督办京畿一带水灾河工善后事宜。熊希龄选调组织人员设立督办处，管理赈灾事务。由于政府拨款有限，熊希龄便向军政民商各界募集捐款。招商局作为这一时期国内较有规模的航运企业，成为赈济水灾的重要力量。1917 年 10 月 10 日，熊希龄致电上海招商局杨杏城，请求免费代运助赈棉衣。13 日杨杏城回电，告知招商局将积极配合运送棉衣，并进一步说明具体配合措施。[④] 在此后的三个月内，熊希龄与招商局不断有信件往来，无不是熊希龄请求和委托招商局运送赈灾物资。如 10 月 24 日，熊希龄致电杨杏城，请求招商局九江分局代为转运南昌捐助物资，并免收运费。[⑤] 10 月 30 日，致电杨杏城，请免费运输南通所制散赈棉衣。[⑥] 11 月 3 日，致电招商局，告知"苏州孙小涵、杜一鹏、陈灼然、胡颐甫四君，携有赈棉衣三千件，由苏运沪，拟装招商轮运津，乞免运费"。[⑦] 11 月 7 日，再次致电招商局，请免

①　赵新颖：《熊希龄与 1917 年京直水灾救济》，《唐山学院学报》2012 年第 4 期，第 59 页。

②　《直属南部之水灾》，《益世报》1917 年 8 月 28 日。

③　《沙河县水灾之惨象》，《益世报》1917 年 8 月 31 日。

④　周秋光编《熊希龄集》第 6 卷，第 115—116 页。

⑤　周秋光编《熊希龄集》第 6 卷，第 158 页。

⑥　周秋光编《熊希龄集》第 6 卷，第 177—178 页。

⑦　周秋光编《熊希龄集》第 6 卷，第 182 页。

费运输福建刘运使助赈旧军衣裤。① 11 月 17 日，致函招商局，"望将浙江齐耀珊省长助赈衣免费运天津"。② 12 月 2 日，致电杨杏城，请求免费代运助赈棉衣。③ 如此等等。对于以上熊希龄的请求，招商局都予以积极响应并配合落实，且多次免收运费，及时运送助赈棉衣等救济物资抵达灾区，救助了众多在生死边缘挣扎的灾民，并为灾民正常生产生活的恢复以及京直地区河道的疏浚做出了贡献。

1924 年 7 月，天津发生水灾，招商局主动关心灾情并提供货栈，以便救济物资的储存与安置，还积极派船运送此次水灾遇难灾民，在一定程度上缓解了受灾状况。据 1924 年 7 月 18 日《新闻报》记载："天津大水灾发生后，招商局去电询问。昨接复电云，北方水灾后，津局栈货已挤满，客提阻滞。本局已将三驳船调至紫竹林，临时盖货栈，新康来货，亦抵可卸入此驳轮中云。"④

每当灾情发生后，招商局都积极发动员工募捐，为受灾地区捐款捐物。1918 年招商局自行创办招商局公学，公学的学生常常组织募捐队面向社会募捐。如《民国日报》载："学生会宣传募捐队十余队，昨仍至新闸桥北及租界方面百老汇路华德宣一带，继续工作，募捐路讲，同时并进。讲者慷慨激昂，声泪俱下，听者无不动容，募捐所得之成绩，较第一日尤为可观。"⑤ 招商局公学的募捐活动起到了一定的效果，社会各界积极为受灾群众捐款献物，募捐活动极大地丰富了善款来源，使招商局慈善救济的辐射范围更为宽广。与此同时，招商局通过募捐宣传也扩大了自身的影响力，树立了良好的企业形象，兼顾了其追求经济效益与履行社会责任的使命。

### （二）域外慈善救济

商办时期，招商局的慈善公益事业已开始突破国别限制，为国际慈善公益事业贡献自身力量，充分发扬了国际人道主义精神。1923 年 9 月 1

---

① 周秋光编《熊希龄集》第 6 卷，第 193 页。
② 周秋光编《熊希龄集》第 6 卷，第 207 页。
③ 周秋光编《熊希龄集》第 6 卷，第 254 页。
④ 《招商局所得天津水灾复电》，《新闻报》1924 年 7 月 18 日。
⑤ 《招商局公学》，《民国日报》1928 年 5 月 19 日。

日，日本关东地区发生大地震，引起水、火两灾，"被灾区域亘二万英里，被灾人口达一千五百万余"，其中东京、横滨、须贺、千叶等处，大小都市均成荒墟，灾情极为惨重。① 据当时新闻报道称，"日本连日地震，继以飓风海啸及火山爆发。东京与横滨因之大火，全市几成焦土，人民死伤无算，交通断绝，火势未熄，犹有滋蔓之余"；"终夜觅夫声、寻母声，呼号哭泣，耳不忍闻。有背父者，有携子者，仓惶奔走，有如出殡，令人不敢正视。其中手断足落，头破肩裂，鲜血淋漓，似生而死者，更不禁伤心寒胆"。② 据不完全统计，此次灾情日本受灾家庭超过 50 万户，死亡人数达 10 万人。受灾较严重的东京地区，地面受灾面积达 44%，受灾人口达 67%。③ 当时中国国内由于旅大争端和"二十一条"事件，正掀起轰轰烈烈的抵制日货运动。闻得日本特大灾情后，中国主流媒体纷纷在新闻首版中对日本灾情进行报道，并呼吁民众将日本与中国之仇怨搁置一边，认为"慈善之事无国界"，且"此次日本大灾，凡侨日同胞被害者必非少数……我同胞之既死者已无及矣，其濒死而未绝者，与未死而流离失所者，呼号求救之声音，吾国民苟一念及，岂能一刻安者？"北京政府呼吁大家本着"良心之驱使，人道之要求"，通过集会讨论、发电慰问、筹款赈恤，乃至发船舶、遣专员、运食物等方式进行救助，发扬"中华民国国民乃至全世界人类共同之美德"。④

在此背景下，全国各地积极为日本捐钱捐物，招商局亦踊跃参与其中。招商局董事会通告各慈善团体，言："日本风火奇灾，亘古所无，救灾恤邻，古有明训，况我国留学经商该处者实繁，有徒被灾以后，露宿风餐，不堪其苦，凡在同胞自应竭力拯救。敝局航轮较少，心余力绌，然亦不忍漠视。"⑤ 有鉴于此，招商局随即抽调"新铭"班轮至日本救灾，其他轮船也陆续发往日本救难。与此同时，招商局电告各慈善团体，"诚惟应

① 《日本领事公署复函》（1923 年 9 月 9 日），苏州市档案馆藏苏州商会档案，档号：I14-001-0539。转引自王卫平等《中国慈善史纲》，中国劳动社会保障出版社 2011 年版，第 155 页。
② 张晶晶：《一个中国留学生日记中的关东大地震》，《档案春秋》2012 年第 7 期，第 25 页。
③ 林嫠：《日灾的观察》，《东方杂志》第 20 卷第 21 号，1923 年 11 月。
④ 《吾国民对于日本大劫之态度》，《申报》1923 年 9 月 5 日。
⑤ 《轮船招商局董事会通告各慈善团公鉴》，《新闻报》1923 年 9 月 5 日。

需米麦、药料、衣物甚多，各慈善团如有运往日本米麦、药料、衣物者，务请即日报至敝沪局接洽，俾可交此次新铭运往，概不收费"。[1] 此次通电后，各大慈善团体积极响应，纷纷捐助物资，最终由招商局派遣"新铭"轮搭载米 1 万担、面粉 2 万包赴日救济。[2] 此外，在地震中还有众多侨民滞留日本，渴望归家。招商局决心帮助游子归家，致函中国协济日灾义赈会请求协助，并派遣轮船护送滞留的 2500 名侨民归国。[3]

### （三）与中国红十字会协作救济

商办时期招商局还十分注重与中国其他慈善组织的协作，其中较有代表性的是与中国红十字会之间的协作救济，主要通过帮助中国红十字会运送人员与物资、提供洋房安置灾民等方式来开展慈善救济活动。

北京政府统治时期国内军阀战争不断。1913 年先后爆发"讨袁之役""癸丑之役""赣宁之役"，南京地区亦受战火波及，中国红十字会积极救援难民。为给无家可归的难民一个安身之所，时任中国红十字会副会长的沈敦和致函盛宣怀，请求其帮忙借用交通银行所租招商局洋房安置难民。函电指出："惟查宁（南京）垣难民甚多，咸思迁居乐土。爰经重遣，该轮于明晨开往济渡，无如现无佳所可以安置，不得不预为之备。阅四川路浦滩前交通银行所租洋房，原□尚存空间，拟暂行借用。该洋房系招商局管业，用敢奉恳钧座代为说项。"[4] 对此，招商局积极响应，将洋房租借给中国红十字会，用以安置难民。与此同时，招商局还主动向红十字会借出船只，助其运送难民。

在 1917 年京直水灾中，招商局也积极与中国红十字会合作，协助救济灾情。如 10 月 10 日，熊希龄致电上海红十字会叶揆初、项兰生，谈及："请代为转运在沪各处赈灾物资，另告知轮船运输免费，及海关免税事，现正商交通部、招商局、税务处等处，俟决定后，另奉布。"[5] 22 日，熊希龄再次致电上海招商局杨杏城，请其免运费运输福州助赈棉衣，并转交

---

① 《轮船招商局董事会通告各慈善团公鉴》，《新闻报》1923 年 9 月 5 日。
② 《关于日本地震大灾之昨讯》，《申报》1923 年 9 月 6 日。
③ 叔吉：《日本大震灾实记》，中国红十字会西安分会 1923 年版，第 17 页。
④ 《沈敦和致盛宣怀函》，《盛宣怀未刊档案》，上海图书馆藏，编号：00025152。
⑤ 周秋光编《熊希龄集》第 6 卷，第 116 页。

中国红十字会沈敦和代收。① 对此，招商局都予以积极协助。

　　商办时期招商局的慈善公益事业主要包括支持辛亥革命、开办近代教育、国内外慈善救济三个方面。其中支持辛亥革命是招商局站在人民一方的选择，在军运的过程中，招商局毫不吝惜轮船损耗与成本，积极协助临时政府北上，对推翻清政府做出了重要贡献。开办教育方面，招商局在继承晚清时期经验的基础上不断创新，资助创办吴淞商船学校、招商局公学、航海专科学校等航海类高校，逐渐改变近代航运史上技术人员缺乏、过度依赖洋员的局面，为北京政府乃至近代中国培养了一批新式航海人才。慈善救济方面，招商局突破了传统慈善救济的畛域观念，将救灾的范围扩展到域外，救济了大批灾黎，也助推着中国传统慈善事业的近代化转型。这时期招商局还努力面向社会劝募，积极鼓动更多的力量关注慈善救济，这对于扩大慈善事业的覆盖范围具有积极的意义。此外，商办时期招商局以盛宣怀为纽带，与中国红十字会这一近代著名慈善组织通力协作，为中国红十字会的慈善活动提供了诸多便利。

## 第三节　主要特点

### 一　曲折与发展并存

　　纵观整个北京政府统治时期，招商局慈善公益事业的发展轨迹与招商局自身的航运发展轨迹一致，大体呈现"单驼峰"形的态势，慈善公益事业在一战时期发展最好，战前和战后都有所降低，呈现出曲折与发展并存的特征。

　　1912 年 3 月，招商局正式确立了商办体制。商办时期的招商局一定程度上摆脱了"官督"对招商局的控制，开始以商办为原则进行局部改革。这一时期的招商局不再需要向官方"报效"，同时其商人与董事会还拥有各种权力，比如自主用人、独立处置产权的权力。② 改革之后，招商局的

---

① 周秋光编《熊希龄集》第 6 卷，第 150—151 页。
② 虞和平、吴鹏程：《清末民初轮船招商局改归商办与官商博弈》，《历史研究》2018 年第 3 期，第 53 页。

经营业务不断扩展，航运收入在一战时期一度达到顶峰，这为其从事慈善公益活动提供了坚实的经济基础。

在商办体制的基础上，招商局的教育事业不断向前发展，具体表现为资助创办了吴淞商船学校，自主创办了招商局公学与航海专科学校，为中国近代培养了一批新式航海人才。在慈善活动方面，1914 年一战爆发，外国轮船纷纷撤回国内，招商局迎来了短暂的繁荣时期。由于竞争压力减轻，招商局参与运输赈粮和赈款的船只不断增多，慈善公益事业发展较快。与此同时，招商局慈善救济的范围也进一步扩大，不仅继续对国内各种灾害开展救济，更是走出国门参与救济日本关东大地震。可以说，商办时期招商局的慈善公益事业初步具备了国际视野，较官督商办时期有了进一步的发展。在善款来源方面，官督商办时期招商局的赈款主要来自局内领导人的捐助以及员工的募捐，而商办时期招商局的筹款更多是面向社会进行募捐，赈款来源更加多元，社会各界也逐渐将招商局作为媒介对贫困人民进行救济。此外，这一时期，招商局开始与以红十字会为代表的新式慈善团体合作，帮助其运送人员与物资。招商局在慈善救济的同时扩大企业的社会影响，推动慈善公益事业进一步向前发展。

但这一时期招商局的慈善公益之路也并非一路坦途。招商局虽然于 1912 年确立了商办体制，但也未能从根本上完全摆脱官方的控制。1913 年 6 月，招商局的控制权由袁世凯的亲信取得，其后北洋势力一直企图控制招商局，政府与招商局的官商之争从未真正停止。另外，商办时期招商局内部亦矛盾重重，"袁盛之争""盛氏集团内部之争""盛氏与李氏之争""盛氏与傅家之争"等接连不断。内部的矛盾与斗争势必会分散招商局的实力与精力，进而影响招商局慈善公益事业的开展。

从外部环境来看，由于战争频繁、时局动荡，商办后期招商局的营业状况整体欠佳，这在一定程度上限制了招商局的慈善公益活动资金与规模的发展。如招商局委员会报告书中记载，1915 年"招商局自辛亥癸丑三年中两经兵衅，营业亏折，栈产损失至骤增巨数之债项"，"生意虽见起色，盈余仍未能多，职是故耳"。① 1926 年 12 月 7 日招商局的通告节录中称：

---

① 陈玉庆整理《国民政府清查整理招商局委员会报告书》，第 493 页。

"昨经股东公议，目前只得暂行停驶……自欧战告终，航业竞争，遂达极点，本局（招商局）自辛酉年（1921）至今，因国内战事关系，营业亏折，每年辄在百万左右，股息四届未获，历年债务及今次损失，遂逾千万。"① 此外，这一时期频繁发生的海损事件对招商局的运营和企业形象造成损害，也势必会对招商局参与慈善公益造成影响。根据史料记载，1916—1926 年，招商局发生严重海损事故竟达 10 次之多，沉没船只 6 艘。除两次是北京政府军舰撞沉、一次因载运军火爆炸外，余下 7 次均与招商局自身人员渎职和技术不精、管理混乱有关。如 1917 年"普济""新丰"二轮互撞披露的原因，"新丰船大副适值落班，二副接替管驾，而专司瞭望之华人挂得买司，因望见普济船来，未经报告，该二副又系新手，不及避让，致将船头触普济腰部，肇成此祸"。② 又如 1922 年江通轮失事起火时，"惟闻香味扑鼻，大约所载之油不知为何物引燃，以至不可收拾"。③

在教育方面，由于海关等航政大权操纵在外国人手中，中国船东为躲避洋人的刁难与敲诈，为求自保不得不雇用洋船长。这就导致商办时期招商局高级船员的雇用权为洋人所把控，商船学校毕业生就业极度困难，加之学校经费匮乏，1915 年吴淞商船学校被国民政府下令停办。④

二 注重航海职业教育

商办时期招商局在推动教育事业前进方面尤其注重航海职业教育，主动开办学堂，承担起培育新式人才的重任，在航海教育领域做出了开创性贡献，主要体现在资金的资助与航海人才的培养两个方面。

资金资助方面，招商局为吴淞商船学校、招商局公学、航海专科学校的开办提供了必要的资金保障。1912 年被誉为"中国高等航海教育之滥觞"的吴淞商船学校建立。该学校的开办经费为 10 万两，其中 4 万两为招商局加拨；常年经费 4 万两中，招商局亦承担了相当的比重。1918 年，招商局上书董事会，请将公积红股全部股息改办同人公益之学堂，成立招商

① 聂宝璋、朱荫贵编《中国近代航运史资料》第 2 辑上册，第 659—660 页。
② 《普济轮船撞沉之惨剧再志》，《时事新报》（上海）1918 年 1 月 7 日。
③ 《江通轮失事续闻》，《大公报》（天津）1922 年 5 月 13 日。
④ 《招商局》编辑部《招商局史研究专刊》（二），第 26 页。

局公学，标志着招商局的教育事业又前进了一大步。1923 年 9 月，招商局首次创办航海专科学校，着力培养船长人才，推动航海教育事业不断发展。

人才培养方面，招商局创办的新式学校取得了良好的效果，为我国培养了一大批新式航海专业人才。由招商局出资创办的晚清邮传部高等商船学堂与民国初年的吴淞商船学堂共招收六届学生，培育出大量航海专业优秀人才，如为招商局的发展做出重要贡献的黄友士、金月石、冯骏、章臣桐、杨志雄等。由招商局自主创办的航海专科学校与招商局公学航海专修科共招收四届学生，后来成为长江流域各家轮船公司的知名船长和领江的有薛之道、游俊渊、周伯昌等。招商局航海专科学校出身的夏爵一后来也成为海员总工会负责人和上海中国航海驾驶员联合会秘书长，是中国近代著名的海员运动领袖。①

三所学校作为中国近代企业办学的成功案例，也体现了招商局的公益精神。所培养的大批人才不仅满足了企业发展的需要，更有大批人才流向社会，为国家发展与安全做出了贡献。

### 三 救济领域延至域外

这一时期，招商局救济视角初步具备了国际视野，开始走出国门，积极践行国际人道主义精神。

伴随西方资本主义的传播，国际往来逐渐增多，近代中国慈善救济事业与欧美国家发生联系。晚清时期，这种国际往来主要表现为"走进来"，即西方势力进入中国内地开展灾荒救济、慈善与医疗救助等活动。到民国时期，随着中国社会进一步融入世界体系，慈善公益领域的国际交往开始表现为"走出去"，即一批具有人道主义精神的企业与慈善组织开始走出国门，给遭受重大天灾人祸的国家和地区予以慈善救助，并积极主动地与国际慈善团体开展友好往来。招商局即是将救济领域延伸至域外的第一批企业。

如前所述，1923 年日本关东地区发生大地震，灾情极为惨重，中国社

---

① 黄梓樱：《论清末轮船招商局的近代航海教育》，《长江丛刊》2020 年第 2 期，第 85 页。

会各界对此深表同情与慰问，纷纷募款赈济。招商局在这一过程中踊跃响应政府"慈善无国界"的号召，与各机关团体联络，积极参与救灾。如上海总商会决定"先议决筹垫款项购备食粮，即日附搭招商局轮前往散放，并于本埠各业及慈善团体合组救灾大会，以谋救济"。① 又如中国协济日灾义赈会通过招商局等航运公司，购米济运达万石以上，及时缓解了灾区的民食问题，还捐输了大量其他赈灾物资，为日本人民与中国侨民提供了巨大的帮助。此外，商办时期招商局还与近代著名国际慈善团体——红十字会关系密切。招商局与红十字会等国际慈善团体开展紧密合作，对遭遇灾难的国家与地区竭尽所能地给予援助，在一定程度上凸显了招商局的人道主义精神与社会责任感。

在商办时期，招商局虽然遭遇了一定的曲折与困境，如时局的动荡、内部管理的腐败、经费的不足等，但招商局仍以积极心态勇担时代大义，在救民救灾的过程中展现了高度的社会责任感，有效弥补了政府救济力量的不足。并且与官督商办时期不同的是，商办时期的招商局在没有政府强制力量的作用下，依然能够尽力兴办慈善公益事业，体现出其由政府指令到企业自主的行为，是招商局慈善精神内化的表现。

① 王卫平等：《中国慈善史纲》，第 155 页。

# 第四章 官督整理与国营初期招商局慈善公益事业（1927—1936）

纵观招商局创办发展史，官、商两种角色始终贯穿其中，围绕招商局表现出来的官商矛盾和争权夺利始终存在。在对招商局的控制权上，南京国民政府亦不例外，而且"表现得更迫不及待"。[①]南京国民政府成立后把招商局作为重要的争夺目标，并最终将招商局收归国有。南京国民政府自1927年建立至1949年结束历时22年，在这期间招商局先后经历了官督整理与国营两个时期。在官督整理与国营初期，招商局依然开展了不少慈善公益活动，在赈济灾民、战争救护、航海人才培养方面展现了企业的责任与担当。

## 第一节 历史背景

### 一 官督整理与国营初期的变革

北伐战争基本推翻了北洋军阀的统治，1927年，国民政府定都南京，招商局的历史随之进入了一个转折时期。1927年2月，蒋介石为了扩充经济与军事实力，将招商局所有权作为争夺的重要目标。蒋介石提前委派杨杏佛办理招商局事宜，但遭到该局主管人员的"拒绝"。1927年4月南京国民政府成立后，组成了国民政府清查整理招商局委员会，从5月20日起

---

① 朱荫贵：《1927—1937年的中国轮船航运业》，《中国经济史研究》2000年第1期，第44页。

正式对招商局实行清查整理，并将清查结果整理成《国民政府清查整理招商局委员会报告书》（以下简称《报告书》），此《报告书》将招商局"数十年之积弊，揭发无遗"。[①] 国民政府根据《报告书》，公布监督招商局章程 7 条。1927 年 11 月，国民政府设立招商局监督办公处，该处直隶于交通部，由交通部部长王伯群任监督，参事赵铁桥为总办，自上而下对招商局局务进行干预，招商局进入官督整理时期。

招商局总办赵铁桥对招商局的管理体制进行了改革：一是改革管理体制，二是改革会计制度，三是设立各种专业委员会。[②] 这次改革为国民政府在招商局全面推行航业国有政策铺平了道路。1928 年 8 月 11 日，全国交通会议在南京召开，这次会议就招商局的体制展开讨论。8 月 18 日，会议决定，"招商局以收归国营为原则，而以官商合办为过渡"。[③] 1929 年 6 月 17 日，国民党二中全会决议，将招商局改隶国民政府，并派专员负责整理。赵铁桥在此期间代行专员职权，"期间曾将积余产业公司收归总管理处管辖，及将内河招商局全部产出租与浙江省建设厅"。[④] 1930 年 7 月 24 日，赵铁桥因整顿局务遭忌，被刺身故。此后政府先后派遣蔡培、陈希曾、李仲公、郭外峰等充任专员，均为时甚短。1932 年初，国民党中央政治会议议决，仍将招商局归还交通部管辖，性质定为"民有国营"。[⑤] 3 月 26 日，交通部正式训令，派次长陈孚木为该局监督，李国杰为总经理，接收总管理处，继续经营。[⑥]

自 1927 年至 1932 年的官督整理时期，赵铁桥在招商局内部进行的改革，扫除了一些积弊，航运经营获得一定的发展。总体来说，这一时期招商局的航运经营深受战乱时局以及招商局内部管理人员的变革影响，整体处于萎缩状态。招商局这种濒临破产的状态引起了国民政府的关注，国民

---

① 交通部年鉴编纂委员会编《交通年鉴》第四编《航政》，交通部总务司 1935 年版，第 25 页。

② 张后铨主编《招商局史（近代部分）》，第 380—382 页。

③ 张后铨主编《招商局史（近代部分）》，第 384 页。

④ 《国营招商局之成长与发展》，《国营招商局七十五周年纪念刊》，招商局档案馆藏，档号：B013-WS-201，第 7 页。

⑤ 李国杰：《起死回生之招商局》，铅印本，1932 年版，第 1 页。

⑥ 《国营招商局之成长与发展》，《国营招商局七十五周年纪念刊》，招商局档案馆藏，档号：B013-WS-201，第 7 页。

政府下令对其进行整顿，开启了招商局的国营阶段。

1932年10月，因招商局内部情形过于复杂，整理方案未能付诸实施，国民政府"为挽救我国唯一具有规模之航业组织起见"，出资将招商局收归政府经营。① 财政部部长宋子文、交通部部长朱家骅为招商局收归国营一事会衔呈报行政院。11月15日，国民政府颁布《招商局收归国营令》，标志着在组织形式和法律程序上完成了将招商局收归国营的全部过程，招商局正式改名为"国营招商局"。此次招商局经营体制的变革，不仅牵涉到"政""商"两界的相互博弈，更与国民党高层权力的嬗变有着密不可分的联系。另外，时局的影响也使此次制度转轨极为复杂。

招商局改归国营后，国民政府在体制、人事和财权诸方面进行了改革，彻底废除了董事会制度，撤销了监督处机构，建立了理事会、监事会及总经理制度。随后，著名实业家刘鸿生入局任总经理，对招商局进行了一系列改革。其改革的主要内容为：精简机构、选用人才；废除买办制，建立船长负责制；严格财会制度，加强经营管理。② 刘鸿生的改革扫除了招商局的积弊，取得了一定的成效，特别是废除了招商局沿袭数十年之久的买办制，建立了船长负责制，使得轮船运营更加规范，客运收入也有所增加。然而，由于刘鸿生的改革触动了一些人的利益，国民政府对其改革多方掣肘，在体制、人事及财政诸方面设置了许多障碍，限制和缩小他的管理权限。这些因素导致改革困难重重，最终并没有达到彻底整理招商局的目标。

## 二　灾荒和战争频发

在政治环境变化引发招商局内部出现变革的同时，中国各地自然灾害不断，水旱灾害频发，百姓苦不堪言。其中1931年夏长江、淮河流域暴雨成灾最为严重。1931年6月到8月，以江淮为中心，发生了全国性的大洪水。据统计，此次江淮水灾波及湖南、安徽、湖北、江苏、江西、浙江、广东、福建、四川、河南、河北、山东、辽宁、吉林、黑龙江、热河、山

---

① 《国营招商局之成长与发展》，《国营招商局七十五周年纪念刊》，招商局档案馆藏，档号：B013-WS-201，第7页。

② 张后铨主编《招商局史（近代部分）》，第408—411页。

西、陕西、绥远、青海、云南、贵州、广西等 23 省,[①] 死亡 370 余万人,
灾民达 1 亿人,财产损失无法计算。[②]

表 4-1　1931 年江淮两流域受灾 131 县的人口及耕地面积

| 省名 | 本调查所包括各省之被灾县数 | 被灾农家之总数（百家） | 耕地被淹面积占比（%） | 耕地被淹之亩数（百亩） | 农家总数（百家） | 耕地总面积（百亩） |
|---|---|---|---|---|---|---|
| 湖南 | 15 | 4242 | 51 | 89634 | 9088 | 174059 |
| 湖北 | 30 | 10227 | 55 | 139183 | 19919 | 253427 |
| 江西 | 14 | 2433 | 51 | 49427 | 4792 | 96348 |
| 安徽南部 | 24 | 6132 | 62 | 86797 | 9906 | 140227 |
| 江苏南部 | 11 | 2243 | 43 | 40255 | 5375 | 93675 |
| 河南 | 1 | 636 | 85 | 31875 | 748 | 37500 |
| 安徽北部 | 19 | 7670 | 60 | 237678 | 12965 | 394309 |
| 江苏北部 | 17 | 8741 | 53 | 196716 | 15790 | 368333 |
| 总计 | 131 | 42324 | 56 | 871565 | 78583 | 1557878 |

資料来源：国民政府救济委员会委托金陵大学农学院农业经济系调查编纂《中华民国二十年水灾区域之经济调查》,南京金陵大学农学院 1931 年印行,第 23 页。

1931 年大水灾受灾地区尚未恢复重建,1934 年东南地区又遭遇超常旱灾。受旱灾影响,各地生产生活用水、粮食价格、高温疾病、水运交通等问题接连浮现。在水运交通方面,由于天气酷热、河水蒸发,内河水量不足,吨位较大之客运船只几乎完全停驶。客运如此,货运也逃不开停运的命运,即使航行也仅能装载较以往半数甚至更少的货物。以招商局为代表的各轮船公司由于"天时亢旱,内地河水干涸,水上交通行将相继断绝,本埠各内河轮船公司之行驶江浙内地之轮只,业已大部停驶,损失可惊"。[③] 到 1935 年,长江、黄河流域多日暴雨,自 7 月 1 日至 8 日,发生

① 参见 1931 年 9 月 27 日《大公报》、1931 年 8 月 7 日《申报》的相关报道。
② 李文海等：《近代中国灾荒纪年续编（1919—1949）》,湖南教育出版社 1993 年版,第 291 页。
③ 《货运断绝轮船公司损失甚大》,《申报》1934 年 7 月 16 日。

了连续降雨，暴雨几乎遍及黄河流域和长江流域的全部。① 1931—1935 年短短四年间，特大水、旱灾发生了三次，各地灾情严重，政府虽进行了一定赈济但仍有不足，急需其他力量支援。

除天灾外，战争的爆发也使时局更加艰难。1931 年日本悍然发动九一八事变。面对日本的侵犯，国民政府采取"不抵抗"政策，短短数月东北三省全部沦陷，日本试图扶植爱新觉罗·溥仪建立伪满洲国，但遭到了以国际联盟为代表的国际社会的普遍反对。为转移国际视线，并图谋侵占中国东部沿海富庶区域，日本于 1932 年 1 月 28 日进攻上海，即"一·二八事变"。"沪日军凭借租界突攻我军，战事历三十四日，飞机重炮，暴行所至，生灵涂炭，庐舍为墟，约计损失已在十六万万以上。……日本军阀逞其暴力，两国并未撤使绝交，遂肆轰击，已开国际未有之例。重炮飞机，对于非战斗员之平民，非防御物之建筑，加以残害焚毁，更属违背国际战争法规。"② 据统计，在这次战争中，"全市工厂、商店、住房等损失 16 亿元，工人失业 25 万，学生失学 4 万，市民死 6080 人，伤 2000 余人，居民逃难、流离失所不计其数。据 1932 年上海市公安局二月份调查，全上海人口比战前减少 81 万人"。③ 截至 5 月 5 日《淞沪停战协议》签订，中国军队伤亡 11770 人，战区民众伤亡 15793 人。④ 残酷的战争和无情的天灾，使百姓遭受巨大摧残，也给招商局的正常运营造成极大影响。

## 三　招商局内部改革与发展

官督整理与国营初期招商局体制变动靡定，管理机构频繁更迭，国民政府无暇顾及轮运业务的开展，除个别年份外，招商局轮运业务大多处于衰落凋敝状态。⑤ 官督整理初期，国民政府利用招商局进行军运，加重了招商局的负担。1927 年 4 月中旬，蒋介石征调招商局"江大""爱仁"两轮作为军用，东路军总指挥白崇禧也命招商局调派"新康"轮从南京直放

---

① 蔡云舒：《1935 年苏北水灾救济研究》，吉林大学硕士学位论文，2017 年，第 9 页。
② 《上海市商会第三届委员会决议案》，辽宁省档案馆编《"九·一八"事变档案史料精编》，辽宁人民出版社 1991 年版，第 638 页。
③ 任建树主编《现代上海大事记》，上海辞书出版社 1996 年版，第 508 页。
④ 洪京陵编《中国现代史资料选辑》第 4 册，中国人民大学出版社 1989 年版，第 8 页。
⑤ 张后铨主编《招商局史（近代部分）》，第 390 页。

闽粤。紧接着，蒋介石又电令招商局江轮全部开往南京，该局被迫拨出"江新""江天""江大"三轮听调。[①] 这些船只在应军差时租费低廉，且各轮在军运后往往破损严重，必须进坞修理方能投入营运。如此频繁的军运致使招商局很难正常运转，营业更加不振。

赵铁桥主持局务期间，对航运管理体制进行了一些调整与改革，航运业务得到了一定的恢复和发展。主要表现为：招商局相继恢复和开辟了一些航线，长沙、湘潭、大连、青岛、海州等江海各埠轮运业务的发展尤为迅速。[②] 值得注意的是，招商局的通信联络手段在这一时期出现了引人注目的变化，江海各轮先后安装了无线电设备，极大改善了航行通信条件。然而好景不长，赵铁桥遇刺后，局中形势动荡，招商局的航运业务再次走向衰败。与官督整理初期情况相同，兵差运输成为招商局的义务，招商局的船只在这一时期也被大量征调而不能投入正常营运。如 1928 年招商局因大量船只用于兵差，货运少收入 325139 两，客运少收入 88132 两，合计少收入 413271 两。[③] 除此之外，军人无票乘船的现象也十分普遍，交通部虽多次派宪兵护航，但均无济于事。1929 年蒋桂战争、蒋冯战争相继爆发，招商军轮船的兵差运输更是有增无减，大批江海轮船频繁应差，每次均达数月之久。[④] 李国杰在视察长江招商局时与记者谈及招商局的现状，曾言："船缺人才少，月亏二十万。"[⑤] 徐学禹后来评价道："局债过巨，整理又乏进展，营业仍未有起色。"[⑥]

招商局收归国营后，在刘鸿生的改革下，经济状况有所好转，这为其开展慈善公益活动提供了一定的保障。招商局这一时期的运营好转主要表现为：成功添置四大海轮，运力得到加强；进一步扩大营运范围，开辟新航线，加强同其他航运公司的联合；实行水陆联运，初步建立了国内水陆联运网；收回扬子码头与内河招商局，清理部分局产。然而与改革相矛盾

---

① 张后铨主编《招商局史（近代部分）》，第 391 页。
② 张后铨主编《招商局史（近代部分）》，第 391 页。
③ 张后铨主编《招商局史（近代部分）》，第 396 页。
④ 《招商局之内幕谈》，《银行周报》第 14 卷第 33 期，1930 年。
⑤ 《招商局现状》，《西北文化日报》1932 年 11 月 6 日。
⑥ 《国营招商局之成长与发展》，《国营招商局七十五周年纪念刊》，招商局档案馆藏，档号：B013-WS-201，第 7 页。

的是，国营初期招商局轮运活动虽多，但营业状况并未根本好转。招商局积年旧债依旧无力清还，巨额本息仍然负担过重。在当时经济萎缩、百业萧条的社会条件下，招商局很难在经济上面貌一新。[①] 除此之外，招商局还必须为国民政府承担各种公差，这也增加了招商局的财政支出。

1936年招商局进行改组，交通部公布修正国营招商局组织章程，废除理监事制，派蔡增基为总经理，增设副经理二人，翌年1月，副经理谭伯英辞职，由沈仲毅继任。[②] 改组完成后，蔡增基对招商局进行了全面的整理，并发表整理报告。从1936年改组完成至1937年全面抗战爆发，招商局的航运活动有了一定拓展。

招商局在1927—1937年先后经历官督整理时期和国营时期，内部机构、管理等方面发生重大变革。这一时期自然灾害与战乱对招商局的营运活动和经济状况产生重大影响，招商局亏损十分严重，大都处于萧条状态。如太湖流域的内河招商局，"本市开往苏州、无锡、常熟、昆山、湖州、盛泽、硖石等处之小火轮，因河道较阔，本尚能勉强行驶。现据内河招商局消息，该局开往硖石之小火轮，因受天时酷热之影响，水流低浅，因此不能行驶，故于前日起，暂行停驶，一俟河流水涨，再行恢复原有班期。至湖州、盛泽、震泽等处，倘在最近数天内，仍无甘霖下降，则亦将继续停止云"。[③] 此外，几条主要航线也无法继续行驶。至1932年底，招商局内外债款合计达到1700余万两，创招商局积欠债款的新纪录。[④]

这一时期招商局也在逆境中艰难发展，从一组数据可见一斑：这一时期招商局拥有之船舶共达84艘，运力86381吨，运费收入年约800万元（法币），资本总额达7222.9万元，其运力与经济实力均居同行业首位。另外，招商局在中外航业营业中所占的比例也逐步上升，运力仅次于太古洋行之14.7万吨，而为怡和洋行的1.5倍，为日清汽船会社的2.2倍。[⑤]

---

① 张后铨主编《招商局史（近代部分）》，第426页。
② 《国营招商局之成长与发展》，《国营招商局七十五周年纪念刊》，招商局档案馆藏，档号：B013-WS-201，第8页。
③ 《轮船停驶》，《申报》1934年7月11日。
④ 张后铨主编《招商局史（近代部分）》，第358页。
⑤ 汤照连主编《招商局与中国近现代化》，第415页。

由此可见，国营初期的招商局虽存在一定的弊端，但仍在中国航运界占据中枢地位。后世评价其乃中国航运业之中坚力量，乃唯一能与外资船公司抗衡的民族航运业支柱。

## 第二节　主要内容

### 一　自然灾害救济

官督整理与国营初期的招商局继续积极参与慈善救济，为广大灾民运送赈粮赈款，积极转运物资，给处在水深火热中的灾民提供了莫大的帮助。

1928—1931 年，西北各省普遍经历了特大旱灾。陕西"亢旱特甚，秋禾失种，春麦未收，遭旱荒者四十余县。又因交通阻隔，粮价飞腾，少壮者奔走远方，以求食，老羸者则不免饥疲而死，幸而存活者，则食油渣、豆渣、苜蓿、棉籽、麸糠、杏叶、地衣、槐豆、草根、树皮、牛筋等物，尤有以雁粪作食者，计瘠弱者不可胜数。总计全省被灾区域共六十五县，灾民六百二十五万五千二百余人"。① 据《青海自然灾害》载，1928 年，"民和、碾伯等地连年干旱，春不能种，寸草不生；少数勉强种下者，至七月禾苗将及盈尺时又被雹打，雹杂冰块积半月始消，收成菲薄。人饥，草根、树皮食之殆尽"。② 一位外国传教士在给华洋义赈会的信中说："甘肃遍地皆旱，因历次歉收，饥馑死亡甚众，即以灾情较轻之兰州而论，每日饿死达三百人。"③ 1929 年，甘肃旱灾造成灾民 457 万，死亡 200 万。④ 因粮食短缺，个别灾区甚至出现"人相食"的惨状。甘肃岷州地区"居民绝食或者缺乏种子者已达百分之八十，故多以婴儿烹食充饥，甘肃陷入奇惨活地狱可谓适当之一语。刻收儿童二百名，俾免宰割烹食之苦。最惨之

---

① 李文海等：《近代中国灾荒纪年续编（1919—1949）》，第 195 页。
② 史国枢主编《青海自然灾害》，青海人民出版社 2002 年版，第 162 页。
③ 《上海华洋义赈会披露豫陕甘大旱之奇缘》，《申报》1929 年 4 月 28 日。
④ 袁林：《西北灾荒史》，甘肃人民出版社 1994 年版，第 581 页。

日必饿死数千人，各县儿童不敢出户，防被人劫烹食"。[①] 此等惨情令人触目惊心，全国各地慈善组织积极开展援助，招商局在此次赈灾中积极配合，对陕、甘、豫、绥等地进行了急赈。为妥善安置灾区孩童，招商局电知天津分局，凡是灾童登船皆免船票及客脚，将灾童运往洛阳、开封、上海等地收容所。[②] 上海成立上海筹募陕灾临时急赈会，筹募到普济药水 10 万瓶分装 200 箱，拟分别运往陕西灾区，招商局免费运送药水 100 箱至天津转运，防止灾区疫病肆虐。此外，招商局还免费运送 100 余箱上海筹募陕灾临时急赈会味精至陕西，以变价充赈。[③]

　　1931 年夏，长江、淮河流域普降暴雨，导致长江淮河流域 16 个省区遭遇水灾，灾民达 6000 万之巨。据有关报纸记载，"人民扶老携幼，栖息水中，尚有蹲身屋顶者"，"连日发现尸身，约二三百，多系用草绳连系数人。猪牛之尸，所在皆是"。[④] 面对此次特大水灾，国民政府成立救济水灾委员会以调配全国救灾力量。8 月 17 日，交通部致电上海招商局总管理处，"派往安徽分区放赈人员翟展成等，呈请发给交通部乘轮免费三个月期，房舱票三张，统舱票九张"。[⑤] 招商局积极配合救济，回复电文称："此次水灾急赈会派员免费乘船，随时来局具领。"[⑥] 对于负责赈灾的办事人员，招商局皆发放免费空白船票，方便其处理赈灾事宜。由于水灾对农业产生了巨大破坏，各地急需粮食等赈灾物资，招商局还充分发挥自身在运输上的优势，协助各地政府机构免费将民间慈善团体所筹集的物资运送至灾区。如江北一带受灾严重，招商局对运往当地的物资一律免运费，[⑦] 又协助江苏义赈会将其购买的赈粮麦粉 5000 余袋免费送往镇江，[⑧] 将温州

---

① 《上海华洋义赈会披露豫陕甘大旱之奇缘》，《申报》1929 年 4 月 28 日。
② 《红会收养灾童》，《时事新报》(上海) 1929 年 10 月 14 日。
③ 许世英：《公函：函本会驻沪办事处为准招商局函以上海陕灾急振会味精一百箱运陕变价充振水脚自可照免惟希该会直接来局接洽以资简捷函达转知文》(1931 年 4 月 18 日)，《振务月刊》(南京) 第 2 卷第 4 期，1931 年，第 32 页。
④ 《武汉水灾续志》，《申报》1931 年 8 月 7 日。
⑤ 《交通部电招商局总管理处 (第 3627 号)》，《交通公报》第 279 号，1931 年，公牍。
⑥ 《交通部公函 (第 1244 号)》，《交通公报》第 281 号，1931 年，公牍。
⑦ 《交通部电 (第 3740 号)》，《交通公报》第 281 号，1931 年，公牍。
⑧ 《交通部电招商局总管理处 (第 3629 号)》，《交通公报》第 279 号，1931 年，公牍。

旅沪同乡会筹集的 1000 包赈米免费运送温州，① 将宁绍急救会筹集的米粮食品运送武汉。②

1931 年大水灾尚未平息，1934 年、1935 年又接连发生特大旱灾、水灾。1934 年夏，东南地区出现连续异常高温少雨天气，据统计，此次大旱造成受灾 66 县，灾民 770 万余人。③ 1935 年水灾接踵而至，据《申报》记载："沿江滨河尽成泽国，公路桥梁，冲塌无余，早稻收成无望，生路断绝。"④ 在此情况下，政府和民间纷纷成立救济会与赈务会以应对巨灾，招商局则尽最大努力救济灾民，先后运输赈衣、粗布、各类西药、食米等物资至灾区，并为赈灾人员提供半价票优惠。尽管此时的招商局经济状况持续恶化，但其依然尽力协助政府与民间团体赈济灾区。如世界红十字会请求招商局协助运输赈米与衣物时，招商局按照运输军需物品标准给予半价运费标准运输，以应燃眉之急。⑤ 此外，1933 年黄河决口，河北各地发生洪灾，有难民 40 余人为避灾荒逃至上海，洪灾退去后，灾民渴望回家却无资费，招商局义不容辞地为这些灾民提供免费船票，派"新粤"轮将受灾难民统一运往天津后再分别载其返乡。⑥

## 二　开展战争救护

民国初期中国时有战事发生。战争发生之时，招商局积极参与战争救护、救济灾民出险、支援国家抗战，为抵御外来侵略与保护难民做出了重要贡献。

1932 年 1 月 28 日上海发生"一·二八事变"。招商局在这场战乱中遭受重创，直接和间接损失达到 140 余万元。⑦ 在如此艰难的情况下，招商局勇担企业责任，与上海当地会馆合作，运送难民返乡。1932 年初京沪路

---

① 温州旅沪筹赈会：《温属旅沪筹赈会办赈报告》，1931 年，第 30 页。
② 《各界赈灾昨讯》，《申报》1931 年 8 月 24 日。
③ 李文海等：《近代中国灾荒纪年续编（1919—1949）》，第 415 页。
④ 《赣省水灾严重》，《申报》1935 年 7 月 4 日。
⑤ 世界中国红十字会编《赣赈专册》第 2 集，世界中国红十字会 1935 年，第 37 页。
⑥ 《善团遣送河北难民回籍　发给免费船票　今晨运津遣散》，《时事新报》（上海）1934 年 4 月 11 日。
⑦ 张后铨主编《招商局史（近代部分）》，第 469 页。

线停断，苏州河中日双方戒备极严，上海的中小轮船公司都已停航，外籍难民无法归家。面对此种状况，上海泰昌、协兴、聚兴、招商局、老公茂等轮船公司发挥了重要作用，每日派轮数艘专运难民，不作营业，运送途中则有红卍字会专员陪同沿途照料，以保证饮食及安全。① 据记载，在战争中，丹阳旅沪同乡会虽已开设20余处救济所，但由于难民人数过多，救助所难以维持，只得请招商局派遣船只将大批难民护送归乡。② 同年3月12日，上海市民地方维持会救济组与招商局达成协定，每船每班搭乘难民数百人送归原籍，且均免除船票。③

除运送难民返乡外，招商局还负责转运难民参与工赈、救济孤儿等。如1932年3月，第三区工赈局拟招皖北灾民1万名前往灾区分段工作，招商局主动负责承运，对工赈做出了重大的贡献。④ 据1932年5月16日《中央日报》报道，张老叟携孙来京，中途投水自尽。"招商局以二孩年岁其稚，恐遭迷失，暂为留养局中，一面函请社会局设法救济，免使二孩流落。"⑤ 1933年2月22日，招商局又发款救济外蒙古难民。⑥ 在天灾人祸下，招商局自身经营面临巨大压力，但仍积极参与战争救助，这是招商局慈善公益精神的集中展现。这一时期招商局慈善救助以与政府、民间力量合作救济的形式为多，如前文提及的丹阳旅沪同乡会、上海市民地方维持会等，救助活动更为细化，分工也更为明确，即使是如张老叟这样投水自尽的难民，后续招商局亦是联系社会处继续救助。

## 三 扩大航海教育事业

招商局自创立以后就将发展航海教育事业视为己任。在官督整理和国营初期，招商局始终贯彻这一使命，为中国近代航海教育事业及航运交通

---

① 世界红十字会中华东南主会上海办事处编《赈救工作报告书》，世界中国红十字会中华东南主会上海办事处1933年版，第30页。
② 韩影绮编《丹阳旅沪同乡会月刊：救济号》，丹阳旅沪同乡会1932年，第61—62页。
③ 上海战区难民临时救济会编《上海战区难民临时救济会工作报告书》，上海战区难民临时救济会1932年版，第49页。
④ 《为准函请转饬招商局免费运送灾民以利工赈等因除电知该局遵照办理外相应函复查照由》，《交通公报》第332期，1932年，第16—17页。
⑤ 《张老叟携孙来京中途投江 招商局救济遗孤》，《中央日报》1932年5月16日。
⑥ 《行政院会议》，《新闻报》1933年2月22日。

人才培养贡献力量。

官督整理时期，赵铁桥对招商局局务进行了若干重大改革，其中一个方面就是教育领域的改革。1928 年，赵铁桥改组招商局公学，在该校增开航海专科，以尽快培养航海人才，应对招商局发展的需要。航海专科于当年 10 月 3 日正式开学，7 月 16 日成立航务员养成所，培养了一批驾驶与轮机人才。其课目包括船舶管理、栈房管理法、货物装法、中国航业现状及其趋势、各国海运政策、订立各种合同的手续、海关制度大概、海商法大意、中英公文程式、海事法令、中国各港口航务情形等。几年后，招商局的技术职务大多由中国人担任，由外国人把持控制中国航海技术即"借材异域"的历史从此宣告结束。

在设立航海专科学校后，招商局每年定期向公学进行捐款。"查公学每年收总局经费银二万数千至三万余两不等，计民国七年四月学校开办起至民国十六年六月底止，共收招商总局银二十四万三千八百五十六两八钱一分。"① 1929 年秋季开学，招商局公学航海专修科第一届招收学生 50 人，第二、三届各招三四十人。1930 年开始招收轮机科学生，修业期限三年半，上课二年半，上船实习一年。1931 年 2 月，上课结束的第一届学生，派往招商局常驻上海黄浦江的"公平"轮实习，充当练习船员。第二届毕业生实习时，正值 1932 年"一·二八事变"，为避战火，招商局航海专修科肆业生均转入吴淞商船专科学校。待实习结束已是 1933 年，从此招商局航海专修科停办。该校从创办到结束，总共四年半时间。② 招商局公学成立后，不仅为招商局服务，更是为国家培养了大批航运人才，特别在战争期间，这批航运人才发挥了重要作用。

除招商局公学外，这一时期招商局资助最多的为吴淞商船专科学校。受时局影响，该校于 1909 年成立，1915 年被迫停办。1929 年南京国民政府复办该校，并将其定名为"交通部吴淞商船专科学校"。在吴淞商船专科学校复校筹备过程中，各界均认为驾驶和轮机两科在航海中同等重要，主张两科并立，以造就多样的航业技术人才。该校复校后，由于轮机学生

---

① 周秋光：《近代中国慈善论稿》，人民出版社 2010 年版，第 319 页。
② 中国航海学会编《中国航海史（近代航海史）》，第 522 页。

最为需要的实习工厂筹备不及，于是先招驾驶本科和预科各一班。据报载，"交通部筹设之吴淞商船学校，编制已定，计设驾驶轮机两科。本年先招驾驶本科及预科各一班，定十月内开学，并免收学费"。① 随着教学设备的完善，学校增设了轮机科，招收两个班，共有学生70名。这满足了轮船公司对轮机人才的需要，学校从此进入了两科并举的新时期，完善了驾驶、轮机两类高级技术人才的培养体系。轮机和驾驶也成为我国近代高等学校航海教育两大主体系科。②

复校的吴淞商船专科学校办学条件与以前相比有极大改善。1930年学校先后建设图书馆和实习工厂。"一·二八事变"后，中学校各项设施被摧毁，招商局提供1.7万元经费助其恢复校舍，之后十年每年拨款2.8万元，使学校不至于无钱运营。③ 有了招商局的资金支持，1934年学校校舍及设施得以重新修复和扩大。这一时期学校不仅拥有实习工厂、图书室，学校还对学生免收学费、住宿费、讲义费等，极大地减轻了学生的压力。④ 吴淞商船专科学校"十分重视人才的全面培养，以使之成为合格的航海技术人才。学校除认真抓好课堂教学外，还通过对学生的生活管理、品德教育以及军训、体育活动的开展，使学生养成良好的海员素质"。⑤ 在1934年夏季上海举行的全市渡海游泳比赛中，前三名均为该校学生。除体育外，学校还设立了军事科，着力提高学生的军事素养，培养海军预备人才。在商船学校严格的培养下，学生纪律严明，训练有素，广受社会赞誉。"一·二八事变"时，上海对学生进行军事训练并组织演习，商船专业学校学生获得荣誉旗帜。"八一三"战役中，一些学生参加了学生组成的苏浙皖行动会别动队第四支队，奉命固守南市，掩护部队撤退。是役，商船学校同学表现英勇顽强，受到社会各界赞扬。⑥

---

① 《吴淞商船学校编制已定》，《申报》1929年9月19日。

① 《吴淞商船学校编制已定》，《申报》1929年9月19日。
② 于潇、王凌超：《吴淞商船专科学校的系科演变与课程特点》，《宁波大学学报》（教育科学版）2019年第6期。
③ 《商船学校经费交部令招商局拨发》，《民报》1933年5月18日。
④ 吴淞商船专科学校同学会编《吴淞商船专科学校校史》，吴淞商船专科学校同学会1996年版，第28—29页。
⑤ 吴淞商船专科学校同学会编《吴淞商船专科学校校史》，第29页。
⑥ 吴淞商船专科学校同学会编《吴淞商船专科学校校史》，第30—31页。

招商局在吴淞商船专科学校复校、发展、迁徙过程中不遗余力地提供各方面帮助，为公益航海教育事业做出了重要贡献，同时也为抗战时期航运人才培养打下坚实基础。这一时期吴淞商船专科学校培养的学生多有卓越贡献，如转入航空学校的梁天成、梁天眷和傅啸宇等在对日作战中轰炸日舰数艘，击落日机多架，最终因身受重伤而为国捐躯。再如航运、科研等领域的知名人士唐桐、周延瑾、沈岳瑞、张汝梅等，也在各自领域做出了突出贡献。

## 第三节 主要特点

### 一 慈善公益内容与现实需求同步

官督整理与国营初期，赈粮与赈款仍然是招商局慈善公益活动的主要内容。这一时期，各类自然灾害有增无减，灾情十分严重。据统计，1928—1937 年，各地发生的较大灾害就有 39 次之多，其中旱灾 9 次，水灾 8 次，虫灾 6 次，风灾 4 次，疫灾 4 次，雹灾 3 次，地震 3 次，霜灾 2 次。[1] 再加上灾害发生强度大、波及范围广，导致灾民数量十分庞大。对此，招商局主要的慈善活动便是对灾区进行急赈。如 1931 年，长江、淮河流域发生大水灾。招商局积极配合救灾工作，协助政府机构将筹集的物资运至灾区。[2] 1934—1935 年，江西连发水旱灾害，招商局尽其最大努力救济灾民，先后运输赈衣、粗布、各类西药、食米等物资至灾区，并为赈灾人员提供半价票。

相较前一时期，招商局慈善公益活动的内容与形式也更加丰富且有所创新。在教育方面，招商局开始注重学校和学生的长期发展，其目标不局限于为学校提供办学经费和物资援助，以及资助学生完成学业，还为毕业生提供各种实操机会，解决工作问题。如 1934 年招商局为轮机科学生周延

---

[1] 邓云特：《中国救荒史》，三联书店 1958 年版，第 32—36 页。

[2] 《为据江都县水灾急赈委员会电称江北水灾待赈甚急请伤外江内河各轮船公司凡关赈品一律免费速运等语仰转知各输一体遵照由》，《交通公报》第 281 号，1931 年，第 15 页。

瑾、王承祚提供了前往英国造船实习的机会，[①] 且每年招商局都会优先雇用吴淞商船学校毕业生。招商局还积极创新教育方式，帮助学生全面发展，为社会培育新式人才做出了重要贡献。在近代公益方面，招商局投入军运和新式教育的建设，资助了一批新式学堂，注重把理论与实践紧密地结合起来，不但强调外场实习，更强调出海训练，特别重视学生的实际操作能力和胆智的培养。招商局出资创办的船政学堂在教学上课程设置先进，以自然科学技术为主要课目，自成体系，课程目标也十分明确、具体，即培养适合海军建设和航运发展所需的各种人才，因而具有很强的适用性和针对性，有利于及时满足海军建设和航运业发展对人才的需要。[②]

## 二  与官方、民间力量紧密合作

南京国民政府统治前期，招商局的慈善公益事业与官方、民间慈善组织合作的趋势越发明显。这一时期，全国自然灾害频发，给广大百姓造成严重的经济损失，灾民生活举步维艰，遭受死亡与疾病的威胁。为救济黎民，处于官督整理与国营初期的招商局积极配合政府，接受交通部的指派。如1931年为救济江北水灾，交通部致电招商局郭专员，"请饬外江内河各轮船公司，凡关赈品，一律免费速运，以救灾黎"。[③] 1933年交通部训令招商局免费为中央银行及豫、鄂、皖、赣四省农民银行运送现金。1935年交通部又训令招商局为中国银行运送现银与本钞，免征运费。[④]

为弥补自身救济能力的不足，国民政府继承了北京政府时期救灾"社会化"的救济路线，并将其体制化、规范化，专门针对社会团体出台了奖励办赈的措施。比如，1931年江淮流域发生特大洪水，国民政府颁布了《办赈团体及在事人员奖励条例》，鼓励慈善团体等社会团体积极救灾，[⑤]

---

① 《交通部指令（第9480号）》，《交通公报》第569号，1934年，指令。
② 史春林、于霞：《中国近代航海教育历史经验钩沉》，《航海教育研究》2003年第1期，第26页。
③ 《交通部电（第3740号）》，《交通公报》第281号，1931年，公牍。
④ 张后铨主编《招商局史（近代部分）》，第433页。
⑤ 赵涛：《南京国民政府时期政府与慈善团体关系研究（1927—1937）》，山东师范大学硕士学位论文，2019年，第21页。

并设立国民政府救济水灾委员会作为专门救灾机构。政府救灾机构与民间义赈组织在人员、经费、业务等各方面相互配合，充分发挥各自的优势，基本实现了国家与社会之间的良性互动。[①] 在这次水灾救济中，政府与义赈团体不论在人员组织上还是在办赈实践上都进行了有力合作。在人员合作方面，国民政府将富有办赈经验的民间义赈人士整合进政府救灾机构，令其主持赈灾，以保证救灾成效，民间义赈团体也积极吸纳官方人员以争取政府的支持，双方在人员上的积极交流与沟通为赈灾工作的顺利开展提供了条件。在业务办理上，双方更是相互配合，优势互补，充分调动各自掌握的资源为救灾服务。[②]

这一时期随着政府对民间慈善团体的扶持越发明显，民间慈善团体的力量逐步发展壮大，善款来源更为广泛，与招商局的联系也在逐渐加强。在慈善救济中，大批慈善家群体和民间慈善团体涌现，他们或直接联系招商局，或通过交通部致电招商局，在此过程中救济方式和先进手段也得到广泛应用。比如在灾情信息传递上，随着电报、电话的使用以及报纸、杂志等新闻媒体的出现，技术上的障碍已大大减少，为救灾工作提供了极大的便利。在1933年堵筑黄河决口时，黄河水灾救济委员会除利用沿河河务局设长途电话外，考虑到"黄河溜势朝夕变更，而水位涨落，与工程进行关系尤为密切，若不随时传达消息，必至事倍功半，贻误要工"，还向交通部借用6瓦特无线电机4架，于10月初在开封、兰封、淮阳、霍寨四处依法装置，并调该部熟练人员管理其事。[③] 此种方式快速及时地传递了与工程开展相关的消息，保证了工程进度的顺利进行。[④]

## 三　慈善公益与生产经营息息相关

招商局在此时期积极参与慈善公益活动，与该时期招商局领导人刘鸿生热心慈善有密切的关系。在刘鸿生担任招商局轮船公司董事兼总经理数

---

① 赵涛：《南京国民政府时期政府与慈善团体关系研究（1927—1937）》，第176页。
② 赵涛：《南京国民政府时期政府与慈善团体关系研究（1927—1937）》，第180页。
③ 黄河水灾救济委员会：《黄河水灾救济委员会报告书》，中华书局1935年版，第23—24页。
④ 武艳敏：《近代化的视窗：国民政府时期（1927—1937）救灾信息传递之考察》，《山东师范大学学报》（人文社会科学版）2010年第1期。

年里，他或以个人名义或以招商局名义，参与了诸多慈善救济工作。如在应对 1931 年江淮大水时，刘鸿生以个人名义捐赠 2500 元，并联络成立国民政府救济水灾委员会。[①] 刘鸿生作为委员会成员之一，与上海杜月笙、秦润卿、张公权、许世英等人联名发布急赈启事称：

> 本年入夏以来淫雨不已，扬子江、淮河、黄河、珠江、松花江各流域洪水暴涨，横溢无归，大浸稽天，百年未有。如安徽、湖北、江西、湖南、河南、江苏、浙江、广东、福建、四川等省尽成泽国，其他山东、河北、辽宁、吉林、黑龙江、热河等省亦同遭水患。原田弥漫，庐舍荡然，人畜浮沉，靡所底止。不惟农民一岁之生计完全绝望，即凡百工商各业亦无不间接受其影响。若不急起图救，则数千万无衣无食无住之灾黎必至老弱转乎沟壑，壮者逃之四方，其桀骜者甚有铤而走险之虞。瞻望前途，忧心如捣。是以同人等认为此次各省水灾，关系社会安宁非常重大，救济万难刻缓，特联合各团体、各善士组织上海筹募各省水灾急赈会，以拯呻吟垂毙之同胞，而尽披发缨冠之天职。伏望海内外父老、昆季、诸姑姊妹本己饥己溺之怀，宏大慈大悲之愿，迅解仁囊，救此急难，金钱面粉固所欢迎，药品衣被亦同拜领。早施一日，早救一天，多出一钱，多活一命。人之好善，谁不如我，眼前功德，定蒙乐输，善果福田，报施不爽。竭诚呼吁，统乞鉴垂。[②]

招商局的慈善公益事业及投资皆是顺应时代而行，但受社会环境、政治、经济变动情况的影响也非常明显。比如 1931 年抗战爆发后，受战事影响，招商局自身资产和经营大幅缩水，至 1934 年，招商局背负的债务已高达 3500 余万元。在经营方面，1933—1936 年共亏损高达 760 余万元。在官督商办以及被收归国营后，国民政府以极低廉的价格收回了招商局全部股份，进一步加强了对局务的直接控制。而招商局自由经营权受限，也导致其慈善公益活动受到影响。

---

① 《国民政府救济委员会招标承揽》，《申报》1931 年 10 月 27 日。
② 《上海筹募各省水灾急赈会启事（二）》，《申报》1931 年 8 月 14 日。

# 第五章　全面抗战时期与国营后期
# 招商局慈善公益事业
# （1937—1949）

1937 年 7 月 7 日卢沟桥事变爆发，中国进入全面抗战时期。残酷的战争使大批难民被迫逃离家园，时人称："受日人之侵略，战事起处，庐舍为墟，死亡载道，其不幸而逃出之大批人民，流亡为难民，人数何止千百万！"① 日本全面侵华给国人带来了深重的灾难，招商局积极协助难民救济、物资转运工作，为争取抗战胜利做出了巨大牺牲和贡献。

## 第一节　历史背景

### 一　招商局管理机构的整顿

全面抗战爆发后，招商局总经理蔡增基率领部分人员迁往香港设立办事机构，另由副经理沈仲毅领衔组织长江业务管理处，负责内河军公运输业务，各分支机构也先后进行了一定的调整。随着战事的发展和业务的增多，沿海分局多已沦陷，长江航线上的镇江、南京、芜湖、安庆、汉口等6 个分局也相继被撤销，招商局新设了重庆、万县两个分局，后又设宜宾、泸县分局，并在衡阳、渌口、安乡等地开设办事处，在益阳、茶陵两地设立代理处。

1939 年 10 月，蔡增基赴重庆检查工作。在他的建议下，招商局组建

---

① 柯象峰：《社会救济》，正中书局 1944 年版，第 201 页。

了"设计委员会",该会职责为:调整工作、改进业务、奖励生产、兼办副业、救济员工以及其他有关事项。10月6日,设计委员会正式成立,沈仲毅兼主任委员。但该会并未开展具体活动,形同虚设。1941年12月,香港沦陷,蔡增基逃往澳门避难,总局职权无法继续行使。1943年4月,交通部以"军运频繁、局务不宜中断"为由,令招商局在重庆恢复总局,派徐学禹任总经理,潘光迥、沈仲毅任副总经理,同时恢复理事会,以蔡增基为理事长,刘鸿生、杜月笙、盛升颐、何墨林、赵季林为常务理事,徐学禹、潘光迥、刘攻芸、王选之、韦以黻、寿星伟、赵棣华、魏文翰、骆清华为理事,撤销长江业务管理处。4月26日,招商局在重庆正式恢复办公。

徐学禹就任招商局总经理后,即着手整理管理机构,紧缩编制,修订章程,局务管理渐趋正常。精简机构是主要措施之一。撤入川江之后,招商局总局及分支机构仍有1369人,总局改组重建后裁撤532人,同时新招员工275人,实有员工1112人,比原有员工减少257人。1943年6月,招商局组织章程又经部令修正公布,同时公布了招商局理事会组织规程。组织规程规定该局理事会由理事11至15人组成,并指定5至7人为常务理事,以其中1人为理事长。在理事会之下设总经理1人、副总经理2人,总、副经理直接领导5处3室。1945年1月,为紧缩编制,经局务会议决定,招商局撤销财务处,将该处出纳科移交总务处,另成立财产清理委员会负责产业清理事务,由副总经理沈仲毅任主任委员,总务、会计、船务、业务各处处长曹省之、杨经纶、黄慕宗、胡时渊等任委员。①

抗战胜利后,招商局奉命复员迁沪,并拟订了具体的行动方案,决定尽快抽调部分工作人员先期抵达上海,办理复航及迁移等有关事宜,同时成立重庆分局,除办理重庆的航运业务外,还负责代办总局迁沪后的未了事项。为保证复员需要,招商局决定先恢复宜昌、汉口、南京等沿江各分局,随后在沿海各埠尽快恢复各分局与办事处。1945年9月,招商局总经理徐学禹、副总经理沈仲毅先率一部分人员赴上海,重庆总局事务暂由副总经理胡时渊代理。徐学禹等在沪成立航业接收委员会,暂借上海市航业

① 张后铨主编《招商局史(近代部分)》,第497—498页。

公会旧址办公，旋接收上海广东路二十号东亚海运株式会社房屋，即在该处成立国营招商局上海临时办公处。

1945 年 10 月，招商局接管了日商上海内河轮船公司的船舶和其他航运产业，委派胡时渊、史济盛会同南京分局经理施复昌筹组内河轮船管理处，以便使用这批船舶和其他航运产业来统筹管理内河航运，并经营江浙两省内河航运业务。次年 1 月，交通部部长俞飞鹏命招商局将这批船只交给私营航业公司经营。同年 11 月，交通部命招商局改组理事会，原聘各理事一律改聘，另聘刘鸿生、卢作孚、高廷梓、韦以黻、余仕荣、林旭如、徐学禹为理事，指定刘鸿生为理事长，并命该局将部颁关防印章及各种文卷、会议记录、册据等移交新理事会。同月又颁发《国营招商局组织规程草案》与《国营招商局各地分局办事处组织规程草案》。12 月 2 日，理事会召开第一次会议，交通部次长等人参加会议。刘鸿生、徐学禹等就移交事项，招商局改组经过以及接收船舶等事项做了报告，会议就人事安排、机构组建、分局调整、章程修订以及员工待遇等问题通过了相应决议。

1946 年 1 月，招商局增设顾问室。同年 4 月，该局对组织及人事系统分别进行调整。为了使名称符合商业化原则，决定各级机构与职务分别改换名称：会计处改称总会计办公室，其余各处改称为部，处长改称部经理，副处长改称副经理，课长改称主任，专员、课员、办事员统称业务员，总务处被撤销，各分局（或办事处）负责人改称经理、协理（或主任、副主任）。7 月，因整理敌伪产业、清偿债务及收回抵押品的业务日繁，原总务处产业课改为产业部。10 月，因机构变迁业务增繁，原局组织规程及理事会组织规程均已不适用，复经修正公布。总局仍设理事会，理事改为 5 至 9 人，以其中 1 人为理事长。理事会之下，设总经理 1 人，副总经理 3 人。

随着管理机构逐渐扩充，招商局员工人数也不断增加。1946 年 1 月，全局员工总数为 4709 人，12 月份便增加到 12177 人，其中职员 3338 人，工人 8839 人，分别占总人数的 27.4% 和 72.6%。为了避免机构过于臃肿，次年春，招商局决定裁员减薪，将总局管理人员由 347 人减至 294 人，各分局人员也相应减少。但此次裁员并未达到预期，到 1947 年 6 月，总局各类人员反达到 711 人，其中职员 381 人，工人 276 人，电信人员 54 人。全局员工总数在 1947 年 2 月虽下降到 11648 人，但 3 月份又开始逐渐回升，至 5 月份达到 12210 人，7 月份更是发展到 12480 人。①

## 二 自然灾害与内外战事频仍

日本侵华时期，中国各地灾害频仍，民众在战争与灾害的双重压力下艰难求生。七七事变后，日军迅速攻陷开封，直迫郑州，意图进攻武汉，逼迫国民政府投降。当此危急时刻，国民政府决定扒开郑州黄河大堤，企图"以水代兵"，延缓日军进攻武汉的进程。1938 年 6 月，花园口决堤。黄河决口后豫东平原首先被淹没，黄水自溃口穿出后以万马奔腾之势直泻而下，6 月 13 日横贯中牟，14 日至尉氏，20 日至淮阳、周口。② 黄河决口后，民众遭受深重苦难。中牟县 2/3 被淹没，扶沟灾情严重，受灾面积占全县 4/5，全县 36 万人口中，24 万人受灾。据河南省政府 9 月份统计，全省共 15 县遭灾，损失法币 6300 万元，待赈灾民高达 122 万人。③

黄河出豫后径奔安徽，顺势而下，注入淮河，淮河两岸一片泽国。受灾县份计 18 个，被淹面积 345 万亩，财产损失 25564 万元（法币），灾民达 300 万人。其中阜阳县受灾最重，据阜阳县政府统计，"全县 120 个乡镇，有 80 个乡镇埋于黄涛之中，最深者六米以上。淹没了 2676092 亩土地，漂走了 166827 间房屋，淹死了 3053 人"。④ 1942—1943 年的中原大旱灾在近代灾荒史上影响深远。这场旷日持久的特大干旱，夹杂蝗、风、雹、水等各种灾害，在 1942—1943 年横扫中原大地。⑤ 1943 年秋，整个河南无县不灾、无灾不重。据河南省政府调查，受灾特重县份 18 个，最重县份 13 个，重灾县份 15 个，次重县份 17 个。⑥

1943 年兵灾、战祸和百年不遇的特大干旱，在富饶美丽的广东绘制了

① 张后铨主编《招商局史（近代部分）》，第 508 页。
② 夏明方、唐沛竹主编《20 世纪中国灾变图史》上册，第 298 页。
③ 夏明方、唐沛竹主编《20 世纪中国灾变图史》上册，第 299 页。
④ 夏明方、唐沛竹主编《20 世纪中国灾变图史》上册，第 299 页。
⑤ 李文海等：《中国近代十大灾荒》，上海人民出版社 1994 年版，第 269 页。
⑥ 李文海等：《中国近代十大灾荒》，第 271—272 页。

一幅触目惊心的"死亡图"，大约有 300 万人在饥饿中死去。① 3 月，天灾人祸夹击之下的广东，开始出现大面积的饥荒。人们先是吃薯叶、青菜，进而吃粗糠、野菜，等到草根、树皮都被抢食一空后，经不住饥饿和疾病折磨的灾民，开始大量死去。② 1947 年入春后，两广各地阴雨不断。5 月到 9 月，东江的河源和韩江的梅县，降雨量高出平常同一时期的 2.5 倍，北江的曲江则高出 3.5 倍，珠江的广州高出 4.5 倍，广东的东、西、北、韩各江水位纷纷暴涨，③ 全省 103 县，受灾 80 余县，受灾乡镇 572 个，被淹耕地 1176 万余亩，被毁房屋 99303 间，死亡 26158 人，受灾人数高达 415 万。④

1937—1949 年，中国战事频繁。首先是日本发动全面侵华，中国大地饱受战火摧残。全面抗战爆发后，国共两党实现了第二次合作，国民党在战略防御阶段领导正面战场组织了淞沪、忻口、徐州、武汉会战等大战役。1937 年 8 月，中国共产党在陕北洛川召开政治局扩大会议，制定了抗日救国十大纲领，强调要打倒日本帝国主义，关键在于使已经发动的抗战成为全面的全民族抗战。中国共产党从整个民族大义考量，实行正确的抗日民族统一战线政策，坚持全面抗战路线，成为全民族抗战的中流砥柱。八年全面抗战也使中国付出了巨大牺牲。抗日战争结束后，和平曙光初现之际，由于国民党集团的反动政策，国共两党围绕着战后中国命运，展开了新一轮的大决战。

## 三　招商局经营状况大起大落

全面抗战爆发后，受战事影响，招商局船舶总吨位大幅度下降，航线日益缩短，营业急剧萎缩。在如此艰苦的条件下，招商局的营运活动始终没有停顿，仍努力开辟新航线，添置或租赁船只，展开多种形式的联运。1938 年春，国民政府由南京撤往汉口后，招商局竭力设法开辟汉口、长沙、常德、

---

① 夏明方、唐沛竹主编《20 世纪中国灾变图史》上册，第 341 页。
② 夏明方、唐沛竹主编《20 世纪中国灾变图史》上册，第 344 页。
③ 夏明方、唐沛竹主编《20 世纪中国灾变图史》上册，第 349 页。
④ 夏明方、唐沛竹主编《20 世纪中国灾变图史》上册，第 352 页。

常德津市、常德桃源及九江、南昌各线，以利疏散，而维后方运输。① 但值得注意的是，招商局营业活动的萎缩，不仅与日本帝国主义侵略中国造成的恶果有关，还与国民政府的掣肘密切相关。国民政府因政务活动与军事活动需要频繁征用局轮，严重影响了招商局正常轮运活动的开展。② 1943年1月中美中英重订新约，中国收回丧失近百年之航权。

抗战胜利后，根据国民政府部署，招商局为承担繁重的复员运输任务，拟订了详尽的行动方案，调整了分支机构，在复员过程中做出了巨大贡献。在此过程中，招商局负担军公复员运输任务，"所有航行船队，几于十之八九调充军运。此外则敌俘日侨之遣送，川粮赣粮之接运，秦皇岛基隆越南之煤，台湾之糖米，青岛连云港之盐，及救济接收物资等，亦均大部交由本局承运。至于公教人员之复员，流亡义民之迁乡，本局亦尽量利用指定任务以外之船队，完成一部分之使命"。③

随着中国社会形势的急剧变动，招商局的地位与作用也发生了重大变化。在国民政府的支持下，招商局接收了大量敌伪船舶，并在国外购买了大批船舶，官僚资本迅速膨胀。此外，招商局还接收日本东亚会社船舶98艘，船岸资产约法币5.4亿元。④ 这是一项具有重大意义的举动，标志着全面抗战爆发后日本对中国江海航线垄断地位的终结和招商局在全国航运界中枢地位的确立。在此背景下，招商局航运业务出现繁荣景象，达到招商局在新中国成立前航运业务发展的最高峰。据记载："本局自复员以来，营业至为发达，就民国三十五年度营业决算，除支付巨额必需之修建费外，纯益达三百三十一亿元。"⑤ 至1948年6月，招商局的资产总额达60740.1万元（金圆券），折合美金约1.5亿元，员工15665人，半年营业额6294.3亿元（法币）。⑥ 其船舶总吨位相当于全面抗战爆发前夕（1937

---

① 《国营招商局之成长与发展》，《国营招商局七十五周年纪念刊》，招商局档案馆藏，档号：B013-WS-201。
② 张后铨主编《招商局史（近代部分）》，第495页。
③ 《国营招商局之成长与发展》，《国营招商局七十五周年纪念刊》，招商局档案馆藏，档号：B013-WS-201，第12页。
④ 胡政主编《招商局珍档》，第528页。
⑤ 《国营招商局之成长与发展》，《国营招商局七十五周年纪念刊》，招商局档案馆藏，档号：B013-WS-201，第13页。
⑥ 汤照连主编《招商局与中国近现代化》，第417页。

年上半年）的 4.74 倍，相当于抗战胜利前夕（1945 年上半年）的 17.2
倍。其江海大轮总吨位相当于全面抗战爆发前夕的 5.76 倍，相当于抗战胜
利前夕的 13.8 倍。此时招商局的船旗，高高飘扬在印度洋、太平洋、大西
洋海域。连年营业收入和利润也成倍上升。资产总值更是增长至 1.5 亿
美元。①

　　抗战胜利后，国民政府推行内战独裁政策。1948 年国民政府财政经济
面临绝境，国统区内通货恶性膨胀，物价飞涨达到空前严重的程度，法币
业已崩溃。为了摆脱困境，1948 年 3 月 12 日国民政府行政院做出了出售
国营企业资产的决定。② 后因各界强烈反对，且军运任务繁重，故决定暂
缓出售招商局，将招商局改组为股份有限公司。1948 年 10 月 1 日招商局
轮船股份有限公司在上海正式成立，1949 年 2 月 10 日香港招商局以招商
局轮船股份有限公司名称向港英当局注册，成为相对独立的经济法人。③

　　1949 年 5 月 27 日中国人民解放军解放上海。5 月 28 日中国人民解放
军上海市军事管制委员会主任陈毅、副主任粟裕发布命令，正式接管招商
局，由军管会对其实行军事监督，标志着国民党政权在招商局的统治宣告
终结，招商局转归人民所有，成为新民主主义时期国有经济的一部分，招
商局所有制性质发生根本性变化。④

　　从 1937 年到 1949 年这 12 年间，中国社会变动剧烈，先后经历了抗
日战争与解放战争，招商局的命运也随国家命运的变动而起伏。抗日战
争时期与国民政府经营后期的招商局沉船御敌，载运物资，承担军运，
帮助西迁，为国家赢得反法西斯战争的胜利做出了巨大的牺牲和贡献。
抗战胜利后，招商局内官僚资本膨胀。在官僚资本的压迫下，招商局内
海员罢工频繁。1948 年 10 月 1 日招商局改组为股份有限公司，表明官
僚资本在招商局的统治已经发展到顶点，随着人民解放军的到来，招商
局最终回到了人民手中。

---

① 汤照连主编《招商局与中国近现代化》，第 104 页。
② 张后铨主编《招商局史（近代部分）》，第 559 页。
③ 汤照连主编《招商局与中国近现代化》，第 418 页。
④ 胡政主编《招商局珍档》，第 551 页。

## 第二节　主要内容

### 一　开展战时救济与战后复员

1937 年 8 月 13 日淞沪会战爆发，日军在重炮掩护下，向上海的闸北、虹口、江湾发动猛攻，为了打击中国的交通运输，日军有针对性地轰炸招商局的船只和仓库、码头，使招商局人员财产损失巨大。与此同时，为支援抗战，招商局还在重大要塞港口沉船御敌，这对抵御日军的进攻起到了一定作用，但也使招商局自身损失惨重。据统计，1937—1939 年，招商局共沉船 24 艘，沉船之数大致占招商局船舶总吨位的 40%。即便在如此困难的情况下，招商局在全民族抗战时期依然积极承担起救济难民、客货运输和维持交通等任务，做出了巨大牺牲和贡献。

#### （一）战时救济

上海失守后，为保卫武汉，招商局开辟了连接鄂、赣、湘三省的运输线路，特别是南浔航线。南浔航线开通后，南昌九江一带的伤病难民得以循水路退入安全地带。[①] 此外，招商局还与红十字会等慈善团体合作，将江北、南京、苏湖一带的难民疏散至长江上游大后方。[②] 总体来看，自淞沪会战至武汉失陷，招商局共抢运军民 94 万余人，其中伤兵 55830 人，难民 51357 人，为抗战胜利做出了巨大的贡献。[③] 难童作为难民中一个特殊的群体，也是招商局在转运中的特别关注对象。在战争期间，中国战时儿童救济协会在汉口接收了大批从战区撤退到大后方的难童，为了尽快将这些无家可归的儿童送到安全区域，救济协会请求招商局的帮助。1938 年 6 月招商局轮船从汉口出发将难童运送至大后方，直到 12 月才全部运送完毕。战时儿童救济协会对其义举评价道："做出了很大的努力，经历了极

---

① 国营招商局七十五周年纪念刊编辑委员会编《国营招商局七十五周年纪念刊》，国营招商局七十五周年纪念刊编辑委员会 1947 年版，第 122 页。
② 王叔明编《抗战第一年》，商务印书馆 1941 年版，第 294 页。
③ 张后铨主编《招商局史（近代部分）》，第 475—476 页。

大的艰苦。"①

　　除运送难民外，招商局还积极向后方运送物资。抗日战争中，由于日军轰炸、人口迁移、自然灾害等因素，战区物资迁移及大后方粮食供给成为招商局的重要任务。招商局开辟交通线路，使赣、浙、苏、皖等地物资可以安全运输至后方。1937年淞沪会战开始后，上海战略物资的疏散运输任务十分繁重，急需迁入内地的工厂就达500余家。1937年10月29日，蒋介石正式宣布迁都重庆，并以四川为抗战大后方根据地。为了保存战时有限的工业生产能力，沿海沿江地区的大批工矿企业奉命内迁。为此，招商局联合民营航运公司抢运前线军用物资及工厂机器，派出小轮从上海日晖港起运，转苏州河至镇江，再换船抵南京，许多工厂因此安全西迁。②1937年11月12日上海失守，12月13日南京沦陷，华北、华中和长江中下游地区大批机关、工厂、学校及社会团体纷纷内迁，先是集中武汉，继而向宜昌、重庆及湖南、贵州、广西、陕西一带撤退。1937年底，接运上海内迁工厂拉开了向武汉西迁运输的序幕。1938年5月徐州会战后，日军溯江西犯，准备围攻武汉，当时汉口战区附近集中了金陵、汉阳、巩县兵工厂及河阳、汉阳铁厂等准备内迁的工厂256家，占全国内迁工厂总数的55%，大部分工厂从武汉由水路运往宜昌转至四川。据统计，从武汉运出各种物资总共10.8万吨，撤退技术人员1万余人。③为抢运物资，招商局与民生、三北等公司在汉口成立"长江航运联合办事处"，并在宜昌设立分支机构。由于宜昌港缺少码头设备，招商局特将汉口分局的一、二、三号方趸船拖往宜昌，以便大量物资装卸转运。同年5月2日，交通部责成卢作孚召集招商局、民生、三北、强华等公司在宜昌召开紧急会议，决定利用当时招商局仅存的16艘大轮船，自5月20日起协同运输，到10月25日武汉失守前夕，所有物资器材方行运毕。至于包括湖北轮船、木帆船等在内的运量，当时未加统计，亦无从详细稽考。自1937年8月14日至1938年10月底止，招商局在徐州、武汉会战期间所运军需品、公物、商货共计47.8万吨，兵员、难民、旅客94.1万人，军马2528匹。其中军需

①　马北拱：《战时儿童救济工作之理论与实践》，中国战时儿童救济协会1940年版，第16页。
②　龚学遂：《中国战时交通史》，商务印书馆1947年版，第207—208、227—228页。
③　湖北省交通史志编审委员会：《湖北航运史》，人民交通出版社1995年版，第358页。

品 198277 吨、商货 191895 吨。① 随着战争进程的发展，沿海地区的机关、企业团体等陆续西迁，为保存航业有生力量，招商局总部也随之撤入重庆。为了维持西南大后方的物资供应，招商局继续开展民用物资运输工作，先后开通了川湘、川陕等交通线路，并开通分段联运、水陆联运、水空联运等多种形式，为抢运各类战略物资与人员商货入川发挥了重要作用。仅 1944 年，招商局就装运军米 4402 吨，占全年货运总量的 35%。②

在招商局等航运公司、团体和全国各族人民的共同努力之下，大批重要的工厂、学校、科研单位安全西迁，有生力量得以保存。可以说，招商局为中华民族抗日战争的最终胜利做出了突出贡献。

## （二）战后复员

在抗日战争胜利前夕，南京国民政府就做好了战后复员准备。国民政府根据军事与交通的迫切需要，特拨出巨款赶修招商局各大江轮，积极招雇船员并向美国订购船舶以供复员。③ 在此背景下，招商局承担起战后复员的准备工作，积极恢复战前运输线、运送难民返乡、运送学生返校、运送救济物资，在战后复员、帮助民众恢复日常生活方面做出了重要贡献。

### 1. 运送难民回乡

抗战结束后，全国广大地区百废待兴，急需物资与人员来进行恢复与重建。为解决这一问题，国民政府行政院设立善后救济总署，专门办理善后救济相关事宜。抗战时期许多难民为躲避战乱，逃难至西南大后方。抗战结束后大量难民滞留西南，思乡情切。为了解决难民返乡问题，善后救济总署命招商局负责承运难民复员归家。在招商局前往上海的船只中，每艘都搭载了难民 10 人。④ 这些难民大多背井离乡，几乎没有能力购置船票。为此，招商局向难民免费发放船票。由于需要转运难民人数极多，为防止出现冒认免费船票、错认登船等情况，善后救济总署专设难民登记处，对每位难民信息进行登记，并要求招商局严加核查。⑤ 招商局在善后

---

① 张后铨主编《招商局史（近代部分）》，第 476 页。
② 国营招商局七十五周年纪念刊编辑委员会编《国营招商局七十五周年纪念刊》，第 495 页。
③ 张后铨主编《招商局史（近代部分）》，第 500—501 页。
④ 招商局档案：《温州办事处关于遣送难民等的往来文件》，1946 年 4 月 23 日，瓯字 482 号 003。
⑤ 招商局档案：《函送难民登记办法等事项》，1946 年 5 月 1 日，国字第 1421 号。

救济总署的安排下，运送了大批难民返乡，① 为战后的经济恢复和西南的稳定做出了贡献。除转运难民之外，招商局还优待乘船军人，规定军人可以免费乘船，军人遗族也可免费乘坐二等舱。

**2. 协助恢复日常**

全面抗战爆发后，为保存教育火种，东部沿海地区各学校或拆组或整体迁移至西南大后方，如我们所熟知的西南联大。战争胜利后，广大师生同样迫切希望返回家乡。招商局在战时曾帮助广大师生迁入西南大后方，在战后同样承担起护送师生返乡的任务。1945 年 9 月 20 日国民政府在重庆召开全国教育善后复员会议，确立了各大学校迁移的具体方式和次序。② 招商局主要负责派遣船只护送学生返乡，如 1946 年就曾派遣"江泰"轮护送 1500 余学生北上复员，但仍有 500 余人亟待返乡。招商局派遣货轮"其美"轮启程护送这些学生北上。③ 尽管如此，在复员的过程中，广大师生仍常因经费不足、客运量巨大等问题而陷入困境。据报纸记载，早在 1945 年 8 月西南联大师生就已计划北返，北大和清华迁回北平，南开迁回天津。④ 但由于经费不足，400 余名联大师生由昆明到达上海后无法继续北上。为解决这一问题，招商局派员与其接洽。最后规定，西南联大的师生们每到一处，招商局就立即给予船票，并让他们优先登船，以省住宿花费。此外，招商局还给予学生亲友半价船票，师生及其家属可以用极低廉的价格购票返回故乡。⑤

与此同时，招商局在国营后期也积极参与冬赈救济，帮助上海地区灾民度过严冬，恢复正常秩序。国营后期国民政府对国统区人民进行疯狂掠夺，导致多地经济瘫痪、物价暴涨，久经苦难的人民陷入更严重的灾难。抗战结束后，作为经济中心和国际大都市的上海吸引了大量难民涌入。据

---

① 《为准善后救济总署请分配船只疏运义民除函复径洽贵局外相应电希查照协运由》，招商局档案馆藏，档号：B007-WS-103/26。

② 程曼：《抗战胜利后高校复员研究——以国立湖北师范学院为中心（1945—1948）》，华中师范大学硕士学位论文，2017 年，第 15 页。

③ 《招商局派其美轮载复员学生北上》，《益世报》（上海）1946 年 10 月 26 日。

④ 程曼：《抗战胜利后高校复员研究——以国立湖北师范学院为中心（1945—1948）》，第 16 页。

⑤ 思农：《西南联大师生长途跋涉返平——招商局供轮船·救济署供膳食》，《铁报》1946 年 8 月 17 日。

统计，战后上海难民人数有 53.1 万人左右，占上海战后总人口的 13.8%。[①] 上海还面临通货膨胀、失业严重的社会问题，失业工人约 10 万人。[②] 1945 年上海成立冬令救济委员会，实行冬赈，帮助灾民度过寒冬。招商局为上海冬令救济委员会提供了大量经费。1946 年招商局为冬令救济委员会捐助 2000 万元。[③] 除与官方合作组织冬赈外，招商局还积极与其他民间组织合作。比如上海普德会常年办理冬赈，发放赈米、赈衣，定期举办义诊、施药，掩埋死者遗体，但作为民间慈善组织，该会存在资金短缺问题。据记载，普德会曾向招商局请求募集经费以便开展冬赈，招商局欣然应允。[④]

无论是在抗日战争时期还是战后复员时期，招商局都始终冲在一线，积极转运难民、协运物资。但也应注意到，战后部分船只被国民政府强制征用，这在一定程度上也影响了招商局慈善公益活动的开展，使转运民众和物资运输的效率会大打折扣。

## 二 从事灾害救济与日常救助

招商局在抗战时期与国营后期积极参与慈善救济与日常救助工作，主动承担起了往广大灾区运送赈粮赈款、转运物资的任务，为水深火热中的灾民提供了及时的援助。

广东在历史上便是缺粮省份，民国时期广东的粮食主要靠洋米和国米运输。由于连年的战乱和灾害，广东每年须仰给邻省供应米谷及洋米一千多万担。[⑤] 日本发动全面侵华后，原本输入粮食的港口、铁路先后被炸毁，导致广东连年出现米荒。为了解决广东粮食问题，广东官商共同成立粤民食调节会，设法救济米荒，在粤汉铁路运输粮食承载力不足时，调节会迅速联系招商局协助运输湘皖各省余米，以解粤省粮食危机。"关于购办湘

---

① 张根福：《抗战时期浙江省人口迁移与社会影响》，上海三联书店 2001 年版，第 44 页。
② 熊月之：《上海通史》第 9 卷《民国社会》，上海人民出版社 1999 年版，第 92 页。
③ 上海市三十五年度冬令救济委员会编《上海市三十五年度冬令救济工作报告》，上海市冬令救济委员会 1947 年版，第 5 页。
④ 《上海普德会劝募衣米饭票》，《申报》1942 年 1 月 24 日。
⑤ 连浩鋆：《二十世纪三十年代广东米荒问题的研究》，《中国经济史研究》1996 年第 4 期，第 16 页。

皖余米一事，本属容易，惟最困难者厥为运输，现在湘米屯存于湘南粤汉铁路无车运来者达数百万包，每日只可运十余卡，中央曾电饬该路尽量拨出专卡运输，但该路根本车辆不多，迄未能多拨，故将来大批购办时，拟由招商局轮输运。"①

1947—1949 年，全国多处爆发水灾。1947 年四川地区发生特大水灾，全省近 60% 地区遭遇水患。截至 8 月 28 日，四川省受灾达 74 县市局，受灾人口达 916792 人，受伤 4641 人，死亡 7221 人，冲毁房屋 22116 幢，冲毁农田 1199886 亩，损失总值 29262 亿元。② 四川水灾爆发伊始，四川旅汉同乡会在汉口发起募捐，招商局得闻消息积极响应，迅速筹集了十万元交付四川旅汉同乡会。③ 1947 年入夏以后，两广地区阴雨连绵，雨季长达 40 日，最终导致山洪暴发，遍地泽国。据粤省水灾紧急救济委员会 7 月 29 日发表的统计："全省受灾七十三县，六百八十三乡镇，受灾耕地面积一千零二十万亩，被毁房屋一百一十万余所，溃堤八百八十七处，长一百三十万余公尺。待赈人数四百四十三万余，死亡两万一千人，其余如农作物及牲畜之损失，虽未有统计，但灾情之惨重于此可见一斑。"④ 面对如此惨状，招商局积极为受灾民众捐款。除自身捐款外，招商局还负责代收各地捐助物资和义赈捐款并运往灾区。为了应对 1947 年两广特大水灾，"各地庆相赈济，海内外热心人士，登高一呼，四方响应，举凡政府机关，农工商学军警各界团体，以至贩夫走卒，莫不出钱出力，踊跃捐助"。⑤ 大批捐款从各地接踵而至，招商局将其集中后送往灾区。此外，运输救灾物资，招商局也按常规七五折收款。

除以上自然灾害外，受时局影响，国营后期，国统区内多地出现财政赤字，广大地区陷入物资危机，急需援助，招商局还主动承担向各地转运救济物资的任务，不仅及时救济了灾民，也维持了城市内部的粮食供给稳

---

① 《粤民食调节会决设法救济米荒粤汉路运输能力不足将来拟仰给招商局轮》，《大公报》（上海）1937 年 1 月 6 日。
② 李娜：《1947 年四川水灾救济问题研究》，四川师范大学硕士学位论文，2019 年，第 10 页。
③ 招商局档案：《为请捐款赈济成都水灾由》，1947 年 8 月 28 日，第 02350 号。
④ 李文海等：《近代中国灾荒纪年续编（1919—1949）》，第 649—650 页。
⑤ 广东全省水灾紧急救济委员会编《广东全省水灾紧急救济委员会会刊》，转引自古籍影印室编《民国赈灾史料初编》第 6 册，国家图书馆出版社 2008 版，第 20 页。

定，对于维护社会稳定具有重要意义。1946 年国民政府组建行政院善后救
济总署，招商局发专轮运送救济物资。据记载，"行政院善后救济总署救
济物资内运分配，除该署已商借外轮运送外，招商局并决指发专轮运输以
宏救济，迅赴事功"。① 另外，国民政府还将善后救济总署水运大队交由招
商局代营。招商局派遣船只，将善后救济总署筹措的粮食运往各地。② 如
招商局定期将棉花、旧衣等物资运至天津，每月一次，③ 运送救济品至汉
口，并将米粮载运回沪。④ 报刊上也常常刊登招商局运送救济物资的内容。
这对招商局的企业形象起到了正向的宣传作用，促进了招商局慈善公益事
业的发展。如 1946 年 7 月 31 日《申报》记载，招商局"现派定汉民轮，
装救济旧衣二千吨，定下月三日驶津交卸，嗣后逐渐派轮运送，又海皖轮
明日装商货驶广州，长江线，已派定江汉轮下月三日驶汉，装商货载旅
客"。⑤ 1948 年《经济通讯》记载，招商局先后运输 57800 袋面粉至天津，
1300 吨粮食至青岛。⑥ 另外，招商局还负责承运外国提供的救济物资。国
民政府统治后期，国内粮食短缺。西贡华侨了解到国内粮食危机后慷慨解
囊，赠送了 4000 袋赈米，由招商局分别运往汕头、广州与厦门，⑦ 运费每
吨 40 先令。⑧ 1948 年 2 月美国向中国提供 5600 吨救济面粉，由招商局分
三批转运天津。⑨

　　除运送物资外，招商局还为联合国救济总署与各慈善团体提供仓库储
存物资。1946 年 5 月招商局为便利救济物资运转，改善修理设备，与联合
国救济总署、行政院救济总署订立合约，"将上海第一、四、六、七、八
五处码头仓库，租供救济总署使用，其修理设备，亦由救济总署负责办

---

① 《招商局发专轮运送救济物资》，《益世报》（重庆）1946 年 2 月 11 日。
② 《交部建造内河船只招商局拨专轮运送救济物资》，《益世报》（重庆）1946 年 2 月 11 日。
③ 《招商局派定汉民轮　定期装救济品驶津》，《申报》1946 年 7 月 31 日。
④ 《下周运救济品至汉，并将载运米粮回沪》，《时事新报》（上海）1946 年 6 月 1 日。
⑤ 《招商局派定汉民轮　定期装救济品驶津》，《申报》1946 年 7 月 31 日。
⑥ 《要闻简志》，《经济通讯》1948 年 4 月 9 日。
⑦ 《侨胞爱国情殷捐米救济灾民赠送食米四千吨部令招商局启运》，《大众夜报》1947 年 7
　月 2 日。
⑧ 《为接运西贡赈米运费每吨四十先令请鉴核由》，招商局档案馆藏，档号：B015-WS-670/4。
⑨ 《大批美粉日内到　共五千六百吨美救济粉　由招商局三轮载运来津》，《益世报》（天
　津）1948 年 2 月 26 日。

理，租期两年"。① 1947 年联合国善后救济总署运来大量物资，上海没有足够的仓库可以储存物资，为了解决这一问题，招商局时任理事刘鸿生将招商局在上海的码头划出五座，专门存放救济物资，并建立委员会协助管理救济物资存放问题，解了燃眉之急。② 1948 年随着经济压力和财政赤字越发加大，为了增加收入、平均租税负担、赈恤灾民，国民政府在全国范围内开始举办"救济特捐"活动，自中央到地方，对官员及工商企业进行劝募。但劝募效果不佳，响应号召者寥寥。在这种情况下，招商局重庆分局将重庆歌乐山环山路十三号的一座洋房作为"救济特捐"捐献给社会局。③

## 第三节　主要特点

### 一　爱国情怀空前浓厚

全面侵华战争爆发后，日本侵略者为破坏中国战时经济的基础，掐断中国战时军事运输动脉，将招商局的庞大船队和仓库码头设施作为重点打击目标。招商局轮船、码头、仓栈等损失惨重。但在 1937 年淞沪会战与南京保卫战期间，招商局仍主动承担繁重的军运任务。1937 年 8 月 14 日招商局"建国"轮抢先将故宫文物 80 余箱自南京运抵汉口。1937 年 9 月 12 日招商局在南京成立长江业务管理处，指挥沿江各分局及江海各轮向长江腹地后撤，并负责办理军公运输及商货运输事宜。④ 与此同时，为了阻挡和延缓日军的进攻，国民政府命轮船公司将大部分海轮击沉，用于封锁长江航道，同时布下水雷，以进行防御。抗战时期，为延缓日军进攻，招商局在长江要塞沉船御敌，1937 年到 1939 年共沉船 24 艘，占自身江海船舶总吨数的 40%。⑤

---

① 《栈埠：码头仓库租与救济总署使用》，《国营招商局业务通讯》，1946 年。
② 李颂陶：《国营招商局对于救济物资之贡献》，《益世报》（上海）1947 年 11 月 12 日。
③ 《救济特捐　缴纳者少　渝招商局捐房屋一幢》，《益世报》（重庆）1948 年 9 月 14 日。
④ 吴秀岚：《招商轮船在抗战时期所做贡献》，《航海》2015 年第 5 期，第 26 页。
⑤ 李仕权、黄超：《在历史深处书写光荣与梦想》，《人民日报》2017 年 12 月 26 日，第 1 版。

除此之外，招商局还积极开辟南浔水运线路，开创海轮行驶赣江的历史，实行水陆联运，使南昌、九江一带的伤兵、难民能循水路退入安全地带，赣、浙、苏、皖四省的物资也得以运入后方。[①] 1938 年 6 月武汉会战爆发，江海大轮向上游行驶已成必然之举。但因汉宜段江流湍急、泥沙淤积，江海大轮从未在该线行驶。招商局在此非常时期勇担重任，率先派大轮进行试航，经过艰辛的勘探与努力，最终试航成功，成为航业史上的一大创举。在此之后，其他公司纷纷效仿，将大批物资运往后方，武汉大撤退因此得以成功。武汉沦陷后，日军继续西侵，招商局与民生公司、三北公司合作，采取多种形式，积极抢运物资，利用江轮担任川、湘水道运输的重要任务。抗战后期，国民政府把汀宜渝水空联运的统筹权交予招商局，招商局在自身运力十分薄弱的情况下，毅然承担起水空联运的重要任务。抗战结束后，招商局积极进行复员运输，为经济发展与社会稳定贡献了力量。

在抗日战争与战后复员时期，招商局广大员工深明大义，同仇敌忾，在护船保产、沉船御敌、抢运军队、输送物资方面做出了重大贡献。招商局也积极转运与救济难民，特别是淞沪会战后，将大量物资、工厂机器、难民、学生，运往西南大后方，减轻了战争给中国带来的损失。抗战胜利后，招商局又积极参与复员运输工作，将青年学生、政府官员、普通百姓安全载运故乡，在战后的复员工作中做出了重大的贡献。可以说，招商局的慈善公益事业与时代需求的发展同步，不论是晚清时期还是北京政府与南京政府时期，慈善公益事业始终服务于时代的需求，且伴随时代需求的变化而不断发展。尤其在抗战时期，招商局开展慈善公益更能凸显爱国精神。

## 二　慈善公益内容空前扩大

在南京国民政府统治后期，筹运赈粮与赈款仍然是招商局开展慈善公益活动的主要内容。以 1947 年广东、四川相继发生的水灾为例。为应对广东水灾，国民政府要求南北洋及长江干线轮船货运附收赈灾费 2%，以三

---

① 《招商局》编辑部《招商局史研究专刊（二）》，第 40 页。

个月为限，由招商局代收，交由常理会统筹分配。① 为救济四川水灾，招商局则以企业名义交给四川旅汉同乡会国币 10 万元整。②

在教育事业方面，招商局不仅为大后方学校提供物资援助和办学经费，也注重学生的长期发展，为其提供各种实操机会，还为毕业生解决就业问题。日本侵华使全国的教育事业遭受毁灭性打击，为了支持抗战，招商局资助同济大学开办造船组，并拿出 2 万元国币作为补助经费。③ 不仅如此，招商局还将自己的船舶赠予同济大学作为教练船，方便学生学习与培训。1947 年美国赠予招商局一艘修理内燃机的船舶，招商局除雇用 6 名美国工程师外，还让 6 名中国学生参加工作，这样既解决了新船带来的技术问题，也培养了中国的内燃机船员和工程师。④ 可以说，招商局通过创新教育方式，帮助学生全面发展，为社会培育新式人才做出了重要贡献。与此同时，招商局还给予学生乘船票价优惠。如 1947 年国民革命军遗族学校在各省市招考学生约 300 人，招商局皆给予学生 7 折客票优惠。⑤ 对于战地失学青年，招商局也给予其优惠与便利。

此外，这一时期由于战乱不断，基础设施损毁严重，大量的救济物资需要仓库进行储存，招商局便将仓库以极低的价格或免费租与各慈善团体，解决了各慈善团体的物资存储问题。如 1946 年 4 月，行政院善后救济总署及联合国善后救济总署"为便利救济物资装卸及仓储起见，已于四月二十五日与国营招商局签订码头仓库经营合约"。⑥

---

① 《为各轮船公会关于南北洋及长江干线货运之价费附收两粤赈灾费以三个月为限由》，招商局档案馆藏，档号：B020-WS-221/135。
② 《为请捐款赈济成都水灾由》，招商局档案馆藏，档号：B013-WS-80/22。
③ 胡政主编《招商局与重庆：1943—1949 年档案史料汇编》，重庆出版社 2007 年版，第 125 页。
④ 史春林：《轮船招商局与中国近代航海教育》，《交通高教研究》2004 年第 5 期，第 42 页。
⑤ 《为国民革命军遗族学校在各省市招考学生规定航运部份凭学校证明文件按票价七折收现由》，《招商局档案》1947 年 9 月 18 日，第 2629 号。
⑥ 《本署与国营招商局签订码头仓库合约》，《行总周报》1946 年第 14 期，第 4 页。

# 第六章 新中国成立后的招商局慈善公益事业（1949—1978）

## 第一节 历史背景

### 一 军事管制委员会接管

抗日战争胜利后，国营招商局在国民政府支持下迅速恢复业务并扩张。它接收留用大量敌伪船舶，在国外购置大批剩余船舶，独资或合资设立众多航运公司，1948 年 10 月 1 日改组为招商局轮船股份有限公司，总公司位于上海。

1949 年中国新民主主义革命胜利，招商局轮船股份有限公司上海总公司及各地分支机构被解放军各地军事管制委员会接管。1949 年 5 月 27 日上海解放后，解放军上海市军事管制委员会财经接管委员会委派人员，于 6 月 5 日进驻招商局上海总公司并举行接管仪式，原总经理办理总移交，顺利接管上海总公司，此后长江及沿海各招商局分支机构也随解放战争胜利发展被当地军管会接管。

### 二 香港招商局起义

1949 年 9 月 19 日，在香港招商局的"海辽"轮从香港赴汕头航行途中，船长方枕流率领全体船员宣誓起义，"海辽"轮成为新中国第一艘升起五星红旗的商船。1950 年 1 月 15 日，香港招商局及旗下 13 艘海轮毅然宣告起义，回归新中国怀抱。它是中国人民开展民族自救、自我解放运动

的一部分，是中国海员革命运动史上继 1922 年香港海员大罢工和 1925 年
省港大罢工之后的又一次伟大斗争，是招商局发展史上具有划时代意义的
重大事件，集中反映出招商局广大海员追求光明、追求进步，与祖国共命
运，同时代共发展的爱国情怀和献身精神。① 这一伟大壮举不仅为招商局
自身翻开了崭新篇章，更为新中国航运事业注入了强劲活力。

　　起义后留存的约 340 万港元资产，为招商局的重生与崛起提供了不可
或缺的物质支撑。1950 年 9 月 2 日，交通部正式确认招商局为其下属企
业，为招商局后续发展明确了方向。此后，经交通部批准，香港分局逐步
承接招商局总部职能，内地资产积极参与国家工商业改制，香港分局也顺
势成为新招商局总部所在地。② 经过这一系列变革，招商局在新中国航运
业的布局中逐渐占据重要战略地位。

## 三　解放初长江沿岸城市面临诸多挑战

　　解放初期，长江沿岸各城市在历经战火洗礼后百废待兴。城市的基础
设施遭受严重破坏，桥梁断裂残缺，水电供应也时常中断。工业生产大多
停滞，生产原料极度短缺。商业方面，市场秩序混乱，货币贬值，百姓购
买力低下。

　　1949 年 5 月，武汉与上海相继解放。上海是拥有 500 万人口的大都市
和全国经济中心，武汉则是华中地区的关键城市，二者经济联系紧密，相
互影响深远。然而，在解放初期，沪汉两地面临诸多严峻挑战。

　　上海解放后，蒋介石集团的海上封锁致使海上运输瘫痪，城市陷入
粮、煤、棉等物资极度匮乏的困境，存粮仅能维持 15 天。同时，投机商人
大量套取银元，囤积粮食与纱布，导致物价飞涨，人心惶惶。汉口情况同
样严峻，不仅出现拒用人民币现象，投机商的囤积行为也引发物资紧缺、
物价上扬，抢购风潮此起彼伏。部分工厂未能及时复产，又逢雨季，物资
囤积问题愈发严重。沪汉作为重要经济枢纽，其物价波动迅速波及全国，
对社会稳定造成极大威胁。

---

① 《国家在港重要经济窗口招商局纪念起义 60 周年》，招商局集团有限公司，2010 年 1 月 15
　日，http：//www.sasac.gov.cn/n2588025/n2588124/c4215280/content.html。
② 王秀峰、樊勇、肜新春：《招商局公路史》，深圳出版社 2024 年版，第 21 页。

面对这一紧张局势，1949 年 7 月 3 日，华中局向中央建议在上海开会商讨对策，中央采纳后于 8 月初召开上海会议，确定各区共同维持上海局势，承担粮、棉调拨任务。上海市军管会提出"面向内河"方针，中原临时人民政府也呼吁各界为稳定物价、保障供应贡献力量，沪汉间由此开启旨在平稳物价、稳定经济、安定人心的物资运输行动。

## 第二节  主要内容

### 一  恢复多条重要航线

解放初期，招商局在航运业恢复进程中发挥了中流砥柱的作用。在招商局的努力下，1950 年长江、北洋航线全面复航，南洋和远洋航线部分恢复。长江水系航运的恢复对城乡物资交流、工农业生产至关重要，远洋航线恢复对于新中国打破西方经济封锁具有重要战略意义。

#### （一）长江航运的全面恢复

解放初期，长江航运对于恢复经济至关重要。由于招商局此前在长江航线处于领先地位，新中国成立初期，长江国营航运基本是以其为基础而发展，且复航任务也多由招商局承担。1949 年 6 月 1 日，沿江城市解放后，长江干线及支流航运开放，招商局积极展开行动。"江陵"号客货轮经船员抢修，于 6 月 3 日成为长江干线首艘复航的客货班轮，获"江陵解放号"称号。"江安"轮也随后复航，这得益于船员此前竭力保护船只，使其免遭炸毁。南京分公司修复"江汉""郑和"轮，恢复多条航线。

此后，各段航线陆续复航，至 1949 年底，长江干流全线通航。随着国民经济恢复和"一五"计划实施，长江航运逐渐恢复，客货运量逐年上升，有力地支援了解放战争、抗美援朝战争期间的物资运输，保障了"一五"期间工业建设和沿江人民生活的运输需求。

招商局还与民生公司合作，投入多艘客货轮恢复汉申航线，并建立班轮联运小组，实现长江干线全面复航。同时，招商局参与恢复干线区间短途运输和支流航线，如镇江分公司恢复众多航线，宜昌分公司恢复宜汉航线等，促进了长江流域的经济交流与发展。

### （二）南北洋及远洋航运的重建

在南北洋及远洋航运方面，招商局同样发挥了关键作用。1949 年 1 月天津解放后，国营天津招商局开辟北方港口间班船运输，虽船舶减少，但驳运量创下新高。同年 6 月"永潇"油轮首航天津，后虽因国民党封锁轰炸，北洋航线一度中断，但 1950 年仍积极组织恢复。依据政务院关于"统一管理相关船舶机构，恢复多条北洋定期与不定期航线"的相关决定，1950 年 9 月，北洋航线正式开航。在南洋地区，尽管面临诸多困难，招商局依然全力贡献自身力量，如组织私营轮船公司打通福州航线，派轮打通广州与港澳航线并抢运物资。招商局参与南北洋航运的船只达 17 艘，总吨位近 3.5 万吨，种类多样且船龄较小，是近海运输的重要力量。此外，招商局还参与国际运输，如动员私营船只恢复日本航线，1950 年 4 月首次派船开往苏联，10 月代理波兰巨轮来华，且出口大量物资，助力国家建设并打破封锁。

### 二　奠定新中国航运业基石

### （一）体制变革：构建航运发展格局

新中国成立前，招商局已在长江沿线精心布局，在西起重庆、东至镇江的漫长航线上建立了 11 个分支机构。解放初期，招商局的总分支机构被各地中国人民解放军军事管制委员会分别接管，之后采取了"分散经营、保本自给"的方式。这一模式在当时虽为解决军管会财政困难起到一定作用，但随着解放战争的胜利推进，运输需求剧增，分散经营弊端凸显。

1951 年 1 月，交通部将招商局总公司改称中国人民轮船总公司，并与航务总局合并办公，各地分支机构统一更名，经营管理向集中统一转变，实现航运资源的整合和运营效率的提升，为国家大规模经济建设奠定组织基础。

1951 年 7 月，交通部进一步改革，撤销中国人民轮船总公司，成立海运管理总局和河运管理总局，实行专业分工与区域管理。原招商局机构依区域和业务分别融入新体系。招商局沿长江的机构与长江区航运局合并，成立中央人民政府交通部长江航务管理局，从此形成长江航运政企合一的体制，招商局沿长江机构演变为长江航运管理局的直属港口单位。至此，原招商局体制结构解体，全国统一管理、专业分工明确的水运体系诞生。
1965 年，长江航运管理局撤销，成立长江航运公司（托拉斯）。1975 年，
根据国务院重新调整长江航运管理体制的批文，长江航运公司改为长江航
运管理局。①

招商局分支机构经改组成为沿海与长江线上的港航骨干力量，为新中
国水运事业注入强大动力，推动了航运业现代化、规范化进程。

### （二）资产移交：充实航运力量

招商局向国家移交了大量人员和资产，这对新中国航运业意义重大。
资产纳入全国水运体系，支援新中国港航单位建立，部分用于国防建设，
执行航务政策，剥离小船，内地机构的码头等设施及人员剥离给所在地港
口单位，沿长江和沿海的机构资产及人员分别流向长江港航单位和各地海
运局、港务局，为新中国海运事业发展提供了强大物质保障和人员支持。

### （三）投入船只：充实国营力量

在长江航运发展历程中，招商局贡献卓越。长江上的国营航运基本是
以原招商局长江分支机构为基础发展而来。1950 年，招商局投入多艘船到
川江进行货物运输，如七艘华字登陆艇、川江上第一艘国营客货轮"江
岳"轮及改装后的旧兵舰等，其中"江和"轮成为当时川江最大国营客货
轮，极大增强了重庆分局国营运力，有效平衡了公私船舶运输能力，保障
了重庆地区繁重的进出口货物运输任务的完成，为成渝铁路建设物资运
输、粮食抢运到华东、抗美援朝物资支援等提供了有力支撑。

## 三　香港招商局的重要贡献

### （一）南船北归：汇聚航运力量

新中国成立前夕，国内外形势风云变幻，大量私营行商船舶被迫滞留
香港。新中国成立后，交通部迅速将巩固北船、争取南船北归列为重要任
务，以满足国民经济恢复发展的迫切需求。香港招商局积极响应号召，全

---

① 1984 年，长江航运体制改革，成立了交通部长江轮船总公司。1992 年 12 月，经国务院批
准，以长江轮船总公司为核心成员组建了中国长江航运集团。1996 年核心企业更名为中
国长江航运（集团）总公司。2009 与中国外运集团重组成立中国外运长航集团，成为其
全资子公司。2017 年更名为中国长江航运集团有限公司，并成为招商局集团二级公司。

力以赴投入这场意义非凡的行动中。一方面，紧密配合香港海员工会，精心组织海员工人开展护产保船斗争，确保船舶安全；另一方面，深入了解行业资本家处境与心态，积极游说争取。招商局的不懈努力有力推动了南船北归的进程，众多船舶得以回归祖国怀抱，极大增强了新中国航运力量。

### （二）运价博弈：捍卫国家利益

20 世纪 50 年代后期，香港招商局在与垄断海运的水脚工会进行的远洋运输运价斗争中，展现出非凡智慧与勇气。香港招商局充分利用自身优势，密切关注国际商情动态，精准掌握世界航运市场运价信息，在与中外行商磋商运价时毫不退缩，坚定维护国家利益。同时灵活巧妙运用策略，在运价博弈中进退自如，成功赢得主动权。这不仅为我国远洋运输争取到合理运价，也为国家节省了大量外汇支出。

香港招商局在运价制定中也始终坚守国家利益底线，同时兼顾公平合理原则，致力于保障中外业务合作的长期稳定。在货源分配与运价调整方面，招商局始终坚持先侨商、华资航商后外商的分配原则，赢得侨商、华资航商的广泛赞誉。1957—1958 年，招商局依据侨资和华资船公司在东南亚航线的运营特点，精心统一调整运价，助力其在资金有限的条件下增强与外商竞争实力，减少内部纷争，促进团结发展。

### （三）贷款购船：提高运输能力

1965 年，受交通部委托，香港招商局勇挑重担，利用贷款购买和定造远洋船舶。截至当年 9 月底，成功购置和建造 12 艘船，总价款达 1096.4 万英镑[①]，为中国远洋船队的发展开辟了新道路。在国际形势错综复杂、帝国主义封锁的严峻形势下，招商局此举为中国航运业突破困境、走向世界奠定了基础，使中国远洋运输能力开始逐步实现积累和提升。

此后，招商局在远洋购船领域承担起更为关键的角色，凭借丰富的经验积极为中国远洋运输公司购置大量船舶。1970—1977 年，共购入 306 艘船，载重达 502 万吨。[②] 这些船舶成为中国远洋船队的中流砥柱，使中国

---

① 胡政主编《招商局与中国港航业》，社会科学文献出版社 2010 年版，第 212 页。
② 胡政主编《招商局与中国港航业》，第 213 页。

远洋运输能力实现质的飞跃。我国远洋国轮承运外贸货物量占比逐年攀升，到 1976 年已达中方派船运量的 70%[1]，成功结束了长期依赖外轮运输外贸货物的历史，为国家节省了大量外汇，增强了国际航运话语权，同时也为沿海运输提供有力支援，助力国家积累财富，培养众多航海人才。[2]

**（四）后勤保障：护航远洋舰队**

1965 年 6 月 14 日，招商局成立友联机器修理厂有限公司（友联船厂），在香港为中国远洋船舶打造了一座坚实的"维修港湾"。友联船厂凭借精湛技术和专业团队，承担起香港船公司船舶及来港国轮的修理重任。在远洋航运中，船舶维修至关重要。友联船厂有效降低了船舶维修成本，缩短了维修周期，实现船舶运营效率的提升，为远洋船队安全航行提供了保障，也增强了我国远洋船队在国际市场的竞争力。

1972 年成立的香港海通船舶机械用品公司（海通公司），则为中国远洋船队及沿海船队编织了一张全方位的物资供应网络。海通公司业务广泛，涵盖船舶机械、通信导航设备仪器、零配件、船舶油漆燃油及物料等一切与船舶相关的物品采购服务，并积极引进低成本高质量产品技术，为远洋船队提供了充足的"粮草弹药"，也为航运业后勤保障体系建设树立了典范。

## 四 发挥航运优势保障民生

### （一）保障沪汉物资运输与经济稳定

解放初期，上海、武汉的物资紧缺。为解决上海粮食短缺问题，中央决定从四川调粮至华东，长江各航运企业承担了此次任务。全线分渝宜、宜汉、汉申三段接运，武汉港处在运输中心位置。1950 年 3 月 17 日，华东粮食调运指挥部与上海招商局总公司订立川粮运输合同，同时招商局在上海成立川粮运输工作小组，全面参与粮食运输工作，将大批粮食经武汉港中转至华东地区。如 4 月中旬到 5 月上旬，20 天内港口中转粮食达61296 吨，高效完成承运任务，保障了粮食运输的顺利进行。到 7 月底，

---

[1] 胡政主编《招商局与中国港航业》，第 214 页。
[2] 朱士秀主编《招商局史（现代部分）》，第 158—159 页。

中转川粮 80359 吨。①

在川粮东运中，招商局与各单位协同合作，其船只在运输中发挥重要运力作用，同时严格保障粮食装卸、保管等环节质量，有效控制了粮食损耗率，确保上海等沿江城市粮食供应，对稳定粮价、安定社会起到关键作用。

### （二）支援成渝铁路建设

成渝铁路作为国家三年经济恢复时期的重点工程，于 1950 年 6 月动工，西南军政委员会副主席邓小平提出"两年时间建设好成渝铁路"的目标。招商局汉口港第三作业区被开辟为水陆联运对接点，承担着繁重的运输任务，分汉宜、宜万、万渝三段运输钢坯等物资。汉口港第三作业区、重庆港九龙坡码头、宜昌港、万县港的工人昼夜苦战，全凭肩抬，将重达1.5 吨的钢坯装至船上。自 1950 年 7 月 22 日起，第一艘满载钢坯的船舶由汉口开往九龙坡，至 1952 年 6 月，共运送钢坯 22.5 万吨、桥梁器材 8.6 万吨、蒸汽机车 44 台、客车厢 55 列以及货车厢 278 列。②

成渝铁路于 1952 年 7 月 1 日如期全线通车。1952 年 6 月 26 日，西南军政委员会主席刘伯承对长航重庆分局发出嘉奖令，高度肯定了他们在运输筑路器材及机车车辆等工作中的积极努力以及克服困难、超额提前完成任务的卓越表现。

### （三）多次参与抗洪抢险物资运输

1954 年，长江出现百年一遇的特大洪水。在公路冲毁和铁路阻断的情况下，6 月 26 日长江航务管理局决定从各地调拨拖轮、客货轮和铁木驳共94 艘，参加武汉市防汛物资运输，为夺取抗洪救灾胜利做出了重大贡献。

1969 年夏，湖北境内连降暴雨，长江中游水位猛涨，长江航运公司武汉分公司派出 15 艘客船、3 艘货船投入紧张的防洪抢险。7 月中旬，洪湖岸堤溃口，大同湖地区被洪水淹没，停在新滩口的"东方红 243"轮立即启航开到当地驻军营地，担负起抗洪抢险指挥船的任务。全体船员协调一致，配合驻军有计划地转移群众，保障抗洪抢险工作在统一指挥下顺利进行。

---

① 胡政主编《招商局与湖北》，湖北人民出版社 2012 年版，第 322 页。
② 胡政主编《招商局与湖北》，第 320 页。

### 五　重视职工保障与福利

#### （一）建立工会组织，保障职工权益

新中国成立后，招商局及各地分公司积极推动工会组织的建立，让职工有了表达诉求、参与管理的渠道，切实保障了职工权益。上海区海员工会较早成立，1949 年 9 月选举执行委员会，10 月正式成立。在武汉，1949年 6 月 25 日，招商局等 26 个公私行业工人代表接收原中华海员工会汉口分会并组成筹委会，1950 年 1 月 29 日武汉海员工会宣告成立。1952 年 10月，中国海员工会长江区工作委员会在汉口成立，整合了长江干线各航港厂等工会组织，成为团结海员职工的群众性组织，对贯彻民主改革和生产改革发挥了积极作用。

#### （二）实施工资改革，改善职工生活

新中国成立之初，船员工资制度混乱，上海地区留用船员工资等级多达 70 个，非常悬殊。1952 年全国工资改革，交通部制定《船员工资暂行条例（草案）》，以工资分作为统一计算单位，建立新的工人工资等级制度，划分沿海、江河、港作三大类型工资，规定船员津贴标准，缩小工资差距。如江轮船员工资高低差距缩小到 5.1 倍。此次改革使职工工资平均增加 12.89%，船员和装卸工人生活得到大幅改善，体现了国家和招商局对职工生活的切实关怀。

#### （三）完善员工保障，解决职工后顾之忧

解决失业海员问题。解放前夕国民党溃逃导致部分海员失业，各地政府和海员工会积极回应。武汉市海员工会筹委会劳保部半年内介绍 673 名失业海员上船工作，对未就业的 5 万余人建立"生产合作组"，组织打捞船只等工作，解决了他们的生计问题。

建立完善劳保福利设施。1949—1953 年，重庆、宜昌、武汉、黄石、九江、南京、上海等地的招商局沿长江机构，先后建立了 17 个医务室（所）。1952 年 10 月，长航局卫生处成立，下设医疗预防科和卫生防疫科，并建立完善各级医疗卫生机构和长航职工劳保待遇和公费医疗制度。在此期间，重庆地区在医疗门诊所的基础上还建立了搬运工人医院，医务人员由 13 人增加到 88 人，有病床 100 张，并增设 4 个医疗站和 2 个急救站。

支付了大量劳保福利费，医治众多工人及家属；武汉地区兴办了食堂、澡堂、理发室等；安庆地区改善劳动条件，建立工人医院和港口医务所；上海地区在卫生所的基础上，组建了上海长航医院。同时，各地还创办海员消费合作社、设立工人休息棚、建立医疗门诊部等，为职工提供了全方位的福利保障。1954 年 3 月 8 日，长航局集中武汉的医疗资源组建的汉口长航职工医院正式启用，开放病床 120 张，工作人员达 121 人，其中医师 21 人，护士 50 人。这是长江航运拥有的首个院级规模的职工医疗机构。[①]

**（四）建设文化设施，丰富职工精神生活**

建立海员俱乐部。1949 年 12 月第一次全国海员代表会议提出建立全国性海员俱乐部，汉口海员俱乐部在中南区和武汉市党政工会支持下于 1950 年 10 月开工建设，1951 年 11 月建成投入使用。俱乐部设施齐全，有剧院、技术研究室、图书室、文化展览厅、灯光球场等，为航运职工提供了大型、完善的文化活动场所。重庆装卸工人新建"搬运大厦"影剧院和俱乐部，设备优良，曾接待国外演出团体。1956 年 7 月 21 日，海员俱乐部改名为"汉口海员文化宫"。

开设业余文体小组。各地港航单位普遍组织工人学习小组、轮训班、夜校，设立简易俱乐部、图书室，成立剧团、腰鼓队、广播通讯小组等。这些文化设施的建设丰富了职工业余生活，提高了职工文化素质。

## 第三节　主要特点

### 一　以爱国主义为核心

新中国成立初期，香港招商局凭借其特殊的地理位置与企业性质，在 1949—1978 年于航运、对外贸易、外交等多领域发挥了不可替代的重要作用，其背后始终贯穿着炽热的爱国主义精神。

**（一）起义壮举，彰显爱国热情**

1949 年，香港招商局及其旗下的"海辽"轮发动起义，不仅为新中国

---

① 《长江航运七十年——第一章　百废待兴　长江航运恢复发展08》，中国水运网，https：//www.zgsyb.com/news.html？aid＝584622。

带来了宝贵的航运资产，更激发起众多海员的爱国热情，带动了一系列的起义浪潮。众多招商局船舶纷纷响应，组成了新中国初期重要的水上运输力量，为新中国航运事业奠定了坚实基础。这些起义船只在冲破重重封锁、运输战略物资、支援国家建设等方面发挥了不可估量的作用，是爱国主义精神在航运领域的生动实践。

香港招商局的起义在外交领域也产生了深远影响。"海辽"轮及香港招商局的整体起义行动，向世界宣告新中国在航运领域的主权意识与崛起决心，彰显了中国人民不屈不挠的精神风貌和强大的国家凝聚力。在新中国成立初期外交环境相对艰难的情况下，这一行动为中国在国际舞台上赢得了尊重与关注，是爱国主义精神在外交舞台上的有力展现，为后续中国开展外交活动树立了信心与榜样。

**（二）发挥多领域独特价值，体现爱国力量**

在随后的岁月里，香港招商局积极投身新中国航运事业的建设。面对西方国家的封锁与技术限制，招商局凭借坚韧不拔的爱国信念，努力探索适合国情的航运发展道路。他们开展运价博弈，优先侨商、华资航商，捍卫国家利益；自行培养航运人才；推动南船北归，贷款购船；开辟国内国际航线，促进物资交流与经济发展，以实际行动诠释着对祖国航运事业的担当。

冷战时期，香港招商局充分利用其特殊的地缘优势，坚守在对外贸易的前沿阵地。在西方封锁的缝隙中，积极寻找贸易机会，将中国的产品推向国际市场，同时将国外先进的技术设备与生产资料引入国内，为新中国的工业发展和现代化建设提供了有力支持。

香港招商局非常重视侨商，利用香港的侨商资源优势，组织各类商务交流活动与文化联谊活动，对新中国的国际外交关系拓展与巩固发挥了独特作用。侨商们在招商局的带动下，积极参与新中国的建设与对外贸易活动，不仅增进了对新中国的了解与认同，凝聚了侨心侨力，也在国际上传播了中国的友好形象与和平发展理念。

**二  以国家需要为主线**

这一时期招商局始终以国家大局为重，以国家需要为主线来履行社会责任，为国家发展贡献力量。

招商局在被军事管制委员会接管后，1949 年 6 月沪汉首次通航，开始营运时船舶仅一万余吨。按照中央指示，招商局统一调配接管船只恢复航务，支援上海运输。经过修整，到当年年底船舶吨位达 5.7 万余吨，为后续物资运输奠定了一定基础。在沪汉物资运输和川粮东运中，招商局发挥航运优势保障了上海物资供应，抑制投机行为，为沪汉两地的复工复产和经济恢复创造条件，进而对全国经济稳定产生积极影响。此后，无论是抗洪抢险等紧急任务，还是国家重点工程成渝铁路建设，招商局都发挥了中流砥柱的作用，克服重重困难，展现了强烈的大局意识和担当精神。

从机构变革到资产整合，招商局以自身解体顺应国家发展需求，从分散经营到集中统一管理，再到融入全国水运体系，招商局的每一步调整都为构建高效、规范的航运管理格局贡献了力量。其资产的合理移交与调配，充实了国营航运力量，优化了资源配置，提高了整体运营效率，为新中国航运业的现代化、规模化发展奠定了坚实基础。

### 三　以优势业务为抓手

在该时期，招商局履行社会责任的方式和内容与其主营业务密不可分，依托其优势业务所拥有的软硬件条件，发挥了更大的社会价值。

#### （一）拥有一定规模和载重的船队

新中国成立后，招商局拥有规模可观且类型多样的船队，这成为其履行社会责任的重要资本。这些船舶在吨位、性能等方面具备一定优势，为承担各类运输任务、保障城市的物资供应奠定了硬件基础。

在对外贸易方面，招商局的船舶凭借其相对先进的航海设备与一定的载货能力，成为中国与世界沟通的重要使者。即使在国际环境复杂、面临诸多限制的冷战时期，依然努力维持着与部分国家和地区的贸易往来。

#### （二）拥有一支战斗力强的船员队伍

招商局拥有一支爱国敬业、经验丰富、技术精湛的船员队伍，这是其宝贵的人力资源优势。

招商局的船员队伍在技术和经验方面都处于领先地位，能熟练应对各种突发状况。在各种危难险重的运输任务中，船员们凭借着顽强的毅力和高超的航海技术，克服重重困难，为国家运送急需的物资。例如，1952 年 4 月，成渝铁路建设进入关键时期，长江遭遇 30 年未有的枯水位，而修筑成渝铁路急需的大量钢坯在湖北宜昌码头堆积。此时，长江航务管理局的员工挺身而出，以全国劳动模范、新中国第一代船长莫家瑞为代表，在有着"天险"之称的 600 多公里川江河段成功开船舶夜航先河，并实现了从宜昌到重庆航行时间由 4 天缩短为 3 天的创举，有力地支援了成渝铁路的建设，为成渝铁路的顺利通车提供了坚实保障。①

**（三）开辟多条重要国内外航线**

在国内，招商局的航线覆盖了沿海主要港口以及长江等重要内河航道。这使得不同地区之间的经济联系更加紧密，促进了区域间的产业协同发展，带动了沿海与内陆的经济交流与互动，缩小了区域经济差距。

在国际上，尽管面临着西方国家的封锁与限制，但招商局凭借其在航运领域的深厚积累和在香港的特殊地理位置，依然通过与友好国家和地区建立航线联系，为新中国开辟了对外交流的窗口。与亚非拉等发展中国家的航线开通，不仅加强了中国与这些国家在贸易、文化等方面的交流与合作，还在国际政治舞台上赢得了众多发展中国家的支持与友谊。这些航线就像一条条纽带，将新中国与世界相连。

---

① 张孝良：《成渝铁路——新中国第一条铁路建设始末》，《人民政协报》2010 年 7 月 1 日。

# 第七章 改革开放头三十年招商局慈善公益事业（1978—2008）

## 第一节 历史背景

### 一 改革开放与招商局蛇口工业区的创办

1978 年 12 月，中共十一届三中全会在北京胜利召开，会议决定纠正党内长期存在的"左"倾错误，将全党工作重点和全国人民的注意力转移到社会主义现代化建设上来，并正式提出以经济建设为中心的基本方针，由此开启了中国改革开放的历史进程。在此背景下，全国各地的经济改革工作开始逐步推进，而由香港招商局在深圳（时称宝安县）南头半岛最南端蛇口公社选址创建的"蛇口工业区"就是最早启动改革探索的地区之一。

事实上，有关招商局在深圳选址办厂事宜，在十一届三中全会正式召开前，在当时作为招商局上级主管部门的国家交通部与广东省委之间就已经展开沟通协调。1978 年 6 月，时任国家交通部外事司负责人的袁庚同志被派往香港对招商局进行调研，同年 10 月他正式出任招商局副董事长，并向上级提交了《关于充分利用香港招商局问题的请示》。报告提出要利用招商局地处香港的地理位置优势，突破传统航运业务范围，通过在内地选址投资建立工业区的形式对外进行招商引资，可以将海外资金、技术优势与内地人力、地价优势充分结合，打造一个出口型工业区，推动商品出口为国家赚取外汇。在与广东省委进行充分沟通的基础上，1979 年 1 月交通部联合广东省委向中央提交了《关于我驻香港招商局在广东宝安建立工业区的报告》，先后获得时任国务院副总理谷牧同志和国家副主席李先念同志批示通过，决定划定宝安县南头半岛蛇口公社 2.14 平方公里地块作为招商局工业区用地，在国家不给任何资金支持的条件下，由招商局自己去奋斗，闯出一条路来。1979 年 7 月 20 日，蛇口工业区正式开工建设，由此"打响了中国改革开放第一炮"。① 这比 1980 年 8 月成立的深圳经济特区还早了一年多时间。

## 二 蛇口工业区的改革建设概况

按照时间进程，蛇口工业区的开发与建设大致可以分为三个阶段。1979 年 7 月至 1981 年 7 月为基础设施建设期。开发前的蛇口公社以渔业为主，而且地理位置偏僻，土地一片荒芜，没有任何工业基础可言。招商局于 1980 年 3 月在蛇口设立工业区建设总指挥部，由袁庚亲自担任总指挥，代管工业区党政事务，并用两年时间基本实现"五通一平"（即通水、通电、通车、通航、通电讯和平整土地），分别建成容量 4000 立方米的调节水池、一个 600 米长的顺岸式货运码头、一条与广深公路干线相连接的柏油公路、装设一套美国微波通信系统，并通过挖山填海平整土地达到100 万平方米。在此基础上，蛇口工业区顺利完成部分工业厂房和生活住宅区建设，为后续招商引资及开展工业生产奠定了坚实基础。②

从 1981 年 8 月份起，蛇口工业区逐渐进入项目开发建设期，并成立工业区管委会。在此期间，凭借中央给予的特殊优惠政策，蛇口工业区大力吸引外资前来投资办厂，发展以出口为主导的外向型工业生产。至 1984 年3 月，短短几年时间内，工业区先后与外商签订 82 个合同项目，其中正式投产项目达到 51 项。③ 以日本在中国开办的第一家独资企业三洋机电（蛇口）有限公司为例，该公司由日本三洋机电株式会社于 1983 年在蛇口投资设立，主要生产录音机、收音机、计算器、电子表、发光二极管等电子

---

① 李岚清：《突围——国门初开的岁月》，中央文献出版社 2008 年版，第 74 页。
② 李华杰、黄涵荪、叶煜荣：《蛇口工业区的崛起——对招商局创办蛇口工业区的调查》，《学术研究》1982 年第 1 期，第 14 页。
③ 佳明：《蛇口特区改革简况》，《上海经济研究》1984 年第 7 期，第 58 页。

产品，下设 7 个工厂，仅投产当年其职工数就达到 1000 多人。① 此外，根据相关数据统计，截至 1987 年底蛇口工业区共引进各类独合资和内联企业投资项目 280 多个，协议总投资 32 亿港元，1987 年工业生产总值达到 13 亿元人民币（其中出口占 71%），人均国民生产总值达到约 5400 美元。②

1987 年以后，由于中央特区政策调整及本身区位条件的限制，蛇口工业区的招商引资吸引力逐渐下降，工业生产指数也随之出现一定下滑。③与此同时，蛇口工业区地方行政权力也陆续收归深圳，逐渐转变为一家招商局旗下的纯企业制公司（全称招商局蛇口工业区有限公司），享有与区内其他企业同等的商事地位。1992 年，袁庚从招商局常务副董事长职位上退休，由招商局主导的蛇口工业区建设开发也逐步走向尾声。毫无疑问，蛇口工业区的开发创建为招商局企业发展带来了巨大的成功。至 1992 年袁庚退休离任时，招商局已经从一个 1980 年只有 1 亿资产的小公司发展成为一家拥有 200 亿资产的大型中央企业。④ 与此同时，经过前后十几年时间的开发建设，蛇口工业区经济社会面貌也发生了巨大变迁。到 1992 年，蛇口工业区已经从一个 1979 年人口仅有 3000 多人的渔业小镇发展成为总人口达到 43000 人的小型工业城。⑤

招商局主导下的蛇口工业区开发建设在经济社会改革与发展的各个方面都取得了骄人成绩。某种程度上，蛇口工业区的建设开发扮演了为全国经济改革工作探索开路的角色，大量改革举措在当时均具有开创性意义。比如，在基础设施建设阶段，为了降低开发成本，工业区借鉴香港经验，率先实行市场化工程招标制。⑥ 为了加快工程进度、提高效率，工业区探索实施定额超产激励制度，规定工程车司机每日运载超过定额

---

① 陈宜浩：《日本在中国开办的首家独资企业——三洋机电（蛇口）有限公司》，《国际贸易》1984 年第 4 期，第 61 页。

② 乔胜利、周为民、李兴贵、张滨：《蛇口工业区发展战略构想》，《深圳大学学报》（理工版）1988 年第 1—2 期，第 38 页。

③ 朱庆芳、张宛丽：《蛇口工业区经济和社会发展情况调查》，《社会学研究》1987 年第 3 期，第 37 页。

④ 李岚清：《突围——国门初开的岁月》，第 82 页。

⑤ 蛇口工业区党委办公室：《蛇口工业区社会改革掠影》，《唯实》1992 年第 5 期，第 65 页。

⑥ 谢厚文：《建设蛇口工业区的初步经验》，《暨南学报》（哲学社会科学版）1982 年第 3 期，第 97 页。

55车以后每车奖励4分钱，这在20世纪70年代末仍是计划经济平均主义思想的中国社会实属破天荒之事。1980年，蛇口工业区率先打出"时间就是金钱，效率就是生命"的口号，并在1984年1月邓小平同志视察蛇口之时获得肯定；同年10月，工业区以悬挂该口号的彩车参与国庆大典游行，使这一口号响彻全国。劳动人事制度方面，工业区在中央支持下从一开始就废除了施行已久的人事调配制度，改为员工招考制，面向全国招揽各类专业人才。① 1983年10月，工业区开始全面推动工资制度改革，打破"大锅饭"思维，实行岗位职务工资制。② 在工资制度改革同时，工业区在全国率先对职工住房制度按照从低价出租到租售并举再到完全市场化购买步骤进行渐进式改革。③ 根据相关资料统计，由袁庚直接领导下的蛇口工业区开发建设在短短十几年时间内先后开创了24个全国第一。④ 除上述所列改革举措外，还包括首创中国第一家股份制中外合资企业（中国南山开发股份有限公司，1982年创立）、创办中国第一家股份制商业银行（招商银行，1987年创办）、建立中国第一家股份制商业保险公司（平安保险公司，1988年创办），等等。也正是招商局主导下蛇口工业区改革与发展取得的巨大成绩，构成招商局此一阶段公益慈善事业开展的基本背景。

## 第二节　主要内容

### 一　积极参与救灾扶贫

历史上的招商局在赈灾、教育、扶贫等领域都做出了重要社会贡献，改革开放后的招商局也几乎从未缺席过任何一次救灾应急的公益慈善捐赠，每次大灾大难面前都有招商人积极参与、踊跃捐赠的身影。

1982年广东部分地区水灾、1986年广东沿海地区台风受灾、1987年

---

① 严于金：《蛇口工业区的人事劳动制度》，《外国经济与管理》1984年第11期，第22页。
② 龚志瑾：《蛇口工业区怎样改革工资制度》，《羊城晚报》1984年1月20日第2版。
③ 彭昆仁：《蛇口住宅商品化的几点启示》，《学术研究》1986年第6期，第55页。
④ 谭海清：《袁庚：24个全国首创或第一》，《小康》2018年第35期，第29页。

大兴安岭火灾、1994 年广东广西湖南三省特大洪水，1998 年长江嫩江流域特大洪水，2008 年南方低温雨雪冰冻灾害和汶川地震……这些灾害发生后，招商局集团及下属单位和员工都在第一时间积极响应，捐款支援救灾抢险。在招商局集团 1998 年的大事记中，就记载了当年为帮助灾区人民抵御长江百年未遇的特大洪灾，蛇口广大员工伸出援手，共捐款人民币 786 万元、港币 3.6 万元。[①] 2008 年，招商局集团及下属单位在汶川地震后捐款达 6000 万元。[②]

招商局不仅关注突发性自然灾害，也支持边远地区的教育发展。1992 年蛇口工业区团委发出支持"希望工程"的号召，并设立"希望工程"专户；1993 年，蛇口工业区为全国第一所手拉手"希望小学"——河北省西柏坡希望小学捐赠人民币 3 万元整；1994 年为革命圣地延安捐赠 5 万元，建立希望小学一所。[③] 2001—2003 年，招商局集团下属企业海联供应有限公司，多次向上海市慈善基金会的中华慈善教育基金捐款数百万港币，还向贵州省铜仁市江口县、四川省绵竹市广济镇捐建希望小学或希望中学。[④]

进入 21 世纪后，根据党中央决策部署，招商局集团自 2003 年开始负责对口支援贵州省毕节市威宁彝族回族苗族自治县。此后几年时间招商局通过多种途径在威宁积极开展专项扶贫工作。比如，帮助威宁县以"整村推进"形式实施工程建设项目，包括修建村级道路桥梁、人畜饮水工程和希望小学等公益性基础设施；从 2005 年开始，在威宁县设立由集团全体员工捐赠成立的"招商局集团贵州威宁扶贫教育奖励基金"，用于资助当地优秀教师及贫困大学生和高中生。此外，招商局还尝试在威宁推动实施劳务输出项目，2007 年为漳州招商局经济技术开发区完成 131 名工人招聘计

① 《一九九八年精神文明十件大事》，招商局内部文件。
② 《招商局慈善基金会战略规划报告》，招商局内部文件。
③ 《蛇口团委举行"在延安建希望小学捐赠仪式"》，《蛇口团讯》第 18 期，1994 年 10 月 14 日。
④ 详见《关于〈关于海联公司申请捐款的请示〉的批复》，招商局集团有限公司〔2001〕财字 77 号；《关于〈关于海联公司申请捐款的再请示〉的批复》，招商局集团有限公司〔2001〕财字 84 号；《关于对海联公司申捐建"希望小学"请示的批复》，招商局集团有限公司〔2001〕财字 90 号。

划,成为威宁县历史上首次大规模劳动力输出。根据招商局内部统计,2004—2008 年,招商局在威宁县定点扶贫工作的资金总投入超过 800 万元。[①] 总体来看,2008 年以前招商局集团扶贫工作主要以基础设施援建和教育助学帮扶等传统形式展开。

## 二 舍得投入、舍得放手:高标准办教育

中国近代教育事业与招商局的名字紧密相连,招商局是中国第一个有意识兴办教育的企业。1895 年,招商局出资兴办了中国第一所现代大学——北洋大学堂(今天津大学);1896 年,招商局出资在上海兴建了南洋公学(今上海交通大学);1909 年,招商局开设中国最早的一所航海高等学府——吴淞商船学校;1918 年,招商局开设海航专业技术学校——招商局公学。

招商局是有教育情怀的企业,作为改革开放发源地的蛇口,在教育上的投入也是大手笔、高水准。袁庚提出:"无论我们怎么穷,也要把学校、医院办成一流的。"1982 年时,蛇口工业区的员工子女大约有 400 人,他们借读于蛇口中心小学和蛇口中学。为了"稳定军心",解决员工后顾之忧,袁庚下决心办学校,他说"再苦也不能苦了孩子","要办一流学校"。袁庚以最简单质朴也最本质的愿望"培育人才",所以将学校命名为"育才学校"。1983 年 8 月育才一小成立,如今已发展为深圳蛇口育才教育集团,拥有旗下包括育才一幼、三幼、四幼,育才一小、二小、三小、四小、育才二中、三中,太子湾学校,育才中学和蛇口社区学院等涵盖幼儿园到成人教育的优质教育资源。育才成为特区发展史上创校最早、品质最高的教育品牌之一。

育才因解决职工子弟入学问题而成立,但蛇口工业区不仅仅在办一所子弟学校,不仅仅是为了解决员工子女入学问题办学校,而是带着建设美好蛇口的公益情怀创办育才。蛇口工业区对办教育舍得投入资金,舍得投入人力,更难得的是也舍得放手。

---

① 招商局 2009 年 8 月文件《招商局慈善基金会社会参与项目建议》中,提到政策性扶贫807.8 万元。

　　舍得投入资金。1983 年 5 月，蛇口工业区出资 60 万元人民币兴建招商局蛇口工业区育才学校。1983 年 8 月 28 日，育才学校成立，小学部和中学部的 15 个班、500 名学生被安排在 12 间教室和 3 间大办公室上课，一建校就面临校舍不足的问题。蛇口工业区立即加大投入，于 1984 年新建育才学校中学部五层教学楼及实验剧场，1988 年新建育才中学四层综合实验楼。之后每年蛇口工业区都根据学校发展需要大笔投入资金，从 1983 年建校到 2000 年移交南山区政府，蛇口工业区为育才学校投入的金额超过 2 亿元人民币，2000 年移交政府时，育才三校固定资产总额为人民币 4268.64 万元。[①] 陈难先校长说："从企业思维来看，这是一笔很大的开支。但当时领导们的理念就是，只要能把教育办好，这笔钱就值了。"

表 7-1　蛇口工业区 1984—1998 年每年为育才学校净支出资金

单位：万元

| 年份 | 净支出 | 年份 | 净支出 |
|------|--------|------|--------|
| 1984 | 396 | 1992 | 2382 |
| 1985 | 82 | 1993 | 1505 |
| 1986 | 201 | 1994 | 2227 |
| 1987 | 113 | 1995 | 2697 |
| 1988 | 256 | 1996 | 2974 |
| 1989 | 442 | 1997 | 2100 |
| 1990 | 1311 | 1998 | 1956 |
| 1991 | 708 | 合计 | 19350 |

注：表中支出为费用性支出与资本性支出合计。
资料来源：《育才学校、联合医院历年费用性支出和资本性支出情况表》。

　　舍得投入人力。一所学校离不开优秀的管理层和一线老师，蛇口工业区尽可能地把优秀的人才吸引到学校。陈难先老校长是北大高才生，1982 年来到蛇口，在工业区的培训中心任教，是当时工业区为数不多的具有中学和大学教学经验的老师。1983 年初，工业区人事部门邀请他出任校长。但由于从未有过担任校长的经验，陈难先不敢贸然接下这个任务，工业区

　　① 《关于育才三校转制工作情况的报告》，蛇总函〔2000〕404 号。

人事部的干部先后拜访七八次,最后才终于成功。于是,1983 年 4、5 月间,陈难先以蛇口工业区育才学校准校长的身份开始学校的筹建工作,他为招聘好老师四处奔波游说。20 天里走了 15 个省市,尽管一路颠簸,四处碰壁,但还是从各地招来了一批优秀的教师。1984 年,在袁庚的关心下,北京东城区景山学校、二中、五中、五十五中和东城区教育学院等重点学校支援育才,派来 20 余名优秀教师,他们成为学校的教学骨干,并出任中学部和小学部主任,使育才的办学眼光和北京最好的学校"站到了一样的平台"上。

之所以说办育才是招商局和蛇口工业区的公益情怀所在,而不仅仅是满足子弟入学的基本需求,体现在工业区赋予学校完全独立自主的办学权,虽不计成本投入资金和人力,但又非常舍得放手,"支持而不干预",这体现出蛇口工业区办教育的公益初心。陈难先老校长多次在各种采访中提到,"当年我做育才学校校长的时候,至于如何办学,袁庚一次也没有给我指示过、干预过,他信奉,教育是专业的事,交给专业的人……"[1]"蛇口工业区负责管理教育的老领导极少指导育才办学,无论是教师聘用还是学生安置,决定权均交由学校。"[2]"蒙锡,是管我们学校的副总经理,管的时间最长的一位领导。我要告诉大家,他管我 N 年,但是他没有进过学校的大门,从不来干预。"[3]

蛇口工业区的信任让教育者得以专心办教育,将一流的办学理念贯彻到教育教学的全过程。在招商局集团的档案馆中,保存了育才学校早年的战略规划纲要,其中提出的若干理念和具体举措,放在今日,依然先进闪耀,引领时代。

《创办育才学校特色的六年(1986—1992)规划纲要》中写道,学校特色的两个总体追求,一是现代化,从"今日的教育为了明日的世界"出

① 陈难先:《教育不该培养相同的树叶,深圳不该忘记吕型伟》,《深圳的脚步》第 18 期,https://baijiahao.baidu.com/s? id=1682662542597552579&wfr=spider&for=pc。

② 李丽:《蛇口育才学校创校校长陈难先:"成就学生是教育者的快乐"》,《深圳特区报》2019 年 9 月 10 日,A05 版,http://sztqb.sznews.com/PC/content/201909/10/content_726887.html。

③ 陈难先:《蛇口的教育与社会成长》,见《蛇口十年(1979—1989)蛇口历史人文课程授课录音整理汇编》。

发，面向 21 世纪；建立适应公民教育模式的教育教学体制，加强美育和劳动技术教育。二是高质量，除了学业水平的具体要求外，还要求学生普遍有健康的审美情趣，有名列前茅的学生运动员，有一批学生画家、书法家、唱歌舞蹈能手等。在师资队伍建设方面，学校提出一个响亮的口号："不当教书匠，要做教育家"。在具体的教学工作中，率先开设了青春期卫生课、心理课；从香港引进教材开设英语课；建有游泳池，中小学夏季体育课变为游泳课，每年举办水上运动会；向培训中心借电脑，开设电脑课。陈难先老校长说："1984 年就有电脑课了。那时候我不会电脑，但是我知道电脑将来就像现在说 ChatGPT 一样，非常重要，我就决定开设电脑课了。"[1] 在课堂教学模式中，提倡启发式，废止注入式，在教法上坚持"方法多样、目标一致、百花齐放、殊途同归"的方针；从基础教育的根本任务出发，努力提高升学率，但自觉抵制片面追求升学率的错误倾向，在具体工作中不搞加班加点，不搞题海战术，不做违背教育教学规律的事。关于学生思想教育工作，"可采用社会调查的方法，如可以对蛇口地区、对一户渔民家庭的过去和现在进行调查，可以参观工厂、码头、各种现代化设施等等"。在学校管理方面，设立校长信箱和校长接待日，为学生参与学校管理提供方便。

在这样的理念支持下，育才学校开创了一系列具有示范意义的教学特色实践。如率先在小学一年级开设英语口语课，引进香港牛津版英语教材供学生使用。提倡中外交流，接纳外籍学生插班。邀请专业硕士研究生编写心理健康校本教材、开设心理课，为学生建立心理健康档案，尊重和保护孩子的隐私以及心理健康老师工作的独立性。在蛇口工业区管理期间，育才中学从未设置入学分数线，主张根据孩子的天性和特长提供教育路径，鼓励取得进步的学生，让每个学生在自己的基础上取得进步。

正因为这样的办学理念和具有示范意义的教学改革，育才的历史上曾写下多个全国教育领域的"第一"：

育才中学建设中国第一所希望学校，育才学生杜旻书最早倡议"手

---

① 陈难先：《蛇口的教育与社会成长》，见《蛇口十年（1979—1989）蛇口历史人文课程授课录音整理汇编》。

拉手"；

　　育才是全国第一个开设心理健康课程和青春期性教育课程的学校；

　　育才是全国第一个网络运作文学社（春韵网站）的学校，是全国首批教育特色网站学校之一；

　　育才是全国华语校园文学联盟的网络基地学校，是第一个中学海外华文培训基地学校；

　　育才是全国第一个引入港版英语教材进课堂的学校，是第一个引进"西方伟大原著"的学校；

　　育才是全国中小学校里最早举办学生三节（体育节、艺术节、科技节）的学校；

　　育才是最早创立课程超市，由教师建设并开设选修课程140多门；

　　育才是全国率先提出并坚持落实"每天一小时"学生活动的学校。

　　除了上述教育领域的第一，育才更为全国普通百姓所熟知的，也许就是它是青春文学代表作《花季雨季》的诞生地和同名影片的拍摄地吧。

### 三　引入合作、引入人才：高标准办医院

　　为解决蛇口工业区干部职工的就医问题，工业区管委会于1980年成立"海边医务室"，1983年建立招商局蛇口工业区广东省人民医院联合医院。1984年5月，深圳市人民政府办公厅发布《关于同意"招商局蛇口工业区、广东省人民医院联合医院"开业的批复》，联合医院正式对外开业。医院设有内科、外科、妇产科、小儿科、口腔科、眼科、耳鼻喉科、中医、针灸、理疗、肿瘤等科室，以及放射科、化验室、手术室、供应室、心电图室、超声波室、脑电图室、血流图室等辅助科室，暂设病房50张，之后逐步建成住院部，设病床350张。医院主要负责工业区职工、外来客商及南海油田基地工作人员的医疗保健工作，并兼顾周边居民、施工人员及港澳同胞的医疗需求。联合医院实行24小时应诊制度，下午6：00至次日晨8：00随时接待急诊患者。①

---

① 《关于同意"招商局蛇口工业区、广东省人民医院联合医院"开业的批复》，深府办复〔1984〕295号；《为呈请审核批准"招商局蛇口工业区广东省人民医院联合医院"开业由》，蛇管函〔84〕068号。

与带着公益使命的理念办学校一样，蛇口工业区建设联合医院，也是以建设一流的医院为目标，提出"要有精益求精的医疗技术，对病人极端负责、极端热忱的服务态度，科学的管理方法，合理的收费"。联合医院建成后，蛇口工业区管委会一直不遗余力地全方位支持联合医院的建设。自1984年到1998年，蛇口工业区向联合医院支出合计超过1亿元（见表7-2）。①

如同育才学校在全国范围内广纳贤才，联合医院的建立也是在全国各地优秀骨干医生的支持下逐步发展起来的。蛇口联合医院建立之初，广东省人民医院派出了内、外、小儿、妇产、眼、耳鼻喉科以及手术室、供应室、药房、化验室放射科等11个部门的15位骨干力量。同时，招商局集团也想尽一切办法，在全国范围内招募借调优秀医生，壮大医生队伍。在招商局档案中，保存了一份招商局轮船股份有限公司给上海市儿童医院党委的去函。函中写道："公司某干部的爱人是贵院具有经验的儿科主任医师，正式函请贵院大力支持，暂借调该同志来蛇口工业区医院工作一到两年，一方面帮助我们把该院儿科建立起来，另一方面亦可初步解决其夫妻长期两地分居问题。"

### 表7-2　蛇口工业区1984—1998年每年为联合医院支出资金

单位：万元

| 年份 | 净支出 | 年份 | 净支出 |
|---|---|---|---|
| 1984 | 301 | 1992 | 369 |
| 1985 | 21 | 1993 | 1608 |
| 1986 | −11 | 1994 | 970 |
| 1987 | 9 | 1995 | 876 |
| 1988 | 74 | 1996 | 1328 |
| 1989 | 339 | 1997 | 884 |
| 1990 | 2278 | 1998 | 860 |
| 1991 | 867 | 合计 | 10773 |

注：表中支出数额为费用性支出与资本性支出数额合计。
资料来源：《育才学校、联合医院历年费用性支出和资本性支出情况表》。

---

① 《育才学校、联合医院历年费用性支出和资本性支出情况表》。

招商局蛇口工业区广东省人民医院联合医院多次更名、调整。1994 年更名为"招商局蛇口工业区联合医院",2002 年医院由蛇口工业区移交给南山区人民政府,更名为"深圳市南山区蛇口联合医院";2006 年 5 月 25日,原"深圳市南山区蛇口联合医院"与原"深圳市南山区蛇口人民医院"合并,定名为"深圳市南山区蛇口人民医院"。无论名称如何更改,蛇口联合医院已成为蛇口几代人的共同记忆,也是招商局为蛇口留下的宝贵社区公益资产。

四 建硬件、搞比赛:高标准办文体

蛇口工业区不仅投入大量资金兴办高水平医院和学校,在体育馆、剧院、图书馆、公园等公共文化娱乐设施的建设方面也投入不菲,不仅切实提升了蛇口工业区职工和居民的生活文化水平,也为蛇口留下了宝贵的公益文体资产,并培育了社区公共文化精神。

蛇口工业区自建设伊始,就在规划、资金诸方面支持体育设施的建设。到 1989 年时,历年用于体育设施的资金投入已达 2500 多万。[1] 当时蛇口已有人工海滨浴场、标准游泳池、田径场、草地、足球场、灯光篮球场、网球场等 29 块体育场(池),用于体育设施的水面/地面面积达到 17万平方米,职工人均体育用地达 5.63 平方米。工业区还专门成立了体育中心,由 8 名专业技术干部负责工业区体育事业发展的规划和落实。蛇口工业区的群众文体活动蓬勃发展。20 世纪 80 年代中后期,每年工业区一级的体育比赛有 20 项左右,平均每年有四五百场比赛,一年有将近 300 天工业区都有一级的体育比赛和活动,平均每年有 4000 多人次参加各类体育比赛。1989 年蛇口工业区组织了第一届职工运动会,运动会共设足球、篮球、排球、田径、游泳等 8 个项目,历时 10 个月,有 2000 多名职工参赛,在运动会上分别有 3 人次和 83 人次达到国家二级和三级运动员标准。蛇口工业区每年还举行大型文艺活动,除一年一度的十大歌手比赛和"玫瑰杯"文艺大奖赛,还有规模盛大的职工文艺汇演,涉及面广,参加人数

---

[1] 以下相关数据来自招商局蛇口工业区办公室:《蛇口工业区职工文体活动成绩斐然》,《情况简报》,1989 年 10 月 31 日。

多，并涌现出了大批自创节目。工业区在四海宿舍区举行的大家乐晚会和露天电影晚会，每年观众达 20 余万人次。

群众文体活动为竞技体育和文艺比赛奠定了基础。蛇口工业区对外参加文体比赛，成绩亮眼。1989 年工业区代表招商局集团参加香港龙舟赛，女子龙舟队在地区赛中连续三次夺得冠军，在国际龙舟赛女子锦标赛中勇夺世界性大赛第 5 名。蛇口工业区组团参加深圳市第三届运动会，在没有专业运动员的情况下派出了 110 人的体育代表团，成为各企业集团中参赛人数最多的代表团。最后蛇口工业区获得金牌 19 块、银牌 20 块，四破市游泳纪录，取得成年组团体总分第一、金牌总数第一、银牌总数第一的好成绩。文艺方面，蛇口工业区也是屡获佳绩。在深圳首届职工艺术节上，蛇口工业区有 8 个节目获奖，是全市参加决赛节目最多、获奖项目最多的单位。在广东省企业之星艺术系列大赛中，蛇口工业区选送的 16 个节目有 11 个节目进入决赛，并获得 13 个奖项。

蛇口工业区用实际行动阐释了发展经济与市民文化娱乐之间是相互促进相辅相成的关系。1989 年 10 月在广东企业之星艺术系列大赛期间，新华社记者曾提问："一般地说，经济越活跃的地方文化越单调，你们在发展期间是否碰到这种情况？"大赛组委会负责人回答："不尽如此，蛇口工业区在全国中经济最活跃的吧，但他们的文化也很活跃，在这次大赛中自己创作了一台《大潮》的歌舞，之后又有一个月的时间，再组织了 16 个节目参加比赛，这恐怕在全省各市的企业中是少有的。"

### 五　给资金、给空间：高标准办社团

蛇口工业区活跃的群众文体活动也离不开各类专业社团。在体育运动方面，体育运动协会正式纳入深圳市体协系统，并成立了足球、篮球、排球、游泳、乒乓球等 9 个专业体育协会；在文艺方面，组建了蛇口工业区职工业余艺术团，有美术，书法，摄影，集邮，交谊舞，诗歌等群众文艺团体。

职工居民不仅仅能参加文体类团体，各类兴趣爱好似乎都可以在蛇口找到一席之地。1986 年 6 月，蛇口工业区成立"社会群众团体联合会"，简称社团联，社团联采用理事会制度，各协会负责人是社团联的理事候选

人。从社团联的会员中，可以看出当年协会种类之丰富：集邮协会、围棋协会、摄影协会、计算机协会、新闻协会、美术书法协会、交谊舞协会、半岛诗社、信鸽协会、会计协会、桥牌协会、成人教育协会、青年教师教研会，等等。几乎每一种兴趣爱好都能在蛇口找到一群志同道合的人，组成一个有共同话题的社团。蛇口民众并不仅仅把这些社会团体视作业余爱好者的聚会，也将其作为向管理层表达意见的途径，协会上的各种讨论，可以对管理层产生一定的影响和监督作用，所以这些协会当时也被称为"压力团体"。

蛇口工业区对各类群众社团的支持是实实在在的，工业区不仅鼓励群众自发组建各类协会，还为协会的项目及活动提供真金白银的支持。20 世纪 90 年代，社团联合会每年向蛇口工业区党委提交预算，各协会根据项目活动申请经费，从几千元到万余元不等，社团联汇总后向蛇口工业区提出申请，每年各协会总经费预算在 10 万元左右。[1]

除了文体兴趣爱好类社团，蛇口工业区还有学术性社团。第一个群众性学术团体是成立于 1983 年的蛇口工业区企业管理协会，其宗旨是学习推广国内外先进企业管理经验，探索改革方案，研究办好企业、改善经营管理、提高经营效益的途径和政策，为办好工业区当好参谋。袁庚也是该协会的成员。他在成立大会上发言表示，愿意与大家一起遵守协会章程，积极参加协会活动，做一名普通会员，同大家一起研讨寻求中国经济改革的道路。[2]

蛇口工业区早年丰富多样的社团活动为蛇口居民参与公共事务打开了一扇窗，当年诸多年轻人在社团活动中学会了议事规则，锻炼了合作能力，形成了最早的社区参与思维和意识。

## 六 形成蛇口社区公益的底色

招商局蛇口工业区以包容开放的心态，塑造了包容开放的蛇口人，进而形成了包容开放的社区文化。这是招商局及蛇口工业区给蛇口留下的最

---

[1] 《关于申请蛇口工业区社团联合会 1995 年活动经费的请示》（社团联字〔1995〕001 号）、《关于申请 1997 年社团联经费的报告》等。

[2] 招商局蛇口工业区办公室：《蛇口工业区企业管理协会成立》（1983 年 1 月 27 日），《工作简报》第 5 期。

宝贵的精神财富之一，也是蛇口精神的体现。

蛇口工业区虽然把"时间就是金钱，效率就是生命"作为座右铭，但并没有一味地只追求工作价值和经济效益，而是关心员工身心发展，关心社区长远发展。招商局在建设蛇口之初，就不仅仅把它当作一个企业、一个厂区，而是作为一个理想社会来设计规划。袁庚在谈到蛇口工业区时，曾说"想在蛇口建一个新的桃花源"。① 蛇口工业区的创业者们的目标是"把蛇口建设成最适合人类居住的地方"。

最适合人类居住的地方需要有高水准的社会服务和文化生活。如前所述，从80年代蛇口工业区投入资金，高标准建设学校、医院、住宅、文体设施，到组织丰富的文体活动，这些举措不仅切实解决了员工和居民的生活保障问题，也形成了蛇口独特的文化氛围。

最适合人类居住的地方需要有优美宜人的生态环境。在蛇口工业区建设的过程中，工业区就始终关注环境保护。一方面，关注水源保护与污水处理和排放，从工业区建设之初，就每天化验海水和空气，投资兴建污水处理厂，确保海水不受污染；另一方面，工业区特别重视植树造林和绿化工作。1983年6月工业区成立绿化组；1983年冬，工业区在南山脚下划出40亩土地，作为苗木生产基地，为片区内绿化施工提供种苗。1984年12月蛇口工业区园林公司成立，公司提出"路修到哪里，树就种到哪里；楼盖到哪里，草就铺到哪里"的口号。经过多年努力，蛇口工业区园区绿化成效显著，到1986年底，绿化面积（不计荔枝林）达到30万平方米，人均绿化面积17平方米，昔日的荒山野岭变成了林木苍翠的花园城区。②

最适合人类居住的地方需要有自治互助的社区氛围。20世纪80年代极具前瞻性的教育教学理念，丰富多彩的兴趣类社团以及改革开放前沿的氛围培养了蛇口居民心怀天下的气质。鼓励摆脱人身依附的独立人格，培养了蛇口居民自发自治的社会组织群体。蛇口居民愿意为了同一个兴趣爱好，为了共同的梦想，花时间，花精力，真正做到"人人参与、人人尽

---

① 钟坚编著《改革开放梦工厂》，科学出版社2018年版，第203页。
② 钟坚编著《改革开放梦工厂》，第252页。

力、人人享有"。进入 21 世纪后，蛇口一直都有一些小型的群众自治组
织。2014 年，13 个热心的蛇口居民因为服务蛇口的公益倡议聚合，依托招
商局慈善基金会支持，在两周的时间发起人迅速从 13 人扩大为 89 人，每
人捐款 1000 元，成立蛇口社区公益基金。89 个发起人以蛇口人传统的民
主方式选举产生了社区公益基金理事会。这是在"蛇口试管"进行的又一
次试验。这是蛇口社区的事业，又不止于蛇口社区的事业。① 2015 年 9 月
蛇口社区基金会正式注册登记成立，并于 2020 年获评成为深圳市 5A 级社
会组织。基金会成立近 10 年来，以"让蛇口成为最适合人类居住的地方"
为愿景，致力于传承袁庚精神、倡导社区自治、服务蛇口居民、推动创造
良好的社区公益生态。基金会拍摄了《袁庚传奇》《深圳市曾有个蛇口区
管理局》《中国证券市场深圳破土记》等讲述蛇口历史的大型纪录片；纪
念袁庚系列活动、社区共建花园、蛇口社区无车日等成为蛇口社区公益的
品牌项目，蛇口社区无车日更成为蛇口人的独特节日。今日，蛇口社区基
金会已逐渐发展成为蛇口本地的一个区域性公益平台，以募集到的善款，
支持蛇口家园的社会调查、环境保护、史迹维护、文明教育、国民成长、
文化艺术、社区治理。蛇口社区基金会还于 2021 年 4 月创办了蛇口袁庚书
院，开展公益培训和蛇口历史人文教育，位于四海公园的袁庚书院现已成
为蛇口社区居民的公益活动中心。

招商局对蛇口这片土地的社区营造，有看得见的资金支持，更有看不
见的理念引导。优美的校园、气派的剧场，是招商局对社区公益投入的见
证；校园中琅琅的读书声，剧场里婀娜的舞姿，居民们对社区事务发自内
心的参与，则是招商局带给蛇口的宝贵精神财富。

## 第三节　主要特点

### 一　参与的广泛性

招商局在改革开放初期的历次捐款都得到了集团内部最广泛的支持和

---

① 余昌民：《袁庚的人文精神与蛇口的人文关怀》，《蛇口十年（1979—1989）蛇口历史人
文课程　授课录音整理汇编》。

参与，从招商局集团总部到二级公司再到蛇口工业区各公司，从香港到深圳再到各地企业，有灾害必号召，有号召必响应。在招商局集团的档案中，有一张 1982 年蛇口工业区支持水灾捐献的手写表格，上面清晰地记录了蛇口工业区各企业员工为当年广东水灾捐赠的人数、现金数及粮票数（见图 7-1）。记录显示，蛇口工业区内各个单位和员工个人共捐款人民币 1318.38 元、6486.9 斤粮票以及港币 900 元。在招商局集团的档案中，也保存了招商局广州办公室、重庆交通科研设计院、广州远洋运输公司、漳州开发区等各地各公司的捐赠往来记录。可以说，招商局集团的公益传统深入每个下属公司，深入蛇口工业区的驻区各单位。

**广东省深圳特区招商局蛇口工业区**

**支援水灾区捐献总数　1982.6.11.**

| 单　位 | 捐赠者人数 | 现　金 | 粮　票 | |
|---|---|---|---|---|
| 办公室 | 28人 | 95.00元 | 243斤 | |
| 仓储公司 | 125人 | 214.9元 | 605斤 | |
| 海虹油漆厂 | 35人 | 122.00元 | 200斤 | 海币:900元 |
| 华美钢厂 | 129人 | 116.48元 | 715.9斤 | |
| 顺发公司 | 13人 | 58.00元 | 92斤 | |
| 集装箱厂 | 7人 | 8.00元 | 63斤 73斤 | |
| 蛇口分关 | 15人 | 10.00元 | 288斤 | |
| 物资供应公司 | 27人 | 14.00元 | 366斤 | |
| 供电公司 | 32人 | 32.50元 | 236斤 | |
| 贸易公司 | 17人 | 52.00元 | 150斤 | |
| 华益钢厂 | 29人 | 170.00元 | 58斤 | |
| 劳动服务公司 | 8人 | 22.00元 | 51斤 | |
| 医务室 | 6人 | | 171斤 | |
| 生活服务公司 | 食堂 | | 2000斤 | |
| 生活服务公司 | 59人 | 88.90元 | 370斤 | |
| 旅游公司 | 39人 | 89.00元 | 249斤 | |
| 地产公司 | 75人 | 184.00元 | 429斤 | |
| 电报电传公司 | 15人 | 37.00元 | 189.9斤 | |
| 工　会 | 1人 | 5.00元 | | |
| 合　计 | 660人 | 1318.38元 | 6486.9斤 | 中900元 |

**图 7-1　蛇口工业区 1982 年各单位为广东水灾捐款情况**

资料来源：蛇口工业区管委会 1982 年 6 月 3 日发出的《紧急通知》。

招商局以及蛇口工业区的各单位之所以有广泛深入的公益传统，有灾必响应，与招商局及蛇口工业区注重营造公益氛围密不可分。特别是蛇口工业区团委多次通过《蛇口团讯》发起号召。例如，1986年7月，受当年7号台风影响，广东省沿海多地受灾。蛇口工业区的多个公司如华丝公司、海虹船舶油漆公司、南海酒店、南山开发公司等纷纷组织员工捐款支援灾区，《蛇口团讯》连续几期报道各企业积极捐款的感人事迹。[①] 1992年，蛇口工业区团委发出向"希望工程"捐款的号召后，也通过报纸及有线电视进行广泛宣传。

## 二　参与的自愿性

招商局一直注重营造员工参与公益回馈社会的企业文化氛围，各单位在上述捐款活动中，不仅以企业名义捐赠，还充分发动员工捐款。员工捐款特别提倡自愿原则，完全没有行政强行摊派或指定金额。最终的捐款金额有零有整，充分体现出员工个体的自愿灵活参与。

招商局在出资援建扶贫工程的同时，还于2005年建立了"招商局集团贵州威宁扶贫教育奖励基金"，发动全体员工奉献爱心，为威宁地区贫困教师、学生捐款。2005年各单位员工捐款共计32.47万元人民币，2006年捐款33.15万元人民币。[②] 从2007年开始，集团将为威宁贫困师生捐款活动列入各单位公司日活动内容之一，动员集团全体员工慷慨解囊。

这些捐款活动，在招商局的员工心中深植了公益慈善的种子，为之后集团员工深入参与各类企业公益项目，乃至主动发起志愿者计划，奠定了文化基础。

由此可见，公益慈善文化已成为招商局企业文化的重要组成部分，成为招商人的文化底色，集团各单位及员工用实际行动诠释了企业公益慈善的理念。这一时期，各企业公益慈善呈现出自发性、分散性的特点，虽没

---

① 《为灾区义务捐款活动在华丝公司迅速展开》，《蛇口团讯》第5期，1986年7月22日；《海虹船舶油漆有限公司踊跃参加救灾捐款活动》，《蛇口团讯》第6期，1986年7月25日；《南山开发公司团委为灾区义务捐款》，《蛇口团讯》第7期，1986年7月28日；《广进公司踊跃参加救灾捐款活动》，《蛇口团讯》第8期，1986年7月28日。

② 《关于2007年度向威宁县贫困师生捐款倡议的通知》，招董办字〔2007〕478号。

有相关的战略规划与顶层设计，也没有公益的项目思维与品牌意识，但体现出的是一个负责任的央企和具有爱心的企业员工最朴素最简单的公益情怀，奠定了此后招商局公益文化的价值基础。

### 三　参与的分散性

在这一阶段，招商局集团没有设立专门的公益慈善部门，集团多部门，如工会、团委、扶贫办等都承担了公益捐赠号召倡导的职责，从多个角度号召大家参与公益慈善。如 1987 年大兴安岭火灾发生后，蛇口工会向各基层工会发出文件，要求指定专人用业余时间积极组织好义务捐赠活动。[1] 1992 年，蛇口工业区团委向全区各级团组织发出了《关于实施"希望工程"的通知》，得到各级团组织及社会各界的热烈响应，累计参加捐款达到 3000 多人，共筹得人民币 65617.20 元，港币 16209.40 元。[2] 随着国家定点扶贫工作的开展，2003 年招商局集团成立扶贫办公室，专门负责集团定点扶贫工作，各单位员工的捐款由各单位收集后统一汇总到集团扶贫办在蛇口设立的"贵州扶贫账户"。

---

[1] 《关于为大兴安岭特大火灾捐赠款物的通知》，深圳市蛇口区工会文件〔1987〕006 号。
[2] 《蛇口团委举行"在延安建希望小学捐赠仪式"》，《蛇口团讯》第 18 期，1994 年 10 月 14 日。

# 第八章　基金会成立后的招商局慈善公益事业（2009年至今）

## 第一节　历史背景

### 一　《基金会管理条例》颁布

在我国社会组织分类管理体系中，基金会与社会团体、民办非企业单位一起共同构成社会组织发展的三大主体类型。一般认为，以1981年中国儿童少年基金会的发起创办为起点，我国现代公益基金会发展开始探索起步，并在20世纪80年代末90年代初出现基金会发展的第一个黄金期。不过，与国内其他领域社会组织（如行业协会）的发展类似，这一阶段基金会兴起的一个重要特征是大部分公益基金会由政府相关部门发起创办。比如，中国儿童少年基金会隶属于全国妇联；创办于1987年的中国人口福利基金会则由计生委创办主管。由于早期基金会发展的长期政府主导性，至少在世纪之交以前，以企业基金会为代表的非政府背景基金会并不是国内公益基金会发展的主流。

随着改革开放尤其是20世纪90年代市场经济体制改革深化推进带来的国内经济快速发展，大量企业及以企业家为代表的社会先富人群逐渐积累起积极参与慈善公益事业的意愿和能力，我国公益基金会发展领域长期由政府背景慈善机构主导的局面逐渐被打破。2004年，经过前后数年酝酿筹备及反复论证修改，国务院正式对外颁布实施新的《基金会管理条例》。《基金会管理条例》在我国公益基金会管理制度上做出重要突破，将国内基金会划分为面向公众募捐的公募基金会和不得面向公众募捐的非公募基金会两种类型，其中通过"非公募基金会"这一组织类型的开创性设计，尝试为国内以企业及企业家为代表的大量民间背景基金会发展开闸放行，[①]以实现更广泛的慈善资源动员。对此，时任民政部民间组织管理局局长的李本公在 2004 年《基金会管理条例》颁布实施后，接受记者采访时，明确提到，"随着经济发展，一些大的企业和个人愿意而且有能力拿钱投入公益事业，但找不到合适的渠道。对此国家应当予以鼓励和引导，并采取相应的对策，帮助他们参与公益事业。因此，在《基金会管理条例》中增设了非公募基金会这个新种类。这一类基金会可以放开发展"。[②]

　　《基金会管理条例》颁布实施后，在国内迅速掀起了一波发起成立基金会的热潮。根据基金会中心网统计数据（如图 8-1 所示），自《基金会管理条例》颁布实施后，我国公益基金会组织数量迅速从 2004 年的 733 家增长到 2022 年底的 9617 家。其中，至 2010 年，只有短短 6 年发展历史的非公募基金会数量就超过了公募基金会，达到 1102 家（同期公募基金会

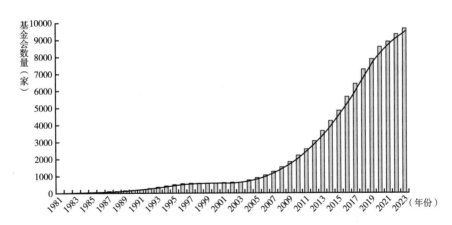

**图 8-1　中国公益基金会数量增长趋势（1981—2023 年）**

资料来源：基金会中心网，https：//www.foundationcenter.org.cn/。

---

①　朱卫国：《理念的转换与制度的创新：评〈基金会管理条例〉》，《中国非营利评论》第 1 卷，社会科学文献出版社 2007 年版，第 244 页。

②　李本公：《以规范管理促进基金会健康发展：民政部民间组织管理局局长李本公答记者问》，《中国民政》2004 年第 4 期，第 32 页。

数量为 1096 家）。在此背景下，多个大型中央企业积极响应，通过发起成立基金会的形式投身公益慈善事业。比如，2005 年 5 月，中国南方航空集团有限公司和中国宝钢集团有限公司分别发起成立南航"十分"关爱基金会和宝钢教育基金会；同年 10 月，中国远洋海运集团有限公司在民政部注册成立中远海运慈善基金会；等等。招商局作为一家有着百年公益传统，同期正在认真贯彻落实国家定点扶贫任务的大型中央企业，独立发起创办一家公益慈善基金会可谓正当其时。

## 二 定点扶贫与乡村振兴

改革开放以来，我国减贫事业取得了举世瞩目的成绩。从某种意义上讲，中国改革开放前四十年的历史进程就是一部全国人民团结一致、努力消除贫困奔小康的奋斗史。在此过程中，由中央和国家有关单位参与的"定点扶贫"作为中国特色扶贫开发事业的重要组成部分，为我国反贫困事业做出了不可忽视的重要贡献。① 早在 1986 年，国务院就正式启动了国家机关参与定点扶贫工作的探索，首批安排 10 个国务院所属部委分别在全国 18 个连片贫困地区选择一个联系点开展扶贫工作。② 在此基础上，定点扶贫工作通过以点带面方式积累经验逐步全面推开。1994 年 8 月中共中央办公厅联合国务院办公厅共同发布《关于加强中央党政机关定点扶贫工作的通知》，对中央和国家相关单位的定点扶贫工作做出明确部署。至 1998 年，中央和国家机关参与定点扶贫工作的单位已达到 138 个，得到定点帮扶的国家级重点扶持贫困县达到 325 个。③

进入 21 世纪后，国家进一步深化推进定点扶贫工作，参与定点扶贫的相关单位也由原来的中央党政机关进一步扩展到中央相关企事业单位。2002 年 4 月，国务院扶贫办等六部门联合发布《关于进一步做好中央、国家机关各部门和各有关单位定点扶贫工作的意见》，并在随后制定的具体

---

① 韩小伟、韩广富：《中央和国家机关定点扶贫的历史进程及经验启示》，《史学集刊》2020 年第 4 期，第 56 页。
② 《国务院关于表彰国家科委等单位长年深入基层开展扶贫工作的通知》，《中华人民共和国国务院公报》1990 年第 14 期。
③ 温家宝：《中央机关要为扶贫攻坚作出更大贡献——在中央、国家机关定点扶贫工作会议上的讲话》，《中国贫困地区》1998 年第 10 期，第 5 页。

实施方案中安排 272 家中央部委和企事业单位定点帮扶 485 个国家级贫困县。[1] 作为一家具有高度社会责任感的大型中央企业，招商局集团的定点扶贫工作正是在此背景下开始起步的。根据上述定点扶贫工作实施方案，招商局负责对口帮扶贵州省毕节市威宁彝族回族苗族自治县，由此开启了招商局集团长达 20 余年的对口帮扶探索历程，并一直坚持至今，仍在持续不断推进。

以 2002 年承接贵州威宁对口扶贫任务为起点，伴随外部政策环境的变化，招商局后续定点扶贫工作也不断出现新的调整和演变。2010 年 5 月，中共中央办公厅、国务院办公厅印发《关于进一步做好定点扶贫工作的通知》，[2] 对如何调动各方力量推进定点扶贫工作、适时调整定点扶贫工作方案及进一步深化定点扶贫工作等问题做出了具体部署。基于上述国家宏观政策的推动，招商局集团威宁定点扶贫工作从 2011 年开始全面深化推进。与此同时，在威宁县定点扶贫探索的基础上，根据 2012 年 11 月国务院扶贫办等八部门联合发布的《关于做好新一轮中央、国家机关和有关单位定点扶贫工作的通知》，从 2013 年起招商局集团又增加了对湖北省蕲春县的结对帮扶工作。2015 年底，随着中国外运长航集团整体并入招商局，成为其全资子公司，原来由外运长航集团负责的新疆莎车、叶城定点帮扶工作也被统一纳入招商局乡村扶贫范围。

经过全国上下不懈努力，2020 年我国现行标准下农村贫困人口实现全部脱贫，国家级贫困县全部摘帽，招商局集团直接参与帮扶的四个定点扶贫县也在这一年顺利完成脱贫摘帽。在打赢脱贫攻坚战、全面建成小康社会后，为进一步巩固拓展脱贫攻坚成果、接续推动脱贫地区发展和乡村全面振兴，中共中央、国务院于 2021 年 3 月印发《关于实现巩固拓展脱贫攻坚成果同乡村振兴有效衔接的意见》，要求自脱贫之日起设立 5 年过渡期，过渡期内严格落实"四个不摘"[3]，通过建立健全巩固拓展脱贫攻坚成果长

---

[1]　彭俊：《中央国家机关再度定点扶贫》，《人民日报》2002 年 4 月 24 日。

[2]　中共中央办公厅、国务院办公厅：《关于进一步做好定点扶贫工作的通知》，《内蒙古政报》2010 年第 7 期，第 22 页。

[3]　"四个不摘"具体指摘帽不摘责任、摘帽不摘政策、摘帽不摘帮扶和摘帽不摘监管。参见《中共中央国务院关于实现巩固拓展脱贫攻坚成果同乡村振兴有效衔接的意见》，2021 年 3 月 22 日，中国政府网，http：//www.gov.cn/zhengce/2021-03/22/content_5594969.htm。

效机制，加快推进脱贫地区乡村产业、人才、文化、生态、组织等全面振兴，为全面建设社会主义现代化国家开好局、起好步奠定坚实基础。与此同时，《中华人民共和国乡村振兴促进法》也于 2021 年 6 月 1 日起正式施行，标志着我国乡村振兴战略进入全面推进实施阶段，由此，招商局集团在乡村振兴领域的慈善公益工作也进入一个新的阶段。

### 三 共建"一带一路"倡议的实施

当今世界正在发生深刻复杂的变化，尤其是 2008 年全球金融危机爆发以来，部分西方国家贸易保护主义、孤立主义倾向日益加剧，国际投资贸易格局和多边投资贸易规则酝酿深刻调整，经济全球化不确定性持续上升，"逆全球化"现象不断涌现，各国仍然面临严峻的发展问题。与此同时，国内经济在经过几十年高速增长后，也逐渐出现产能与外汇资产过剩、能源对外依存度过高、产业结构亟须转型升级和区域协调发展等迫切需要解决的现实问题。面对国际国内一系列新形势与新变化，为顺应世界多极化、经济全球化、文化多样化的潮流，习近平主席 2013 年秋在访问哈萨克斯坦、印度尼西亚期间，先后提出共同建设"丝绸之路经济带"和"21 世纪海上丝绸之路"的重大倡议，得到国际社会的高度关注和有关国家的积极响应，成为备受世人瞩目的中国方案。

2015 年 3 月，国家发展和改革委员会联合外交部、商务部共同发布《推动共建丝绸之路经济带和 21 世纪海上丝绸之路的愿景与行动》，为共建"一带一路"描绘宏伟蓝图，并逐步将"一带一路"倡议从构想变为行动。此后数年间，中国又陆续发布了一系列共建"一带一路"的发展规划和设想，或做出相关战略部署，推动"一带一路"合作网络不断形成，合作领域不断拓展。2015 年，中国与共建"一带一路"国家和地区开展战略对接，同 20 多个国家签署相关合作协议。2016 年，共建"一带一路"倡议得到 100 多个国家和国际组织的积极支持和参与，沿线各国战略对接、互联互通、产能合作硕果累累。

在国家倡议共建"一带一路"的大背景下，招商局集团响应中央号召，充分发挥集团自身业务经营优势，先后在斯里兰卡、白俄罗斯、吉布提等国家和地区参与多个项目合作开发与建设，为高质量共建"一带一路"贡献企业力量。而对于招商局集团慈善公益事业的开展而言，"一带一路"倡议既是机遇又是挑战。招商局着手研究海外公益的特点，希望借用海外业务单位的资源和优势，做好海外公益工作，积累开展海外公益事业的经验。

## 第二节　基金会成立与招商局慈善公益事业的阶段性演进

### 一　招商局慈善基金会发起成立（2007—2008）

招商局于 2007 年提出了设立"招商局爱心慈善基金"的动议，2008年集团办公会第二次会议审议通过成立"招商局爱心慈善基金"。之后的两年间，在集团各单位的大力配合下，集团办公厅（现为"集团办公室"，下同）、法律部、财务部等有关部门充分重视，积极部署，全面调研，在推动基金会合法化，以独立法人身份依法接受募捐、享受免税等方面做了大量相应的工作。

2008 年 3 月，招商局集团领导走访了民政部及部分企业基金会，了解了基金会合法登记的重要意义。一是根据《基金会管理条例》，正式登记后，招商局慈善基金会即成为由招商局集团独家发起设立的，以从事公益事业为目的的非营利法人，可以依法独立地接受捐款，开展慈善活动，承担民事责任。二是借由这个公开、合法的平台，可打造集团统一的慈善品牌，有利于规范、理顺集团系统内部现有的分散捐赠活动，提升集团及下属公司在履行社会责任时的知名度和美誉度。三是根据财政部、国家税务总局和民政部联合出台的《关于公益性捐赠税前扣除有关问题的通知》，登记后的基金会有资格开具统一的免税发票，公益捐赠可以凭发票享受税前抵扣政策，可以较好地解决各下属企业，尤其是上市公司，向基金会捐款的合法性问题，以及所捐款项的税收优惠问题。四是正式登记后，基金会的登记管理机关为民政部，在某些项目的实施上可以争取到民政部的推动和协调。于是，根据上述调研结果，2008 年 4 月招商局集团办公厅上报了调整后的基金会设立方案，根据《基金会管理条例》，建议将"招商局爱心慈善基金"更名为"招商局爱心慈善基金会"并注册登记为非营利的独立法人，规范运作。此动议获得集团领导批准。

2008 年 6 月，招商局集团办公厅依照程序以招商局集团的名义向民政部国家民间组织管理局正式上报《招商局集团有限公司关于发起设立"招商局爱心慈善基金会"并恳请民政部担任业务主管单位的请示》，并同时提交了《招商局爱心慈善基金会章程》《理事、监事登记表》等其他文件供审批。当月，民政部国家民间组织管理局对申请文件进行初审并通过。

7 月，招商局向民政部面呈《关于"招商局爱心慈善基金会"使用"招商局"字号的说明》，同时提交国家工商总局登记证、香港商业登记证、国务院中编办相关函件等附件，阐明招商局集团独家专有"招商局"品牌，对"招商局爱心慈善基金会"这一品牌可合法使用。

2009 年 1 月，民政部审议通过"招商局慈善基金会"命名事宜。2009 年 2 月，民政部向招商局下发"成立招商局慈善基金会"验资通知，要求将承诺的人民币 5000 万元初始基金汇入指定账户，以进行验资。接到通知三天后，集团即将 5000 万元人民币启动资金一次性汇入指定账户，一周后民政部验资完毕。2009 年 4 月，民政部将有关申请文件转呈国务院办公厅。5 月，国务院办公厅批复准予登记。

2009 年 6 月 15 日，民政部正式发布《关于招商局慈善基金会设立登记的批复》（民函〔2009〕152 号）。至此，招商局慈善基金会登记工作基本完成，正式在民政部登记为全国性非公募基金会。

此外，由于国内成立的基金会主要针对中国内地，无法收取外币捐款及在香港申请税务豁免，鉴于招商局集团在香港及内地均有经营单位，招商局于 2010 年在香港注册成立了无股本担保有限公司——"招商局慈善基金会有限公司"（以下简称"香港招商局慈善基金会"或"香港基金会"），作为集团面向香港及海外国家与地区履行企业社会责任的"公益枢纽""专业平台"，纳入招商局慈善基金会的日常管理和运作。

根据 2007 年《关于建立集团爱心慈善基金有关问题的请示》及有关领导的批示，基金会正式登记后，启动资金 5000 万元人民币中的 3000 万元由招商局集团支付，其余 2000 万元以基金会名义向各下属单位合法收取。其中，招商局国际承担 300 万元，蛇口工业区（含招商地产）承担 300 万元，招商轮船承担 200 万元，工业集团承担 200 万元，金融集团承担 200 万元，海通公司承担 200 万元，漳州开发区承担 200 万元，华建中心承担 200 万元，重庆交科院承担 100 万元，招商局物流承担 100 万元。2011 年起，捐资比例从最早的集团与下属单位六四开，调整为四六开，即集团承担 40%，下属单位承担 60%。[1]

基金会的资金来源构成为：（1）集团每年划拨一定数额的资金作为慈善专款；（2）各下属单位每年预算中划出一定数额的资金作为本单位慈善专款；（3）集团员工自愿捐赠；（4）社会有关单位或个人自愿捐赠。根据以上安排，各公司应在每年的 11 月将本单位下一年度的慈善专款列入年度预算。

基金会的资金将主要用于五大方面：（1）社会参与项目。这部分费用直接用于实现本基金会"关注民生、扶贫济困、热心公益、和谐发展"的创立初衷，打造基金会品牌；（2）政策扶贫。继续集团在贵州省威宁地区扶贫项目的规划与实施；（3）各单位慈善项目。各下属单位将本单位公益捐助计划报基金会批准后以基金会名义统一捐出；（4）不定期赈灾捐款；（5）特殊项目捐款。

从基金会成立时的资金来源不难看出，在某种程度上，招商局慈善基金会是"不愁募款"的基金会，每年度的捐款已经由招商局集团安排妥当。从资金的用途中则可以看到，基金会成为招商局集团的公益资金池，集团希望通过基金会这个平台把分散在集团各单位的公益捐款统一整合起来，规范管理，专业运作，以发挥更大效用。

表 8-1 招商局慈善基金会历年收支情况

单位：万元

| 年份 | 收入总额 | 公益支出 | 管理成本 |
| --- | --- | --- | --- |
| 2009 | 5000 | 580 | 0 |
| 2010 | 987 | 1462 | 21 |
| 2011 | 2281 | 1007 | 11 |
| 2012 | 2236 | 2416 | 45 |
| 2013 | 5169 | 4483 | 98 |

[1] 《招商局慈善基金会第一届理事会工作总结报告》。

续表

| 年份 | 收入总额 | 公益支出 | 管理成本 |
|---|---|---|---|
| 2014 | 4224 | 4148 | 65 |
| 2015 | 4039 | 3529 | 103 |
| 2016 | 5557 | 5100 | 163 |
| 2017 | 12530 | 7764 | 252 |
| 2018 | 10058 | 9684 | 305 |
| 2019 | 9330 | 8863 | 466 |
| 2020 | 10830 | 10430 | 479 |
| 2021 | 12789 | 9826 | 422 |
| 2022 | 12136 | 15159 | 520 |
| 2023 | 9528 | 9475 | 569 |
| 合计 | 106694 | 93926 | 3519 |

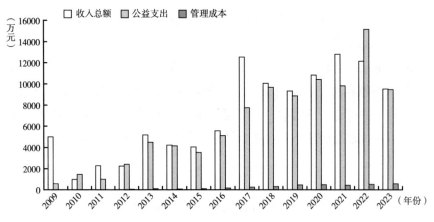

图 8-2　招商局慈善基金会 2009—2023 年收支情况

## 二　慈善公益事业建章立制（2009—2012）

这一阶段是基金会的初创期，主要是建章立制，注重"打基础"和
"立规矩"，实现内部管理制度化、规范化，努力把"好事"办好，做到每
个项目、每笔资金都程序完备、清楚透明，通过制度建设体现基金会对国
家、社会、历史、企业、员工、捐赠人负责的态度。这一时期制度建设的

集中成果体现在 2012 年末基金会首次参加民政部社会组织等级评估，即获得 4A 级称号。

　　基金会成立后，2010 年 9 月起就成立了临时党支部。第一届理事会先后审议编制、修订了如下 13 项管理制度①：《招商局慈善基金会基金管理办法》《招商局慈善基金会财务会计制度》《招商局慈善基金会差旅费财务管理办法》《招商局慈善基金会办公通讯费财务管理办法》《招商局慈善基金会项目管理办法》《招商局慈善基金会信息公开制度》《招商局慈善基金会档案和印章管理办法》《招商局慈善基金会会计档案管理规定》《招商局慈善基金会员工管理规定》《招商局慈善基金会重大事项报告制度》《招商局慈善基金会志愿者管理办法》《招商局慈善基金会员工福利财务管理办法》《招商局慈善基金会公益采购管理办法》。② 这些制度使基金会专业化管理体系逐步完善，做到以制度管理善款，以流程规范工作。

　　根据上述管理制度，各公益项目均纳入年度预算，经年初召开的理事会议审议通过后实施。对预算外的突发项目支出，经秘书处初评通过后，提交法务处、财务处会签，并报秘书长审核后，报呈理事长审定。项目实施中，注重流程规范和目标效果并重。一方面，每项公益支出都在捐赠协议、审批流程、财务票据等齐备的条件下付款；另一方面，对重要项目进行实地考察，确保公益活动内容真实可靠、运作合法合规、基金会捐赠意图能够充分实现。项目实施后，注意总结经验，评估公益项目的经济和社会效益。

　　值得特别指出的是，基金会自成立伊始就特别注重公开透明。从 2011 年开始，基金会每半年公布一次财务报告，接受捐赠人及社会各界的监督和指正。③ 2012 年基金会进一步完善组织信息公开制度，全面改版基金会官方网站，定期编写工作简报，并采用纪录片、短视频等创新性的方式展示项目。④ 这些为基金会日后成为"中国最透明基金会"奠定了基础。

---

① 《招商局慈善基金会第一届理事会工作总结报告》。
② 《员工福利财务管理办法》《公益采购管理办法》为 2013 年制定。
③ 《招商局慈善基金会 2011 年度工作报告》。
④ 《招商局慈善基金会 2012 年度工作报告》。

2012 年 7 月基金会根据民政部《社会组织评估管理办法》的相关要求,开展等级评估的准备工作。各部门密切配合,整理基础资料,完善规章制度,汇总历年报告,收集相关报道,于 2012 年末迎接民政部专家组的现场评估。基金会在首次等级评估中即获得 4A 级称号,这是对基金会发展初期制度化、规范化、透明化运作的最佳肯定。

此外,在这一时期,基金会还不断根据运作中遇到的新问题新情况提出新的解决策略。例如,2010 年,针对理事地域分散,不便集中商议的现状,基金会提出设立投资评审委员会,负责对项目进行审议。

## 三 多元慈善公益项目积极探索(2013—2015)

这一时期,招商局慈善基金会进入全面发展阶段。基金会根据初创期探索的经验,明晰了战略方向、目标定位、聚焦领域和工作模式,专业化的资助型基金会已基本成形。此阶段,基金会实现了"五个一"的工作成果,即为集团打造了一个公益事业平台、培养了一支专业团队、做成了一批有影响的公益项目、形成了一系列招商局公益的特色品牌、获得了一个权威评价。① 这一权威评价即 2015 年基金会获得"全国先进社会组织"这一全国社会组织的"最高奖","先进"不仅仅意味着规范化管理,更表明了基金会的专业度和影响力。

2013 年,根据理事会的要求,在理事长的亲自主持下,基金会开展了成立以来的首次战略咨询和规划。战略规划进一步明确了资助型基金会的运作模式、乡村社区发展的聚焦领域、行动研究的工作方法,在重点保障集团扶贫、配合下属单位公益活动的基础上,通过积极参与社会公益,努力打造具有招商局特色的公益慈善品牌。

这一阶段基金会的几大公益项目板块初步形成。一是重点保障集团定点扶贫任务。主要包括在威宁、蕲春落地的公益项目。定点扶贫的大背景决定了基金会聚焦在乡村扶贫发展领域,定点扶贫板块是基金会重点保障和资金投放的领域,每年在公益支出中占比最高。

---

① 《招商局慈善基金会有限公司董事会招商局慈善基金会第二届理事会工作总结报告》。

表8-2　基金会定点扶贫领域的资金及其占当年公益支出比例

| 年份 | 定点扶贫资金（万元） | 占当年公益支出的比例（%） |
| --- | --- | --- |
| 2013 | 2884 | 64.33 |
| 2014 | 2192.67 | 53.24 |
| 2015 | 2269.21 | 66.88 |

二是积极配合下属单位的公益事业。基金会在配合支持集团各单位主动申报公益活动的基础上，为提高各单位开展公益活动的专业性和有效性，于2015年首次设计了《下属单位申报项目公益资金使用效率评分表》，指导各单位公益项目的策划和设计。此外，基金会还结合救灾实际需求、企业专业特长，与相关单位共同策划、设计、推动了"灾急送"等企业公益项目。"灾急送"项目是对以往"积极支持下属单位公益"与"应对重大自然灾害"的有机融合，充分结合了招商局物流业务的专业品质和基金会自身的公益网络及传播优势，这一项目拓宽了招商局慈善基金会发展"企业公益"的视野，进一步明确了基金会在应对自然灾害时探索运营模式、整合优势资源、创新自有品牌的思路，为下一阶段的品牌塑造奠定了基础。

三是精心塑造招商局公益品牌。基金会以公益项目的策划、设计、运营、管理、评估等为主线，以制度建设、流程完善为基础，从行业视角出发，精心选择乡村发展领域的公益项目，并适当参与扶贫开发工作的知识生产，打造招商局在聚焦领域的专业品牌，思考如何为中国的乡村建设加入"招商局"样本。"招商局·幸福家园"乡村社区支持计划是基金会打造招商局公益品牌的典型代表。该项目在前期与四川海惠助贫服务中心合作的基础上，支持农民以互助协商的方式，分析和解决本社区的公共需求，并在这一过程中聚焦多元参与和协作，促进农村社区治理结构的优化。基金会提炼出该项目的品牌项目符号"招商局·幸福+"，成为基金会第一个可视化自有品牌项目。

在全面发展阶段，基金会也开始更多地参与国内公益行业推动工作，在不同论坛上发声，介绍招商局慈善基金会的公益理念和实践经验。2013年基金会出席国际小母牛联益峰会，加入中国慈善联合会，成为首批会员，参加"美丽乡村·首届乡村发展公益论坛"。2014 年参加福特基金会组织的"教育资助圆桌会议"，参加由中国国际扶贫中心和中国社会科学院社会学研究所等机构主办的"生态文明贵阳国际论坛 2014 年年会"，参加由社会资源研究所举办的"资助之声"沙龙，出席由北京农家女文化发展中心、中山大学中国公益慈善研究院主办的"第五届全国百位女村官论坛"，等等。2015 年招商局慈善基金会与浙江敦和慈善基金会一起，担任中国非公募基金会发展论坛的第七届轮值主席，参与发起了资助者圆桌论坛。

在这一阶段，基金会内部治理进一步规范，各项制度逐渐完善落实，战略规划稳妥推进，团队建设初见成果。2015 年，民政部在国内 6 万多家社会组织中，首次评选出 298 个"全国先进社会组织"，招商局慈善基金会荣获这一全国社会组织"最高奖"。在这一阶段，基金会理事不仅仅局限于在会议室中指点江山，而是足迹遍布项目一线。多位理事监事前往云南鲁甸、湖北蕲春、贵州威宁等项目实施地进行实地考察，这显著增强了理事们对项目的关注程度，也有效监督了项目执行。同时，基金会的专职人员数量也在稳步增长，到 2021 年已有 12 名全职工作人员，基金会项目管理、财务管理、品牌管理等业务均有了专职岗位，并开始聘请专人推进基金会的品牌传播工作。

## 四 特色品牌项目影响力不断扩大（2016—2022）

这一阶段，基金会公益项目的数量和质量都跃升上新的台阶，形成了若干具有招商局特色的公益品牌项目，社会影响力持续扩大。招商局慈善基金会也成为招商局集团的"履责窗口"和公益行业的"专业枢纽"，作用愈加凸显，专业能力愈加突出。基金会对内整合各方需求，提升资源使用效率，利用业务优势打造履责亮点；对外搭建公益议题网络，打造知识平台，倡导跨界行动，持续深化基金会在公益领域的专业性和影响力。2018 年，招商局慈善基金会撰写的《以评促建完善管理　立足长远建设品牌》一文入选《中国社会组织评估十周年纪念文集》，并获评优秀文章。2019 年，招商局慈善基金会荣获界面·财联社评选的"中国臻善企业基金会"称号。2020年招商局慈善基金会上榜中国基金会评价榜金桔奖，[①] 同年还荣获第五届鹏城慈善奖——鹏城慈善典范机构称号。2021年，招商局慈善基金会荣获全国脱贫攻坚先进集体、第九届"中华人口奖特别贡献奖"，[②] 反映了基金会助力脱贫攻坚，以及12年来以人为本、以需为要，在促进人的全方位发展方面的突出贡献。

这一阶段，招商局慈善基金会在组织建设上发生三方面的显著变化。一是2016年底正式成立党支部，严格按照相关通知要求开展党建工作，积极推进基金会党组织和党的工作全覆盖，将党建工作融入日常管理，努力做到"专业公益平台"与"党的基层堡垒"有机结合，切实把服务国家、服务社会、服务群众和服务行业落到实处；二是2016年《慈善法》颁布实施后，基金会第一时间向民政部申请认定为"慈善组织"；三是注册资金扩大为1亿元。2017年在基金会第三届理事会第一次会议上，修订了《招商局慈善基金会章程》，注册资金由5000万元人民币变更为1亿元人民币；理事会成员由15—18名调整为15—25名；每届理事会任期由5年变更为3年；基金会重大投资活动由"金额在500万元人民币以上"改为"金额在2000万元人民币以上"。基金会注册资金的扩容，也体现出招商局集团对基金会过去几年工作的认可以及对未来工作的支持。

这一阶段基金会发展的典型特征是项目品牌化。在定点扶贫领域，脱贫攻坚的决胜时期，基金会高标准、严要求贯彻落实上级主管部门关于脱贫攻坚的工作部署，围绕集团《中央单位定点扶贫责任书》，充分发挥基金会连接集团内外公益资源的纽带作用，以"保障民生基础，谋求长远发展"为原则，集中力量补齐贫困地区突出民生短板，不断激发贫困群众内生动力，统筹推进贵州威宁、湖北蕲春、新疆叶城和莎车四县帮扶工作。幸福乡村卫生室、就业扶贫、招商局帮扶干部培训班等成为招商局的扶贫特色项目。特别是创立了"27°农"公益助农品牌项目，产品采购范围从

---

① 金桔奖（又称"中国基金会评价榜"）是国内唯一一个由民间公益组织直接评价基金会资助行为的奖项。金桔奖旨在通过民间公益组织的视角，对基金会做出独立的评价，呼吁基金会与民间公益组织建立良好的合作关系，促进基金会支持民间公益组织，保证资助行为的有效性，进而推动中国公益事业的有序发展。

② 中华人口奖（原为邓颖超人口奖）1993年由中国人口福利基金会设立，为我国人口领域的最高奖，每三年一届。

招商局集团及招商银行帮扶的 6 个扶贫县扩大到 13 个原国家级贫困县，成功开发近百款助农产品，不断拓宽销售渠道，让贫困地区农产品融入全国大市场。《打造 27°农公益品牌，开辟消费扶贫新路径》案例被国家发改委评选为"全国 50 佳消费扶贫优秀典型案例"。

随着脱贫攻坚的全面胜利，中国开启乡村振兴的新篇章。招商局集团积极响应国家号召，于 2021 年制定出台《"十四五"时期定点帮扶及乡村振兴工作规划》，在巩固拓展脱贫攻坚成果和全面推进乡村振兴方面重点发力。招商局慈善基金会结合"四个不摘"指示要求，紧密围绕集团"十四五"定点帮扶及乡村振兴工作规划，牢牢把握稳组织、稳服务、稳就业，兴人才、兴产业、兴治理的"三稳三兴"工作目标，建强一批人才队伍、打造一批乡村振兴示范点、培育一批区域发展产业集群的"三个一批"工作重点，在产业振兴、人才振兴、文化振兴、生态振兴、组织振兴等方面走出一条"招商道路"。

产业振兴是招商局集团定点帮扶的重点方向。在湖北蕲春，依托蕲春产业新城，建设蕲艾康养中心、智能物流仓储基地；深化油茶产业，并援建智能玻璃温室和现代化标准化联动产业大棚，打造农业高科技农旅融合示范基地。在贵州威宁，改造提升养牛圈舍、种植玉露香梨、配套产业设备、改装水果分拣线。在新疆叶城，建立农产品冷链物流体系，完善冷链物流基地设施设备，加快当地现代化冷链产业进程。在新疆莎车，建成骆驼养殖基地，建设乳制品加工厂。

人才振兴方面，招商局链接专业资源，持续为乡村医生、教师提供定制化、高质量培训。同时，着力培养乡村公共服务人才、培育乡村振兴带头人，提升乡村干部抓产业、领航乡村发展的能力，带领帮扶地区村民走向共同富裕。

文化振兴方面，开展特色文化体育活动，为乡村振兴提供精神动力。在贵州威宁持续开展"悦读成长计划"；在湖北蕲春开展社会工作进社区活动，打造"社工+义工"服务队伍；在新疆叶城开展文化街建设，丰富老年活动中心；向威宁、蕲春、叶城、莎车四县分别捐赠《求是》和《红旗文稿》各 1000 份。

生态振兴方面，以保护生态、改善环境为出发点，在贵州威宁实施人居环境整治项目，培养村民垃圾定点投放的习惯；在湖北蕲春实施生态振兴项目，修建安全饮水设施、产业水利设施、灌溉工程及泄洪闸。

组织振兴方面，推进招商局集团 15 个下属企业党支部与帮扶县 15 个脱贫村结对共建，同以"一阵地、两党课、三实事"为内容，切实把村党组织建设成为乡村振兴的坚强战斗堡垒。

在企业公益领域，这一阶段基金会对下属企业的专业公益引导愈加深入，基金会由被动协助支持企业捐赠转变为主动引领设计企业公益项目。在基金会的引领下，招商局下属单位围绕"公益性、品牌度、影响力"等维度设计公益项目，项目的设计和遴选强调"凸显企业品牌辨识度，结合企业专业优势，提升公益资金使用效率，注重项目社会影响力"原则。以招商局"灾急送"为代表的红色公益，以"C Blue 共筑蓝色梦想"为代表的蓝色公益，以"蛇口社区无车日"为代表的绿色公益，以"乐龄社会"为代表的橙色公益不断丰富着招商局集团企业公益的内涵，企业公益项目初具品牌影响力。基金会还加强招商局志愿者子品牌建设，推动形成招商港口"C Blue"志愿服务队、招商仁和"红荷义工"、招商工业"深蓝义工队"、长航集团"小江豚"长江生态保护志愿者队、招商蛇口志愿者、招商交科院"益路行"志愿者服务队等各具特色的志愿品牌。2022 年，基金会结合招商局创立 150 周年这一重要时点，还推出了"公益 3 小时"全球志愿接力活动，社会影响力逐渐凸显。

作为资助型机构，基金会继续以"盘活社区资产，培育社区组织，打造乡村发展公益价值链"为核心资助策略，完善"招商局·幸福家园"乡村支持计划，并立足乡村转型的时代背景，推出"未来+乡"乡村发展战略，推进传统乡村现代化进程。这些项目支持枢纽组织和一线组织，开展社区发展项目，覆盖 20 余个省、区、市，得到了主管部门、出资方、公益同行和社会大众的广泛认可，放大了基金会资助资金的社会效益，持续提升了招商局慈善基金会在社会发展和社区治理领域的专业性和影响力。此后，基金会又进一步将机构社区资助视野扩展到城市，其"立足社区"的工作价值与理念也得到不断拓展和延伸。

从这一阶段开始，香港招商局慈善基金会也积极配合招商局集团在香港及海外承担社会责任，作用愈加明显，在香港及斯里兰卡、吉布提、多哥、坦桑尼亚、白俄罗斯、澳大利亚、日本、泰国等地开展公益项目，涉及扶贫济困、应急救灾、助学、助医、助残等领域。

在香港公益领域，根据招商局"深耕香港"的整体部署，基金会形成了"支持青少年发展、促进教育文化交流，关注社区需求、助力社会和谐"的资助理念。香港基金会主要围绕"青少年发展"和"社区友好"两大议题开展社会公益工作。针对青少年群体，形成了招商局"C Me Fly 香港青少年资助计划"公益品牌，通过对六大核心价值观 Care（关切）、Motivate（积极）、Explore（探索）、Fearless（勇敢）、Love（爱心）和Youthful（活力）的彰显和倡导，提升学生特别是中学生群体的归属感、成就感和获得感，增强基层学生的行动力和竞争力，推动年青一代主动融入国家发展大局，促进人心回归。在香港安老领域，基金会深耕"乐龄科技"议题，持续推广科技，应用于提升长者生活的舒适度和尊严感，助力香港建设老年友好型城市。招商局的参与促进了香港安老领域的"三项第一"，获得劳工及福利局等多个政府部门和社会的一致好评。一是持续举办全港规模最大乐龄科技公众教育活动；二是 2020 年设立全港首个功能最全的乐龄科技清洁及保养服务中心，基金会和香港赛马会慈善信托基金等社会力量共同探索乐龄辅具租赁服务；三是 2021 年研发投用香港首个且唯一的乐龄器材租赁电子系统——招商局"e 赁务"。这些项目，在促进香港青少年身份认同，提升社会安老服务水平，促进社区和谐共融等方面发挥了积极作用，也让招商局在香港社会福利界建立起专业友好的形象，提升了招商局在香港社会的影响力。

在海外公益领域，香港基金会积极配合集团海外战略，以支持在地企业履行社会责任为主要原则，在发展中国家开展海外公益项目。香港基金会制定了《招商局集团海外公益慈善捐赠管理办法》，坚持"统筹开展、合法合规、公平诚信、权责明确、本土化"的原则，实施人道救助类和价值推广类项目。"C Blue 21 世纪海上丝绸之路优才计划项目"、"'一带一路'光明行项目"、"'一带一路'物流伙伴交流计划"、"非洲贫困国家儿童免疫接种推广项目"、"C Star 青年创新创业支持计划"、"招商丝路爱心村"帮扶项目等，都已成为招商局海外公益的品牌项目。海外公益板块的理念也日益成熟，按照"注重构建本土化策略，立足当地实际；注重发挥企业禀赋优势，塑造品牌特色；注重加强专业分工合作，参与全球治理；

注重传递人类共同价值，凝聚广泛共识；注重完善风险合规管理，保障稳中有进"的"五个注重"原则，聚焦人类共通的情感诉求和精神追求，注重采用国际主流话语体系传递爱与和平、发展、公平等共同价值。海外公益项目加强了招商局集团公益的国际化布局，通过实施人道主义援助与文化价值传递，双管齐下，提升招商局全球美誉度。

在2020年突发的新冠疫情中，基金会主动作为，专业应战。一是多渠道开展物资采购，畅通抗疫物资生命线，全力驰援湖北抗疫主战场。二是招商局"灾急送"应急物流平台及时启动一级响应，打造了全国最大的公益抗疫物流平台，荣获"全国抗击新冠肺炎疫情先进集体"称号。三是积极组织接收集团内外抗疫捐赠，根据疫情特点有序有节开展工作，做到管理透明，捐赠有效。四是在疫情转入常态化后，基金会结合长期在乡村社区工作的经验和资源，面向全国发布了"防疫抗疫，社区有'招'"支持计划，通过支持社会组织扎根社区，开展社区为主体的志愿行动、困境群体照护、情绪辅导、物资援助等服务，回应社区居民在疫情防控不同阶段的多元需求，同时积极帮助提升基层社区抗疫能力。

除了项目的品牌化之外，基金会的品牌形象也不断强化。2019年，基金会完成了对机构视觉识别系统的更新迭代。在核心元素方面保留招商局集团主标识"CM"，新增口号"予人阶梯，成就改变"（Invest in Change-makers），取义"为有动力的人提供向上的阶梯"。以此更加直观地向社会各界传递基金会的价值使命、精神内涵和工作理念。同时，2019年以基金会成立十周年和第六个国家"扶贫日"为契机，基金会组织开展了"共享收获，脱贫有招"、乡约乡见公益音乐会等系列品牌传播活动。

项目品牌化带来了社会影响力的扩大化。这一阶段，基金会的媒体曝光率不断提高。据不完全统计，项目得到中央电视台、新华社、光明网、凤凰网、中国经济网、网易新闻，定点扶贫省/自治区、市、县地方电视台和官网等宣传报道。2020年招商局集团和基金会抗击新冠疫情的工作，获得广泛而积极的社会反响，得到国务院联防联控机制的肯定，招商局在发挥专业优势履行社会责任，特别是作为"国家队"在应急状态下"逆行""保供"的形象得到了进一步提升。

基金会在公益行业的影响力也不断深化。基金会不断加强与行业伙伴互相支持与互动，在中国基金会发展论坛、资助者圆桌论坛、中国好公益平台等行业平台主动发声，推动乡村社区议题行动网络搭建和知识生产，支持行业基础设施建设和人才专业化发展，行业影响力不断提升。

### 五 慈善公益事业的价值进一步跃升（2023年及之后）

2023年，是全面贯彻党的二十大精神的开局之年，也是招商局开启"第三次创业"新航程之年，招商局的慈善公益事业也进入新的跃升阶段，基金会的组织发展及各个业务板块趋于成熟，2023年招商局慈善基金会第三次获得全国性社会组织等级评估4A级荣誉。面向新的发展时期，基金会赓续招商局的改革创新精神，识变谋新，发布招商局C公益品牌，在加强品牌引领的同时，也希望依托招商局慈善基金会这一专业公益平台，实现招商局慈善公益事业的深化和提升，为服务国家战略、回应社会所需、服务集团履责持续创造更大的价值。

经过充分论证和审慎梳理，2023年10月9日，招商局在每年一度的公司日上正式发布了C公益品牌"C的m次方"。字母C是招商局英文名称China Merchants的第一个字母，也代表招商局Caring（关怀）、Cooperation（合作）和Companionship（陪伴）的责任理念。C公益品牌共涵盖"C Me Fly""C Blue""C Green""C Star""C Pal""C Aid"六大子品牌，集合了多个代表性公益项目，共同构成招商局公益品牌树。

招商局C公益品牌的发布是招商局公益事业的一个重要里程碑，标志着招商局社会责任全球统一品牌体系正式形成，慈善公益事业版图趋于完善，有力提升了招商局公益事业的影响力。招商局C公益品牌的推出，也标志着招商局慈善公益事业进入"第三次创业"阶段。基于以往公益实践的积淀，基金会重新梳理和优化了品牌定位和行动策略。六大子品牌围绕"国家所需、招商所长、公益所能"，聚焦到关键的公益领域和相应群体，并通过系统化运作和相互协同，构成了一个更清晰、高效的公益事业体系。不仅体现了招商局对社会责任的深度参与和长期承诺，也为招商局慈善公益事业的纵深化发展提供了全新的平台和机遇。

"C Me Fly"以"希君生羽翼，一化北溟鱼"（We See You Fly！）

为品牌理念，重点关注青少年成长领域，回应内地、香港及境外青少年的多元发展需求，激励青少年各展所长、回馈社会。

"C Blue" 以 "共筑蓝色梦想，用爱超越距离"（We Connect the World!）为品牌理念，充分发挥招商局在港口运营管理及物流航运等领域的核心优势，为发展中国家培育港航人才，帮助他们成为本国港航的中坚力量，落实 "讲好中国故事，促进民心相通" 的使命。

"C Green" 以 "全球减碳，招商同行"（Carbon Reduction, We are in Action!）为品牌理念，积极践行招商局集团的 ESG 工作建设，推动可持续发展理念全面融入慈善公益事业，关注全球环境保护，促进绿色发展。

"C Star" 以 "投资青年，点亮未来"（Light up the Future!）为品牌理念，重点关注青年创新创业，整合招商局在粤港澳大湾区和非洲等地的业务优势，为相关地区的可持续发展蓄能。

"C Pal" 以 "爱心家园，共享美好"（We Care, We Share）为品牌理念，积极参与中外社区建设，坚持以 "人" 为核心，以 "社区" 为载体，从直接帮扶到助力发展，从重点关注物质资本的积累、人力资本的提升，到逐步深入至社区治理层面，推动良性社会资本的构建，增进民生福祉。

"C Aid" 以 "同舟共济，为爱出发"（Be Your Friend in Need!）为品牌理念，以品牌项目 "灾急送" 为代表，打造专业化灾害应急专业物流平台，提供紧急状态下的人道关爱。

招商局的三大责任理念则贯穿 C 公益品牌体系，诠释了招商局慈善公益事业的长期主义和价值主张。

Caring（关怀）：招商局始终尊重 "人" 的主体地位，把服务对象、员工、合作方等关键相关方作为推动社会责任创新的动力之源，激发 "人" 的价值，推动 "人" 的全面发展。

Cooperation（合作）：招商局将公益行业乃至社会生态视为一个大的共生系统。作为其中一员，招商局既做资源的汇集点，亦成为政策倡导、议题推动、专业研究、人才培养的助力者，通过与各方平等合作，推动社会问题系统解决。

Companionship（陪伴）：招商局聚焦变革的源泉——社会、社区以及其中的人，努力在公益产业链中担当"承上启下"的"引擎"，发现机会，陪伴伙伴，提供资源和能量。

## 第三节 主要特点

### 一 慈善事业发生重要转变

招商局慈善基金会成立后，把过去招商局一般的捐款捐物上升到以公益推动社会进步的理念层面。因为有了基金会，招商局可以从更高的价值维度和战略层面去思考公益慈善事业，把公益慈善事业与招商局"以商业的成功推动时代的进步"的企业使命有机结合起来。

招商局慈善基金会成立后，招商局的慈善公益事业实现"五个转变"：一是从"做好事"转变为"推动社会进步"；二是从"尽义务"转变为"履行社会责任"；三是从"获得好评"转变为"创造社会品牌"；四是从"经营需要"转变为"做好社会公益"；五是从单纯的"企业出资"转变为汇聚"员工及社会爱心捐赠"。

招商局慈善基金会的成立是对招商局悠久企业社会责任的延续，是招商局在对自身承担的经济责任、政治责任和社会责任深刻认知的前提下做出的重要战略选择。同时，基金会的成立又是招商局公益慈善领域的革新，基金会成立后，招商局在公益思想、运作模式、技术方法及工作机制等多个层面实现了根本性转变，而这些转变也在有效推动着招商局企业社会责任的深化与拓展。

#### （一）从分散性到系统性

以往招商局集团及下属单位每年会以不同形式捐出部分资金用于社会慈善事业，但这些资金基本是分散使用，未能统一规划、统一行动，也未形成统一的影响或品牌。基金会成立之后，招商局集团及各下属单位把所有用于公益慈善事业的资金统一汇聚到基金会执行，对外捐赠时统一使用

"招商局慈善基金会"的名称和标识，公益项目提前规划，列入预算，由基金会统一策划，统一部署，统一宣传，逐步形成招商局公益慈善事业的统一品牌，特别是 2023 年之后形成了 C 公益品牌，共同构成招商局公益品牌树，不仅代表了招商局责任理念的赓续传承，更表明了招商局百余年来回馈社会、分享价值、为世界人民的生活改善、文明互鉴和情感交融贡献力量的拳拳之心生生不息。

### （二）从随机性到规范性

以往各单位的对外捐赠较为随机随意，捐款之前缺少完备的流程，捐款之后"一捐了之"，缺少对资金的使用情况和帮扶成效的跟进和评估。基金会成立之后，坚持公开透明的原则，建立健全了各类规章制度，在预算、项目、财务等方面规定了详细的办事流程。秘书处每年定时向理事会和监事会报告年度收支及项目开展情况，理事和监事们也认真履行自己的决策和监督职责。基金会加强了对每一笔资金使用过程和使用结果的评价，还组织志愿者、理事、监事等深入项目一线开展成效评估，确保花好每一分钱。

### （三）从一次性到持续性

以往招商局集团及下属单位的捐赠大多是大灾大难时的及时响应，火灾、水灾、地震等灾害来临时，一方有难八方支援，各单位本着朴素的公益情怀，快速伸出援手，对外捐赠。这些捐赠大都随着大灾的来临而启动，随着大灾的退去而结束，属于一次性捐赠行为。基金会成立后，招商局的公益慈善行为由外部驱动的一次性行为变为内部策划的持续性行动，整个集团的公益慈善事业明晰战略方向，聚焦定点扶贫、社区发展、香港及海外公益等重点领域，每年持续在核心关键领域深耕，经过多年探索、迭代，形成了一套完整的公益慈善品牌项目和公益慈善体系。长期持续性的品牌公益项目为临时灾害应急类项目奠定了制度基础、组织基础和项目基础，当突发灾害来临时，基金会按照制度规定，根据资金额度，按年度计划外预算分级审批，既保障快速响应又确保捐赠规范。长期品牌项目积累的经验，如"灾急送"，又可快速投入应急救灾，实现养兵千日用兵一时。

### （四）从单一性到整合性

以往招商局集团的公益慈善行为以单一的"输血式""救济式"的对

外捐赠为主，缺少身体力行的公益实践，缺少价值倡导。基金会成立后变为多元整合性地参与公益慈善事业，所投入的时间精力及所取得的成效远在财务报表的捐款数字之上。基金会组织员工乃至理事身体力行投身公益，以志愿服务、项目探访等方式深入一线，促进员工利用自身专业技能服务弱困群体，既起到了对受益群众的精神关怀，又有助于塑造关爱友善的企业文化。

在定点扶贫和乡村领域，将"输血式、民生救济式"帮扶转为"造血式、产业开发式"帮扶，基于社区综合发展的理念，从社区组织建设、在地人才培养、妇女能力建设等多个层面，更加立体地推动农村减贫和社区可持续发展。基金会坚定资助型机构的定位，围绕关键议题寻找业界最专业的合作伙伴，"与中国公益共成长"，构建公益生态。

**（五）从被动性到主动性**

以往招商局集团及下属单位的捐款大都为被动响应外界号召，可能是大灾大难，也可能是某业务往来机构直接对下属单位的募款请求。各单位的捐款基本没有纳入年度预算，属于一事一议的被动应对状态。基金会成立后，集团及各下属单位每年将慈善专款纳入预算，基金会根据战略规划制定年度项目计划和预算，在资金管理上实现了主动谋划。更为重要的是，基金会成为社会问题的发现者，主动思考社会问题背后的根源及受助群众的具体需要，主动设计开发公益项目，提出解决方案。

## 二 慈善事业引入商业思维

作为一家现代企业，招商局在慈善事业中也引入了商业思维，形成了"公益投资"的意识与理念。

商业投资的成功是公益投资的坚实基础和后盾。"做大蛋糕"是商业投资、企业经营的本意，"分好蛋糕"、造福社会则是公益投资的另类能力。相比之下，商业投资追求一定时间内的利润和回报，要求产出大于投入；而公益投资则体现在企业履行社会责任、持续推动社会发展的意识和行动。虽然两者在出发点和目的上有所差异，不过在实现路径上却有共通之处，公益投资作为一种投资活动，仍然需要遵循投资的一般规律。

首先，公益投资同样需要考虑规模，需要在投资项目所能满足的社会需求和基金会自身能力之间寻找平衡点。招商局慈善基金会的做法是既关注成熟的公益模式，也鼓励创新的项目思路。

其次，公益投资也需要规避道德风险和管理风险，这就要求基金会对所投资的领域有广泛而深入的认知。为尽快了解国内公益行业，招商局慈善基金会自成立伊始就发起了"招商局扶贫创新奖"，得以迅速了解扶贫领域的优秀项目和公益生态。同时，基金会也尤为注重自身专业能力建设，以规避潜在风险。

再次，公益投资同样需要考虑效益。尽管公益投资的效益并不能直接反馈在财务报表上，但从受益人的变化、社会的认可度和企业的评价上，仍能看出不同项目效益上的差异。效益高的项目，不仅可以帮助到具体的人，还可以带来系统性变化，甚至推动深刻、持久的社会变革。因此基金会把自己比喻成公益领域的投资公司——不做制造、服务，而是做投资、孵化、培养，[①] 以期撬动社会进步，形成更大的社会效益。

最后，公益投资需要重视从项目启动、实施到结果评估的全流程管理，以规避风险，实现预期目标和社会效益。

在投资方向上，招商局慈善基金会在成立早期聚焦乡村扶贫领域，把项目分为"人道救助"和"价值推广"两大类，根据不同项目的类型和特点，对公益投资的效益提出更明确的要求。对于关注人的基本生存需求的"人道救助"类项目，采取直接捐赠的方式，如给需要救助的先天性心脏病儿童捐赠手术费，给实施免费午餐的学校捐赠开餐费，给偏远乡村的小学捐赠课桌椅等。此类项目的效益体现在过程透明、模式清晰，以定量分析的方式评估投入产出。对于关注生活品质提升和人的发展的"价值推广类"项目，如贵州威宁的"幸福小镇"乡村社区综合发展项目，希望搭建战略平台，吸引优秀的公益资源参与其中，形成乡村建设的合力。此类项目的效益体现在受益人长期能力提升和社区可持续发展方面，在项目执行的过程中强调理性地研究和思考，注重执行团队的能力。

## 三　慈善事业获得高度认可

2009 年招商局慈善基金会成立后，更加专业、系统、持久、透明地开

---

① 《一家不甘心安逸的央企基金会——专访招商局慈善基金会》，《公益时报》2017 年 7 月 3 日。

展公益活动，切实有效地回应了社会需求，得到了政府、合作伙伴、受益对象等各方的高度认可，获得了一系列重要荣誉。

表 8-3　2009—2023 年招商局慈善公益领域所获重要荣誉

| 奖项 | 年度 | 获奖主体 | 颁奖主体 |
|---|---|---|---|
| 中央企业优秀社会责任实践 | 2011 | 招商局集团 | 国务院国资委 |
| 4A 级社会组织 | 2013<br>2018<br>2023 | 招商局慈善基金会 | 民政部 |
| 中国最透明基金会 | 2014 年起 | 招商局慈善基金会 | 基金会中心网 |
| 全国先进社会组织 | 2015 | 招商局慈善基金会 | 民政部 |
| 中国最透明的慈善公益基金会榜 50 强 | 2016 | 招商局慈善基金会 | "界面" |
| 年度十大公益企业 | 2017 | 招商局集团 | 行动者联盟 |
| 第十届中华慈善奖 | 2018 | 招商局集团 | 民政部 |
| 2019 年度中央企业品牌建设典型案例 | 2019 | 招商局 C Blue 项目 | 国务院国资委 |
| "商界展关怀"标志 | 2018 年起 | 招商局集团 | 香港社会服务联会 |
| 中国臻善企业基金会 | 2019 | 招商局慈善基金会 | 上海报业集团界面·财联社 |
| 全国抗击新冠肺炎疫情先进集体 | 2020 | 招商局集团"灾急送"应急物流志愿服务队 | 中共中央、国务院、中央军委 |
| 云南省脱贫攻坚奖扶贫先进集体 | 2020 | 招商局慈善基金会 | 云南省扶贫开发领导小组 |
| 中国基金会评价榜金桔奖 | 2020 | 招商局慈善基金会 | 多家民间组织 |
| 第五届鹏城慈善奖 | 2020 | 招商局慈善基金会 | 鹏城慈善奖褒扬活动组委会 |
| 全国脱贫攻坚先进集体 | 2021 | 招商局慈善基金会 | 党中央、国务院 |
| 第十一届中华慈善奖 | 2021 | 招商局集团 | 民政部 |
| 中华人口奖特别贡献奖 | 2021 | 招商局慈善基金会 | 中华人口奖遴选委员会 |
| 脱贫攻坚奖 | 2022 | 招商局慈善基金会 | 中国扶贫基金会 |
| 全国消费帮扶助力乡村振兴优秀典型案例 | 2023 | 招商局慈善基金会 | 国家发改委地区振兴司 |
| 湖北省红十字博爱奖 | 2023 | 招商局慈善基金会 | 湖北红十字会 |
| 第十二届中华慈善奖 | 2023 | 招商局集团 | 民政部 |

招商局集团在企业社会责任和公益慈善方面所获得的最高荣誉莫过于中华慈善奖。2018、2021、2023 年，招商局集团连续荣获第十、十一、十二届中华慈善奖捐赠企业奖。中华慈善奖是中国公益慈善领域的最高政府奖，设立于 2005 年，旨在表彰我国公益慈善领域做出突出贡献的个人、企业和优秀慈善项目，是我国慈善领域最权威、最有影响力、参与程度最高的奖项。第十届中华慈善奖重点表彰扶贫济困领域的慈善典型，第十一届特别表彰扶贫济困领域和抗击新冠疫情中事迹突出、影响广泛的单位、个人、志愿服务等爱心团队、慈善项目、慈善信托。招商局集团在脱贫攻坚和疫情防控阻击战中表现突出，既捐款捐物，又身体力行探索品牌项目，三次获得中华慈善奖，实至名归。

获得中华慈善奖是招商局集团多年来在公益慈善领域表现突出的体现。在定点扶贫和脱贫攻坚工作中，招商局已多次荣获国家级最高奖项。2021 年，招商局慈善基金会代表招商局集团被党中央、国务院授予"全国脱贫攻坚先进集体"荣誉。自 2017 年开展中央单位定点帮扶工作成效考核评价以来，招商局集团已连续 7 年获评最高考核等次"好"。2017 年，招商局集团入选《企业扶贫蓝皮书（2017）》企业扶贫优秀案例；2020年，《以全民健康，促全面小康》入选"企业精准扶贫专项案例 50 佳"；2020 年，《打造"27°农"公益品牌，开辟消费扶贫新路径》入选全国 50个消费扶贫优秀典型案例；2023 年，招商局再有案例入选中央企业助力乡村振兴优秀案例，《产业与生态同频共振，助力戈壁滩变"幸福园"》被收入《中央企业助力乡村振兴蓝皮书（2023）》。

招商局集团在企业社会责任领域也斩获诸多奖项。2011 年，招商局集团获得"中央企业优秀社会责任实践"和"中国最佳企业公民大奖"；招商局集团的社会责任报告连续多年参与金蜜蜂企业社会责任评奖，曾获"2016 金蜜蜂企业社会责任·中国榜"最高奖项——领袖型企业、2018—2022 年连续获得"金蜜蜂优秀企业社会责任报告·长青奖"。① 2017 年招

---

① "金蜜蜂"是中国企业社会责任与可持续发展先锋网络，是追求负责任的中国企业的集体品牌，已逐步成为中国企业社会责任和可持续发展的重要平台。之所以采用"金蜜蜂"的称谓，是将蜜蜂与自然界和谐共生的生存模式延伸到企业，倡导企业在创造经济利益的同时，也建立与环境、社会和谐共生的良性关系，实现企业和社会共同可持续发展。

商局集团荣获行动者联盟"年度十大公益企业"。[①] 2018 年开始招商局集团连续六届获得香港社会服务联会颁发的"商界展关怀"（Caring Company）标志，以嘉许招商局在关爱香港弱势社群、促进社会和谐稳定方面取得的突出成绩。

---

① 行动者联盟是由凤凰网主办，联合多家基金会、学术机构、媒体提供支持的年度公益评选活动，旨在挖掘公益慈善领域的领军者，表彰推动社会进步的行业翘楚，传播先进的公益慈善理念和模式，推动跨界力量参与公益慈善创新。通常每年设置年度十大公益人物、十大公益项目、十大公益创意和十大公益企业四大奖项。

# 第九章　招商局慈善公益事业的影响和作用

## 第一节　招商局慈善公益事业在近代历史中的作用

招商局是晚清洋务派创办的历史最久、规模最大的民用企业，从1872年诞生之日起就背负着富强自立、民族复兴的历史重任，不仅勇担实业报国重任，也为社会发展和转型挺膺担当，在中国近代的经济、政治、教育、慈善公益等领域产生了重要影响。

### 一　维系社会秩序的安宁稳定

近代中国天灾频发、兵燹不断，但无论是清政府、北京政府还是南京国民政府，财政状况均不容乐观，军费支出占到政府财政支出的绝大比重，民生支出所占份额极小。面对广大灾民，政府的救济力量无疑是杯水车薪，局限性集中暴露。由此一来，民间慈善力量的重要性日益凸显并在这一时期取得了快速发展。在民间慈善力量之中，招商局的情况比较特殊。它虽不属于慈善组织范畴，却积极承担社会责任，在一定程度上弥补了政府救济力量的不足，成为民间慈善力量的重要组成部分。面对近代频繁发生的自然灾害和兵灾匪患，招商局开展了大量的赈济活动，解决了灾民的燃眉之急并安抚了民众的焦虑心理，对于维护社会稳定发挥了重要作用，也为经济社会恢复乃至进一步发展提供了可能。

从组织功能来看，近代慈善机构主要分为募捐机构、实施机构、协调机构三类，在推动慈善工作领域中各有侧重。综观近代招商局从事的赈灾活动，可以说在组织募捐、实施赈济、协调其他组织共同参与救济等领域均有参与，赈济机制趋于成熟。作为募捐机构，招商局面向社会募集了大批赈款，也通过号召局内人员积极捐款来自筹赈款。如丁戊奇荒期间，"朱其昂兄弟及陈树棠、唐廷枢、徐润等以个人名义为晋赈赠款达 4085 两"，① 招商局员工亦踊跃参与其中。作为实施机构，招商局在近代的自然灾害和战乱中发挥自身优势，比如在丁戊奇荒救济过程中积极参与赈粮运输。此后为了更好地参与赈灾，招商局内部还逐步建立起一套较为完整的漕运管理制度，包括分成拨运、包购包运、专人管理等，其中包购包运、专人管理对招商局参与赈灾事务起到了至关重要的作用；在民国初年及抗日战争时期不仅承担赈粮的运输，还积极参与战争救助、转运物资、运送难民返乡等战争救济，为抗日战争及战后的复员工作做出了巨大的贡献。作为协调机构，招商局协调自身与外界慈善资源投入慈善活动，积极发挥了平台协同作用。比如在晚清义赈中联合中国电报局为灾情信息传递、救灾工作开展提供了技术支撑，在商办时期又与中国红十字会联合开展难民救援。

## 二 推进近代教育的转型升级

投入教育事业是招商局在近代慈善公益领域最为突出的贡献之一。晚清时期，随着民族危机的不断加深，政府及招商局都意识到中国新式人才极度匮乏，人才培养远远落后于欧美诸国，甚至不及日本。当时一些有识之士纷纷倡导学习西学，兴办新式教育。在救亡求存的时局背景下，招商局积极回应时代责任投身教育事业，通过选送幼童赴美留学、资助创设北洋大学和南洋公学两所综合性学府、开办吴淞商船学校和航海专科学校等专业学堂、创建招商局公学等，为我国培养了大批新式人才，也为近代教育开创了新的发展局面，具体贡献体现为以下三个方面。

一是投入大量教育资金。据统计，从 1896 年到 1906 年仅仅十余年间，招商局为中国近代教育事业正式捐资达 70 万两白银，还不包括向教育部门捐助的临时性款项。设立航海专科学校后，招商局又每年定期向公学进行

---

① 《申报》1878 年 4 月 22 日，转引自张后铨主编《招商局史（近代部分）》，第 75 页。

捐款，"查公学每年收总局经费银二万数千至三万余两不等，计民国七年四月学校开办起至民国十六年六月底止，共收招商总局银二十四万三千八百五十六两八钱一分"。① 这为学校的开办和发展提供了必要的资金保障。

二是促进教育理念和学制的革新。近代传统封建教育日益空疏腐败。除初等教育和部分私学进行正常教学外，大多数官学已徒具其名，很少进行教学活动，且传统教育培养的人才已不能适应国家和社会所需。为此，招商局创办多类别学校，并引入了新的教育理念，创办的北洋大学堂、南洋公学标志着我国近代高等教育的正式产生。比如在创办北洋大学堂之初就引入"西学体用"的核心理念，办学中贯彻包括"通才和专才培养相结合""兴学强国"等在内的指导思想。1895 年，盛宣怀还主持制定了新式学堂规划，初步形成三级学制，为中国教育的现代化做出了重要贡献。

三是培育了大量新式人才。招商局在发展近代教育中开辟了新的育才途径，助力教育体制革新，推动了近代人才队伍的发展。这些新式人才投身国家建设，对我国近代各项事业的建设发挥了重要作用。以航海领域为例，招商局所培育的航运人才足迹遍及全球，成为招商局航运教育、企业管理及运输船舶之中坚，也宣告了由外国人把持中国航海技术即"借材异域"历史的结束。

## 三　助推中国慈善的近代转型

受西方慈善思想和公益理念的影响，中国慈善事业逐渐从传统慈善向近代慈善转变，涉及救助主体、救助方式、救助理念等多个方面。招商局所从事的慈善公益活动是中国近代慈善公益事业的一个缩影。可以说招商局既是近代中国慈善转型的亲历者，也是慈善事业近代转型的推动者。

首先，从救助主体看，由政府逐渐拓展到民间社会。晚清时期，灾害与战乱频仍，政府没有足够财力为民间疾苦兜底。目睹黎民苦难，招商局作为民间慈善力量的重要组成部分，积极参与灾民赈济、兴办教育、协助军运、战地救护等，还协同中国电报局、中国红十字会等开展救助，推动民间力量在近代救助中成为主力担当。

---

① 周秋光：《近代中国慈善论稿》，第 319 页。

其次，从救助方式看，招商局使用轮船、电报等近代交通通信方式积极参与慈善活动。在运送赈粮方面，相较于旧式帆船，轮船有着运载量大、速度快、安全性高等优势，能够在短时间内将大量赈粮安全、快速地运到灾区，极大提高了赈粮运输效率，有效保障了灾民的基本生活和社会的稳定。而电报能够在短时间内将信息传至千里之外，其传输效率是古时快马传递不可比拟的。另外，近代时期招商局的慈善公益活动也不再是单打独斗，在救灾中形成了协同赈济模式并开展联合义赈，救助能力与效果也得到明显提升。

再次，从救助目标来看，不仅仅是致力于实现儒家大同世界，更积极回应救亡图存的民族需求。近代招商局开展慈善救助地域范围从熟人社区扩展至陌生人社区，具备了现代慈善的基本要素。而且招商局利用自身航运企业优势，运用现代交通工具，突破国别限制、积极参与域外救济，充分发扬了国际人道主义精神，这在日本关东大地震的救援中表现最为突出。另外，在抗日战争时期，招商局还运送大批人员物资到大后方，为战后国家重建与复兴保存了有生力量。

最后，从救助理念看，推动慈善由"重养轻教"向"养教兼施"转变。在近代，受西方慈善福利观和公益思想的影响，慈善不再是单纯的慈善救济，还包括慈善教育；不只是解决生存的问题，还积极践行教养并重的理念。以招商局早期管理层郑观应为代表，他在防灾备荒、扶贫济弱、慈善教育等方面提出一系列富有见地的慈善主张，如主张筹备农业保险以"损害分担，荒歉无忧"；推动构建符合近代国情的社会福利保障体系，主张以官绅合力、以工代赈等多元化方式筹资，并设立慈善机构，对贫寒子弟实施"教养兼施"。他在回复李秋亭、金若生的信中力劝他们在天津创设广仁善堂时写道："务祈收养贫寒子女，请工师分教。各习一艺，是自食其力，所学有成……人尽其才，贫民日少。泰西今日之治即以此强国。"重视发展教育事业，在推动创办并资助各类学校的同时，十分关注职业教育，积极倡导广设工艺局，"亦可令其技艺通习，资生有路也"。[①] 以上这些主张都具有明显的近代特色，对于改良社会环境发挥了重要作用。

___

① 夏东元编《郑观应集》下册，第 1137、476 页。

## 四 树立积极履责的企业形象

作为诞生于晚清时期的民族企业，也是中国第一家现代意义上的公司，招商局在其历史发展进程中不仅秉承"实业救国"理念，引入先进技术与制度，兴办现代企业，同时大力开展慈善公益活动，有力推动了近代慈善公益事业的发展，在推动近代中国社会发展进步、维护社会稳定和保障民生上做出了重要贡献，展现了履行企业社会责任的担当。

一是积极开展生产经营。诞生于烽火硝烟之中的招商局，自成立伊始就面临国外企业的竞争与排挤，生存与发展困难重重。在此背景下，招商局勇担实业报国重任，积极开展生产经营，打破困局。比如在航运方面，两次鸦片战争之后，中国的江海航权逐步丧失，外国轮船开始涌入各通商口岸，外资轮运企业相继在中国创办并不断扩张。招商局的创办打破了外国轮船公司垄断中国江海航运的局面，抵制了外国资本的入侵，抑制了晚清白银外流。据估算，从创办到1911年，招商局轮船运费收入合计约为8305万两白银，加上招商局成立之后与洋商跌价竞争，实际减少白银外流的数额不可计数。[1] 在企业管理方面，招商局也率先实行近代经营管理制度。为了保证轮运活动的正常开展，招商局参考、吸收外国有关做法并结合中国的国情与传统，颁发了中国近代第一批航海章程、条例、局规，逐步建立了一套较为先进、适用的经营管理制度，包括交易通则、船长负责制、轮船报销制、装卸货物制、载客制、信息交流制、货物转口制、运费提成制、承包办法等。这些规章制度的颁行，表明招商局已与旧沙船业不同，成为有竞争力的资本主义企业。[2] 在兴办现代企业方面，创办矿冶、电报、铁路等一批新式工业企业和银行、保险等现代金融业，包括创办中国近代第一家保险公司——保险招商局、中国近代第一家银行——中国通商银行、中国近代第一家修船厂——上海同茂铁厂，开辟中国最早的关栈业务，筹办近代中国第一家现代纺织企业——上海机器织布局，投资中国

---

① 狄金华、黄伟民：《组织依附、双边预算约束软化与清末轮船招商局的发展——基于轮船招商局与清政府关系的分析》，《开放时代》2017年第6期，第171页。
② 刘燕京：《轮船招商局的创立及其在中国近代史中的积极作用》，《中国航海》1996年第2期，第92页。

近代第一家钢铁煤炭联合企业——汉冶萍煤铁厂矿公司等，为开启中国近代化历史进程贡献了力量。

二是积极承担社会责任。企业社会责任指企业取之于社会用之于社会，在追求利润的同时兼顾其他利益相关者的福利并回馈社会的行为。招商局成立之时，就面临天灾人祸频发、时局动荡、传统经济结构转型及中外慈善思想融合等局势，再加上招商局早期创办者对国家与社会发展的高度责任感，在这些因素的共同作用下，招商局在成立之初便踊跃投身慈善公益事业，将履行社会责任当作重要使命。

招商局在近代发展变迁中历经了开创时期（1872—1884）、官督商办时期（1885—1911）、商办时期（1912—1926）、官督整理与国营初期（1927—1936）、全面抗战时期与国营后期（1937—1949）五个阶段，其间不断回应时代命题，用实际行动诠释了"以商业成功推动时代进步"的企业使命。从开创时期起，面对频繁的天灾兵燹，招商局从丁戊奇荒开始参与大规模赈灾，此后参与赈济已成为其经常性事务，并创设了义赈基金、初步形成筹赈网络，使赈灾救济常态化运转。商办时期，招商局的慈善救济已开始突破国别限制，并与中国红十字会等其他慈善组织协作。在兵灾救助方面，随着中日甲午战争、八国联军侵华战争、日俄战争等相继爆发，招商局凭借航运优势承担起协助军运、海防建设与接济难民的重要工作。商办时期，招商局勇担时代大义，支持辛亥革命，积极为临时政府运输兵员器械，坚定支持临时政府北伐。抗战时期与国营后期，招商局又依时局变化及社会所需，积极开展战时救济与战后复员，主动承担起往广大灾区运送赈粮赈款、转运物资的任务。发展新式教育则是招商局在公益领域的另一项突出贡献，贯穿于招商局的近代发展历程之中。招商局通过投入资源、创办学堂等方式，创办近代中国高等教育，培养本土航运人才，为我国经济和社会发展培育了大量的人才，并开启了中国教育的近代化进程。

## 第二节　招商局慈善公益事业在当代历史中的作用

招商局在新中国成立初期的慈善公益事业以爱国主义为核心，通过优势业务助力国家建设。从香港招商局起义到组建水上运输力量，从保障沪汉物资供应到参与抗洪抢险、重点工程建设，招商局以饱满的爱国热情、精湛的航运技术，在航运、外交、民生等多个领域发挥关键作用，在促进区域经济协同、开辟对外交流窗口、加强与发展中国家合作等诸方面为国家发展作出了卓越贡献。

改革开放后的招商局更加专业、系统、持久、透明地开展公益活动，切实有效地回应了社会需求，得到了政府、合作伙伴、受益对象等各方的高度认可，获得了一系列重要荣誉，彰显了企业社会责任、公益慈善方面的价值和成就，树立了一个负责任的大型中央企业形象。

## 一　提供定点扶贫的央企方案

在脱贫攻坚行动中，招商局集团认真贯彻落实党中央系列部署，依托招商局慈善基金会专业公益平台重点围绕乡村"反贫困"议题，形成了长短结合、标本兼治的三维资本（物质、人力和社会资本）扶贫模式，为构建专项扶贫、行业扶贫、社会扶贫"三位一体"的大扶贫格局贡献专业优势，形成了招商局·幸福乡村卫生室、"27°农"公益助农品牌及开设了招商局帮扶干部培训班等一系列具有代表性的扶贫帮扶项目。2020年，招商局帮扶对象贵州威宁、湖北蕲春、新疆喀什叶城和莎车全部脱贫摘帽。招商局集团近20年的定点帮扶实践，为我国的扶贫工作提供了央企方案。

第一，以高度的政治担当、责任担当和行动自觉构建出层层落实的责任制，为坚决打赢脱贫攻坚战提供组织保障。招商局集团主要领导积极履行第一责任人的职责，通过设立招商局集团扶贫工作领导小组和集团扶贫办，组织协调定点帮扶地区脱贫攻坚工作，有效提升招商局扶贫工作开展的组织化程度，确保各项定点帮扶任务推进落实。招商局集团积极选派政治素质好、工作作风实、综合能力强、具有履职条件的优秀干部到深度贫困地区投身帮扶工作，并要求集团各相关部门和下属企业选派优秀后备干部到扶贫一线，真正把深度贫困地区的发展作为定点帮扶的重中之重。

第二，坚持因地制宜，始终把贫困地区的脱贫工作扎实建立在当地实际需求及其自身有利条件基础之上。一方面，所有扶贫项目的规划设计和正式立项均通过与贫困县各级政府部门反复沟通、密切协商，以此确保相关项目工作能够有效回应贫困地区脱贫发展的最迫切需要。另一方面，招商局集团在定点扶贫过程中始终坚持立足地方资源禀赋和特色优势，结合县域产业发展状况及市场经济发展趋势，合理规划具有地方特色的扶贫工作模式，实现地区产业发展和精准扶贫目标的统一。例如助力蕲春革命老区培育中医药产业基地、支持威宁打造高山精品蔬菜、开发莎车戈壁产业园等。通过结合地方实际，高效利用地方资源禀赋与特色精准发力，避免了不顾实际、一哄而上、机械模仿的现象，切实做到了扶贫立得住、站得稳、能持久。

第三，坚持社区为本，始终把培育和激发贫困地区内生动力及内在活力作为扶贫工作开展的重要着力点。贫困群众既是脱贫攻坚的对象，更是脱贫致富的主体力量，激发贫困人口脱贫致富的内生动力至关重要。招商局集团在定点扶贫推进过程中逐渐探索出一套"三维资本"工作模式，在通过大规模扶贫资金投入和基础设施建设补足贫困地区物质资本的同时，也积极关注贫困社区人力资本与社会资本的提升问题。其中，人力资本方面，通过举办贫困地区干部培训班、组织实施乡村妇女能力建设项目、教育项目、医疗项目、产业人才培养等方式，有效提升人的素质，也提高贫困县当地干部群众脱贫致富及参与社区发展的意识和本领。社会资本方面，招商局集团工作团队在各对口贫困县相关扶贫项目推进实施过程中始终强调从贫困社区实际需求入手，通过鼓励群众自我组织起来积极参与公共事务，提高自我服务和自我发展的能力。

第四，探索商业联动，充分发挥集团自身产业培育资源优势助力贫困地区快速发展脱贫。央企参与定点扶贫的最大优势不在于资金，而在于其自身的产业优势、企业的管理经验等，把企业的优势与贫困地区的需求有机结合，可放大扶贫效果。如发挥集团各业务板块优势，打造助农品牌"27°农"；结合港口、航运专业资源，援建蕲春现代化长江码头；发挥40余年园区开发的经验优势，开发招商局蕲春健康产业新城。

第五，坚持多元协同，充分调动各方社会力量为贫困地区脱贫发展积极贡献智慧和专业经验。作为一家大型企业集团，招商局在参与国家定点扶贫工作过程中有其特定的资源和能力优势，但同时存在一定的视野与经

验局限。除了加强与贫困县各级政府部门的有效协调，招商局集团同时利
用招商局慈善基金会作为独立慈善事业行动主体的灵活性优势，通过项目
合作方式积极引入四川海惠助贫服务中心、北京为华而教公益发展中心、
北京农家女文化发展中心、成都蜀光社区发展能力建设中心等外部公益组
织力量，在扶贫工作推进过程中进行了大量创新性探索实践。

## 二　打造社区公益的行业典范

自 2009 年招商局慈善基金会创办成立，为着力打造招商局自有公益品
牌，基金会工作团队展开孜孜不倦的追寻。基于多年探索及项目资助实
践，招商局慈善基金会逐渐找到了城乡社区发展与治理，这一既符合时代
发展需求，又与集团企业社会责任战略相匹配的议题。经过前后十几年时
间的不断探索与努力实践，招商局慈善基金会城乡社区发展与治理资助项
目得以实现持续演化和升级迭代，并逐步成为国内社区公益议题资助的行
业典范。

对于招商局慈善基金会而言，探索城乡社区发展与治理议题的社会组
织资助可以说是一项全新的事业，基金会秘书处团队并没有多少经验。因
此，在项目资助行动开展过程中，基金会团队始终保持开放学习的心态，
根据项目执行的实际情况进行灵活调整，以及时捕捉和发现新的社会需求
并给予积极回应。比如，基金会在支持四川海惠开展贫困乡村社区综合发
展项目过程中发现，村民除了生计发展需求，还希望通过修建活动室等村
庄公共空间来丰富社区集体生活。基金会项目团队随即在原有资助经费预
算之外追加村庄小型项目配套资金支持，在及时回应村民现实需求的同时
为后续招商局慈善基金会项目品牌化探索提供了方向。

招商局慈善基金会在开展城乡社区发展与治理议题资助工作的过程中
还呈现出立体式项目投入特征。作为议题资助工作的首要内容，项目资金
支持构成基金会向受资助机构提供的首要支持资源。而在项目资金投入的
同时，招商局慈善基金会还特别重视合作伙伴的能力建设，通过多种方式
着力提升伙伴机构的议题工作能力。比如，在机构首个自主品牌项目"招
商局·幸福家园"乡村社区支持计划资助工作推进过程中，基金会发现大
量一线农村社区发展组织在助力乡村社区自组织培育的同时其本身也需要

一定的能力建设扶持,于是从 2018 年开始在项目资助工作中额外增加了枢纽型组织支持环节,通过区域枢纽型机构组织实施能力建设培训、开发相关手册工具等积极推动项目合作伙伴快速成长。

此外,招商局慈善基金会在长期深耕城乡社区发展与治理领域,探索打造立足于机构自身公益项目品牌的同时,事实上也承担了推动行业发展的重要功能。在此过程中,招商局慈善基金会始终保持开放合作的心态,通过与大量国内知名公益机构联合与协同,共同推进相关项目工作的开展。比如,早期为寻找机构工作方向,招商局慈善基金会通过与中国社会组织促进会等机构合作形式推动"招商局扶贫创新奖"对外公开征集活动,并最终确立了以乡村社区发展作为聚焦工作领域进行自主公益品牌探索。而后期城乡社区治理议题框架下的项目实施,招商局慈善基金会更是与大量社区治理领域的公益机构开展广泛合作,不断推动项目资助的多元化探索。

### 三 探索企业公益的实施路径

招商局慈善基金会成立后,企业公益领域既继承了过去招商局乐善好施的传统,又进一步引导企业根据业务优势回应社会需求,以公益方式履行社会责任,推动社会、经济、环境的综合发展,"让企业成为解决社会问题的行动者"。

基金会强调和重视招商局集团各企业作为资助方的公益诉求,设置独立业务模块——"企业公益",从企业捐赠者的视角出发做公益。招商局集团及下属企业不再仅仅是捐出善款,而是更为深入地参与基金会的公益项目和志愿服务。在基金会的支持和引导下,招商局集团各下属企业结合社会需求与自身优势,有意识地设计企业公益品牌,如"灾急送""C Blue"等,已成为招商局集团知名的优秀企业公益项目。2014 年,"灾急送"项目发起实施当年,即被命名为央企"优秀志愿服务项目",外运物流成都公司姚青获央企"优秀志愿者"称号;2020 年招商局集团"灾急送"应急物流志愿服务队被中共中央、国务院、中央军委授予"全国抗击新冠肺炎疫情先进集体"称号;同年,招商局 C Blue 项目入选国务院国资委 2019 年度中央企业品牌建设典型案例。

"灾急送"项目从2014年发起至今，足迹已遍布全国各省区市，在鲁甸、喀什塔县、九寨沟、甘肃积石山的地震中，全国各地的洪涝灾害中，在抗击新冠疫情中，都发挥了至关重要的作用。"灾急送"项目结合招商局集团专业物流能力，建立了高效快速运行响应机制；结合招商局企业网点布局，建立了前端常态化备灾点；结合集团各方优势资源，全方位保障应急物流需求；结合慈善基金会优势，建立了与公益资源的联动机制和传播网络，由此形成了具有招商局特色的救灾应急机制，打造了招商局救灾品牌。

集团各下属企业在招商局慈善基金会的引导下，以专业的精神、公益投资的理念，关注社会问题，有效地参与公益事业，塑造企业内部公益文化，形成招商局企业公益的大平台，为其他企业参与公益探索了可行的实施路径。

## 四　树立专业透明的慈善标杆

招商局的文化就是商业文化，招商局的企业文化手册就叫"商道"。商业文化的核心要素之一是"专业"，一旦涉足某一领域，就要做到该领域的专业，比如设立银行，那么招商银行就要成为中国最专业的银行。招商局的文化基因也影响着招商局的公益慈善文化及基金会的建设。既然成立了基金会，就要成为最专业的基金会。[1]

招商局慈善基金会自2009年成立之后，致力于成为管理规范、治理完善、公开透明的现代公益基金会。2013年，招商局慈善基金会首次获评中华人民共和国民政部的4A级社会组织；2018年、2023年分别再次参评并连续获得4A级称号。2015年，中华人民共和国民政部授予招商局慈善基金会"全国先进社会组织"称号。2016年"界面"发布"2016年中国最透明慈善公益基金会排行榜"，招商局慈善基金会入选"中国最透明的慈善公益基金会榜50强"。从2014年开始，招商局慈善基金会每年都在基金会中心网的中国基金会透明指数排行榜中获得满分，成为"中国最透明基

---

[1]　参考对李海的访谈。详见徐宇珊主编《知行者说：深圳公益人访谈录》，社会科学文献出版社2021年版。

金会"。

　　招商局慈善基金会成立 15 年来,已成为慈善事业专业透明的典范,树立了慈善组织的标杆,诠释了一家由企业发起的慈善基金会应如何专业化运作。

　　以专职专业的团队树立行业标杆。招商局慈善基金会专职人员的数量和质量无论是在同类央企基金会中,还是在全国其他基金会中,均处于领先地位。基金会从最初全部为兼职工作人员,2011 年开始有 1 名全职员工,之后全职工作人员数量稳步增加,到 2024 年共有全职员工 12人。这些员工大多具有非营利组织管理、公益慈善领域的工作经验或专业背景,均为本科及以上学历(包括博士 1 名、硕士 8 名)。这表明招商局集团高度重视基金会的发展,愿意支持专业的团队来做公益,把事情做到位。

表 9-1　招商局慈善基金会历年全职员工数

| 年份 | 全职员工数 | 年份 | 全职员工数 |
|---|---|---|---|
| 2009 | 0 | 2017 | 8 |
| 2010 | 0 | 2018 | 10 |
| 2011 | 1 | 2019 | 10 |
| 2012 | 2 | 2020 | 10 |
| 2013 | 3 | 2021 | 13 |
| 2014 | 7 | 2022 | 12 |
| 2015 | 7 | 2023 | 12 |
| 2016 | 7 | 2024 | 12 |

　　以专业的组织治理架构树立行业标杆。截至 2024 年,招商局慈善基金会已有五届理事会,并形成由理事会决策、秘书处执行的治理结构。理事会与秘书处之间还设有"项目资助评审委员会",该委员会是在第一届理事会第三次会议上审议通过设立的,其目的是提高决策效率,加强项目预算审查,弥补理事地域分散不便集中商议的状况。资助评审委员会以日常工作地点在香港的基金会理事为主,在理事会领导下,对理事会负责,由理事会授权,审核年度计划内和计划外预算。

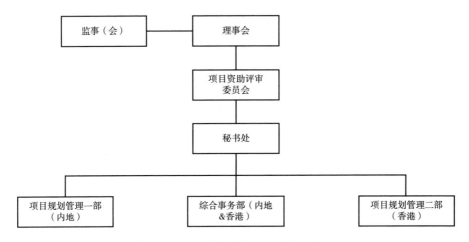

**图 9-1　招商局慈善基金会的组织架构**

以专业的战略方向树立行业标杆。公益慈善的范围很广，若不能长期聚焦核心领域，则必然造成公益资源的分散化。招商局慈善基金会成立后，围绕定点扶贫工作将关注的目光主要聚焦乡村发展领域。以"社区综合发展"为核心资助方向，充分发挥企业注重管理和资源整合的优势，统筹社会资源，通过产业扶持、社区金融、群众自治、素质教育等，助力农村贫困人口在物质上、经济上、精神上、社会生态上全面走出贫困。基金会的核心业务方向最初源于国家定点扶贫政策的要求，但经过不断深耕挖掘、迭代创新，做出了远远超过国家扶贫任务的工作成效。

以全员"修炼内功"的行动树立行业标杆。基金会从第一届理事会开始，高度重视让全体理事及干部职工学习公益慈善理念。理事会上明确提出，全体理事加强学习，提高对公益理念的理解，增加公益知识。每位理事至少要认真读完一本相关图书，举行一次集团领导班子和基金会全体理事、监事参加的公益知识讲座。集团的高管人员培训中要加入基金会公益理念介绍的内容。还提出在集团普通员工中普及一般性公益知识，通过网站、杂志、举办晚会、参加公益活动等多种形式推广公益知识，在整个集团系统内营造公益氛围。

五　助力公益事业的生态体系

"与中国公益共成长"是招商局慈善基金会提出来的口号，这与招商局的核心价值观"与祖国共命运，与时代共发展"一脉相承，是基金会对招商局核心价值观的继承和发扬。基金会在公益事业中处于生态价值链的前端，其拥有的资源可以引导公益事业的发展。这既是优势，也是责任。招商局慈善基金会提出这一口号，希望承担起引导公益事业发展的责任，支持公益事业的一线组织更有力量地"向下扎根，向上生长"，从而推动中国公益事业的积极成长。

招商局慈善基金会发起的"招商局扶贫创新奖"是尝试做资助型组织的开端。2010 年基金会联合中国社会组织促进会，举办了首届"招商局扶贫创新奖"的评选。这是国内首个由非公募基金会发起的扶贫创新项目评选活动。该活动让招商局慈善基金会了解到在国家扶贫攻坚之外，民间社会开展了丰富多彩的乡村发展实践项目。之后，以此次评选活动为线索，基金会在"用创新的公益模式解决中国的社会问题，推进中国的公益事业健康发展"的思路下，选择优秀的专业运作型公益组织深入合作，并逐步明确了"资助型"基金会的定位，即不直接从事公益活动，而是重点关注社会问题并寻找相应领域的专业公益组织，通过资助这些公益组织进而解决社会问题。

招商局慈善基金会确定资助型定位后，不断向发展领域、扶贫领域的专家学者学习，向有多年资助经验的组织学习，向公益同行学习。作为组委会成员，参与组织和管理中国基金会发展论坛行业建设和发展系列活动，参与发起资助者圆桌论坛，不断加深对公益事业、对资助型组织的认识和理解。在与运作型公益组织合作时，基金会努力了解每一个优秀机构的运作模式、资源规模、优势等，广泛参与公益领域的各种交流活动，逐渐积累优质公益资源。基金会在合作资助中提升自身专业素养，更加精准地识别合作伙伴的核心能力，更加快速地找到社会问题的专业解决方案，支持合作方实现项目模式和技术的积累。

招商局集团在定点帮扶工作中充分发挥了招商局慈善基金会作为独立慈善事业行动主体的灵活性优势，充分调动各方社会力量，通过项目合作方式积极引入外部专业公益组织，如四川海惠助贫服务中心、北京为华而教公益发展中心、北京农家女文化发展中心、上海真爱梦想公益基金会、成都蜀光社区发展能力建设中心等一批民间专业公益组织，开展创新性扶贫实践。

招商局慈善基金会对自身的战略定位是公益行业中的拼图者。拼图上有资助方，有执行方，大家各自专注自身领域，分工合作，基金会作为资源方，支持民间公益、链接企业资源，一同寻找解决社会问题的公益方法。据不完全统计，全国已有上百家优秀一线运作型社会组织成为招商局慈善基金会的公益合作伙伴。

表 9-2 招商局慈善基金会的部分合作伙伴

| 注册地 | 合作机构名称 |
| --- | --- |
| 北京 | 爱佑慈善基金会 |
| 北京 | 北京益创乡村女性公益事业发展中心 |
| 北京 | 北京农禾之家咨询服务中心 |
| 北京 | 北京为华而教公益发展中心 |
| 北京 | 北京歌路营慈善基金会 |
| 北京 | 北京市西部阳光农村发展基金会 |
| 北京 | 北京市东城区社区参与行动服务中心 |
| 北京 | 北京市西城区常青藤可持续发展研究所 |
| 北京 | 北京七悦社会公益服务中心 |
| 北京 | 北京慈弘慈善基金会 |
| 上海 | 上海真爱梦想公益基金会 |
| 四川 | 四川海惠助贫服务中心 |
| 四川 | 仪陇县乡村发展协会 |
| 四川 | 成都蜀光社区发展能力建设中心 |
| 四川 | 成都农禾之家公益发展中心 |
| 云南 | 互满爱人与人国际运动联合会（瑞士）云南办事处 |
| 陕西 | 陕西妇源汇性别发展中心 |
| 陕西 | 陕西嘉义妇女发展中心 |
| 广东 | 广东绿芽乡村妇女发展基金会 |
| 广东 | 广州市法泽社会工作服务中心 |
| 广东 | 广东省千禾社区公益基金会 |
| 广东 | 深圳市南山区蛇口社区基金会 |
| 广东 | 深圳市彩虹花公益小书房 |
| 广东 | 佛山市顺德区启创青少年社工服务中心 |
| 山东 | 济南市历下区善治公益发展中心 |
| 湖北 | 武汉市美好社会工作服务中心 |
| 湖北 | 武汉恩派社会创新发展中心 |

下　编
善举新篇：招商局慈善事业的
现代实践

# 第十章 服务脱贫攻坚和乡村振兴：助力提升欠发达地区生活品质

　　自 2003 年定点帮扶贵州威宁开始，招商局集团参与脱贫攻坚与乡村振兴工作已走过 20 余年的历程，其定点帮扶的地区也从最初的贵州威宁扩展到湖北蕲春和新疆叶城、莎车。根据相关数据统计，截至 2024 年 12 月，招商局向四个定点帮扶县累计投入无偿帮扶资金 10.5 亿元。招商局集团在定点扶贫推进过程中逐渐探索出一套"三维资本"工作模式，在通过大规模扶贫资金投入和基础设施建设补足贫困地区物质资本的同时，也积极关注贫困地区人力资本与社会资本的提升问题。

　　从项目领域分布来看，招商局集团对四个定点帮扶县的上述帮扶资金投入主要覆盖四大功能板块。在脱贫攻坚阶段，以教育扶贫为代表的能力建设投入占比达到 32.4%，位居首位；而在乡村振兴阶段，除去援建威宁民族学校投入的 1 亿元，产业资金占比明显高居榜首。

表 10-1　招商局集团定点帮扶工作汇总

| 项目地点 | | 贵州威宁 | 湖北蕲春 | 新疆叶城、莎车 |
|---|---|---|---|---|
| 帮扶开始时间 | | 2003 年 | 2012 年 | 2015 年 |
| 脱贫攻坚阶段（2020 年前） | 资金投入 | 4.65 亿元 | 1.39 亿元 | 1.45 亿元 |
| | 重点项目 | 幸福小镇项目、幸福乡村卫生室项目、招商局育才系列学校支持项目 | 蕲春革命老区幸福新村帮扶项目、蕲春长江码头项目 | 叶城及莎车庭院经济项目、叶城深度贫困乡镇产业就业园区建设项目 |

续表

| 项目地点 | | 贵州威宁 | 湖北蕲春 | 新疆叶城、莎车 |
|---|---|---|---|---|
| 帮扶开始时间 | | 2003 年 | 2012 年 | 2015 年 |
| 乡村振兴阶段<br>（2021—2024 年） | 资金投入 | 1.56 亿元 | 0.52 亿元 | 1.11 亿元 |
| | 重点项目 | 贵州威宁移民搬迁点中学建设项目、"悦读成长计划"项目 | 蕲艾仓储设施建设项目<br>湖北蕲春乡村幼儿班项目 | 叶城人居环境整治及产业发展项目、叶城冷链仓储基地配套设施项目、莎车易地搬迁安置区驼奶基地和乳制品加工项目、莎车戈壁产业园智能温室建设项目 |
| | | 招商局帮扶地区干部培训班、"招商局·27°农"公益助农项目 | | |

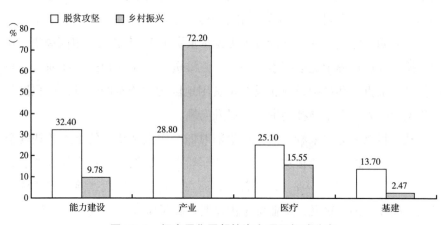

**图 10-1　招商局集团帮扶资金项目领域分布**

说明：乡村振兴阶段的能力建设资金，未包括贵州威宁异地新建威宁民族中学建设项目的 1 亿元。

　　基于招商局在参与国家定点扶贫及脱贫攻坚相关工作上的突出表现，集团先后于 2018 年、2021 年和 2023 年度三次荣获中国公益慈善领域最高政府奖——中华慈善奖，在 2021 年人民大会堂举行的全国脱贫攻坚总结表彰大会上，招商局慈善基金会获得"全国脱贫攻坚先进集体"光荣称号。

## 第一节　大国央企的责任担当

作为一家大型央企，招商局集团企业社会责任的履行呈现出对国家宏观战略的高度嵌入性特征，其中农村定点帮扶与全面乡村振兴工作是招商局企业社会责任实践持续参与时间最长、投入资源最多的一个行动领域，充分体现了招商局集团的"大国央企、责任担当"。

### 一　以高度责任感积极响应国家"定点扶贫"号召

从时间脉络上看，招商局集团早在 2003 年就开始参与农村扶贫工作。2002 年 4 月，国务院扶贫办等 6 部门联合发布《关于进一步做好中央、国家机关各部门和各有关单位定点扶贫工作的意见》，并在随后制定的具体实施方案中安排 272 家中央部委和企事业单位定点帮扶 485 个国家级贫困县，其中招商局集团负责对口帮扶贵州省毕节市威宁彝族回族苗族自治县。此后数年间，招商局集团先后通过基础设施援建、教育助学帮扶、劳务工输出等多种形式在威宁积极开展专项扶贫工作。2010 年 5 月，中共中央办公厅、国务院办公厅印发《关于进一步做好定点扶贫工作的通知》，对如何调动各方力量推进定点扶贫工作、适时调整定点扶贫工作方案及进一步深化定点扶贫工作等问题做出了具体部署。基于上述国家宏观政策的积极推动，招商局集团威宁定点扶贫工作从 2011 年开始全面深化推进。与此同时，在威宁定点帮扶探索的基础上，根据 2012 年 11 月国务院扶贫办等 8 部门联合发布的《关于做好新一轮中央、国家机关和有关单位定点扶贫工作的通知》，从 2013 年起招商局集团又增加了对湖北蕲春的定点帮扶。2015 年底，随着中国外运长航集团并入招商局集团，原来由其负责的新疆莎车和叶城两县扶贫工作也统一纳入招商局定点帮扶工作范围。

面对国家动员，招商局集团始终以最高标准、最严要求积极参与到国家定点扶贫行动当中。无论是早期对贵州威宁，还是随后逐步增加的湖北蕲春和新疆叶城、莎车等地，招商局集团坚持把参与国家定点扶贫工作作为一项重要政治任务加以认真对待，积极响应国家号召和动员，充分发挥大型中央企业的比较优势，以高度的责任感、使命感和紧迫感投入各贫困县扶贫开发工作。尤其是 2016 年全国吹响脱贫攻坚的战斗号角后，招商局集团上下狠抓落实，建立了由集团主要领导亲自挂帅、选派内部精干力量赴一线参战的扶贫攻坚工作机制，并通过前所未有的大规模资金投入和扎实有效的扶贫项目规划，助力集团四个定点帮扶贫困县在 2020 年底全部如期脱贫摘帽，充分彰显招商局作为大型中央企业的责任担当。除了上述四个定点扶贫地区，招商局集团也根据国家需要，尽其所能帮扶其他贫困地区，包括在招商银行定点扶贫县云南省楚雄州武定、永仁两县，以及云南省镇雄县、新疆阿勒泰地区富蕴县杜热镇开展企业帮扶。另外根据 2021 年 4 月 30 日国务院办公厅发布的《关于印发新时代中央国家机关及有关单位对口支援赣南等原中央苏区工作方案的通知》，招商局集团自 2021 年至 2030 年对口支援江西省吉安市青原区。

## 二　以清晰的工作规划紧跟国家"乡村振兴"战略部署

随着 2020 年全国定点扶贫县全面脱贫，招商局集团在乡村发展工作领域的参与面临新的调整和转型。在打赢脱贫攻坚战、全面建成小康社会后，为进一步巩固拓展脱贫攻坚成果、接续推动脱贫地区发展和乡村全面振兴，中共中央、国务院于 2021 年 3 月印发《关于实现巩固拓展脱贫攻坚成果同乡村振兴有效衔接的意见》，要求从脱贫之日起设立 5 年过渡期，过渡期内严格落实"四个不摘"，通过建立健全巩固拓展脱贫攻坚成果长效机制，加快推进脱贫地区乡村产业、人才、文化、生态、组织等全面振兴，为全面建设社会主义现代化国家开好局、起好步奠定坚实基础。

针对乡村振兴战略实施，习近平总书记先后多次做出重要指示，要求"有力有效推进乡村全面振兴，以加快农业农村现代化，更好推进中国式现代化建设"，"坚持农业农村优先发展，坚持城乡融合发展"。以习近平总书记指示精神为指引，乡村振兴战略的有效推进必须在城乡融合背景下加快实现农业农村现代化。其中，农业现代化主要从产业发展角度，表现为农业全产业链各环节及相关领域的现代化，通过转变农业发展方式，提高农业生产效率和竞争力，着力推动乡村产业发展。农村现代化侧重从地域角度，表现为农村社会、文化、组织、生态等领域的现代化，通过着力改善农村人居环境、基础设施和公共服务，推进农村住房革命，提高乡村建设和乡村治理水平，使农村具备现代化的生产生活条件。与此同时，农业农村现代化推进过程中还包含人的现代化因素，表现为以实现农民富裕为目标，聚焦农民全面发展，着力增强农民的主体性，全面提升农民综合素质，促进农民收入和生活水平不断提高。此外，当前加快推进农业农村现代化需要将城乡融合发展理念贯穿于各领域和全过程，通过城乡要素、资源互通、城乡基础设施和产业的一体化支撑，实现城乡共建共享共荣。

根据国家宏观战略部署及相关工作要求，招商局集团及时对乡村帮扶工作布局做出相应调整。2021年，制定出台《"十四五"时期定点帮扶及乡村振兴工作规划》。根据该规划方案，招商局以"建立长效脱贫机制，促进城乡融合发展"为总体思路，聚焦农村公共服务提升、产业链完备、乡村治理现代化等重点领域，对"十四五"期间集团定点帮扶及乡村振兴工作确立了"稳组织、稳服务、稳就业，兴人才、兴产业、兴治理"的"三稳三兴"工作目标，并提出"建强一批人才队伍、打造一批乡村振兴示范点、培育一批区域发展产业集群"的"三个一批"工作重点。规划明确提出，在五年过渡期内招商局将保持帮扶政策稳定、保持帮扶项目持续有效，防止群众返贫，确保脱贫群众从"吃饱饭、能看病、能上学"顺利衔接"吃好饭，看好病，上好学"，助力脱贫县从保障基本生活需求到高质量发展的转变，全面推进乡村振兴。此后数年间，招商局集团定点帮扶与乡村振兴工作开展每年连续制定详细工作计划，明确年度帮扶工作方向，在乡村产业发展、公共服务完善和推动乡村治理上持续发力。2023年，招商局进一步编制《招商局集团定点帮扶战略规划（2023—2025）》，突出产业帮扶、金融帮扶、民生帮扶等工作重点，加强项目必要性和可行性论证，保障项目满足当地群众实际需求。一系列规划方案、工作计划的制定及有效执行，充分体现了招商局集团坚决扛起定点帮扶的政治责任，切实把助力帮扶县全面推进乡村振兴作为首要政治任务，共同推动集团定点帮扶工作不断走上新的台阶。

## 第二节 从"两不愁三保障"到"五大振兴"

招商局集团在脱贫攻坚阶段，主要从解决贫困群众最紧迫的困难入手，着力解决贫困地区的迫切民生需求，实现不愁吃、不愁穿的"两不愁"和保障其义务教育、基本医疗和住房安全的"三保障"。2021年，全面实施乡村振兴战略后，则围绕"五大振兴"聚焦发力，开展乡村振兴试点。从关注"两不愁三保障"到全方位开展"五大振兴"，招商局集团一方面充分响应国家要求和部署，另一方面紧紧围绕欠发达地区的实际需求，扎扎实实开展帮扶工作。

### 一 助力脱贫攻坚，解决迫切民生问题

#### （一）有效改善居住环境

脱贫攻坚阶段，招商局集团结合帮扶地区的整体发展规划和实际需求，全方位营造良好居住生态，改善村民的居住条件。

"幸福小镇"建设是招商局集团威宁脱贫攻坚阶段的一项重要工作内容。幸福小镇的选址结合了威宁县整体发展规划，位于威宁县县城西部约5公里的草海镇银龙村率先实施幸福小镇项目，并于2012年5月正式启动首发区建设，当年完成15户住宅新建和9户居民搬迁。此后，银龙村幸福小镇建设进一步全面铺开，通过大规模资金投入，很快在年内完成了村民住宅改造和村庄道路、广场、办公楼、活动室、景观池塘、绿化区域等公共基础设施的修建，银龙村幸福小镇基本建成。此后，招商局慈善基金会又在2014年和2015年先后出资1000多万元投入大江家湾村幸福小镇建设，在不到两年时间内完成江家湾商业广场、小镇生活污水处理系统、村落道路等基础设施修建。经过前后五年时间、总投入近4000万元的三期工程项目建设，随着2015年银龙村和大江家湾两个幸福小镇建设告一段落，宣告由招商局集团援建的威宁县草海镇系列幸福小镇初现雏形，并逐渐形成一定的社会影响力。

湖北蕲春则结合当地"易地搬迁"的需求建设"幸福新村"。蕲春县位于大别山区域，地理位置偏远和交通不便是导致其长期贫困的重要原

因，搬迁扶贫因而成为政府推动规模化扶贫的重要方案之一。针对当地易地扶贫搬迁的实际需要，招商局集团首先对蕲春县工作给予重点支持。2013年，招商局慈善基金会投入资金460万元，协助当地政府在位于大别山红色旅游公路旁的青石镇大屋村规划建设一个"幸福新村"，项目内容包括建成一层庭院式住宅114幢，两层楼房12幢，同时配套休闲广场、卫生室、便民超市、老年活动中心等生活设施，帮助蕲春县青石镇八斗、温泉、许冲、大屋四个村共计126户贫困户、低保户进行易地搬迁。大屋幸福新村于2014年5月完成建设，作为湖北农村新型社区示范点、生态扶贫搬迁的样板工程，获得了中央电视台新闻联播频道报道，成为"点缀在大别山红色旅游公路间的一颗明珠"。

基于大屋幸福新村帮扶建设经验，2014年和2015年招商局慈善基金会又分别捐资585万元、421万元，协助当地政府完成大同镇柳林村、向桥乡桐油村、刘河镇桥上村及檀林镇上界岭村四个村庄的搬迁扶贫工作，共计帮助和支持搬迁困难户321户。随着帮扶规模的不断扩大，招商局集团在蕲春捐赠建设幸福新村的模式得到湖北省政府高度评价，省扶贫办更是将大屋幸福新村列为全省扶贫系统培训案例，通过授牌进行维护，并将其作为全省干部培训参观学习的示范教育基地对外加以宣传推广。

**（二）全面提升医疗水平**

威宁医疗公共服务资源覆盖严重不足、服务落后，偏远农村村民疾病得不到及时治疗，因病致贫、因病返贫情况严重。针对这一问题，招商局积极链接各种外部资源，促成远程医疗诊治和保健咨询服务向贫困地区延伸。

2011年招商局慈善基金会将北京爱佑华夏基金会儿童先天性心脏病救助项目引入威宁，与威宁县政府合作在当地开展大规模先天性心脏病儿童筛查和治疗活动，突破爱佑华夏项目行动多年来在贵州地区难以有效推广的局面，为其项目开展及操作模式提供了新的思路。由此在威宁开展了新中国成立以来规模最大的贫困家庭儿童先天性心脏病筛查救治工作。

2016年起，招商局集团"十三五"定点扶贫工作规划重点关注"强身子"议题，安排贫困村标准化卫生室的硬件设施建设、配套改造、提质增效等工作，积极解决贫困村民"看病难"的问题。项目按照标准化清单，统一图纸、统一配置、统一标识进行建设，每间村卫生室面积153.5平方米，共计投入38.5万元，其中由招商局慈善基金会承担主体建设资金28.5万元，威宁县卫计局承担附属工程及医疗设备资金10万元。项目选址坚持"贫困村、人集中、村医强"的原则，卫生室主体建设与附属工程同步施工，质量监理公司负责工程质量把关，并由项目业主方（县卫计局）负责项目推进。从2016年启动首期幸福乡村卫生室建设，经过几年推动探索，至2020年底招商局集团共计帮助威宁县建成乡村卫生室541所，其中2018年和2019年投入资金1.4亿元资助建设乡村卫生室438间。所有541间乡村卫生室覆盖威宁县41个乡镇，为当地近160万群众筑牢健康脱贫网底。

除了硬件建设，招商局慈善基金会还通过与专业组织合作开展宣教、救助和人才培育工作。从2018年开始，招商局慈善基金会先后与中国人口福利基金会、善小公益基金会等社会组织合作，成功将中国人口福利基金会"宝贝箱——幸福母婴计划""幸福微笑——救助唇腭裂儿童"等项目引入威宁，推广宣传母婴健康教育、救助唇腭裂儿童。同时策划实施乡村医生培训项目，帮助培养基层医疗卫生人才，截至2024年11月，已培训贵州威宁、湖北蕲春、云南镇雄、云南武定和永仁、江西青原等地的乡村医生6500余名。

进入乡村振兴阶段后，招商局慈善基金会在援建标准化卫生室实现"能治病"、开展村医培训保障"治好病"的基础上，2023年起开始关注"治未病"，于2023年底启动威宁县慢性病预防控制项目。该项目针对农村中老年慢性病管理难题，从社区"自下而上"推进以患者为主体的慢性病防控，打通基层医疗"最后一公里"，与政府三级管理体系有效衔接。

**（三）优化全龄教育条件**

在威宁县的41个乡镇的贫困户6万余人搬迁到县城移民安居小区后，出现了由于教学资源紧张导致的随迁子女入学难问题。针对这一情况，招商局全面开展了各学龄段的学校建设，实现移民搬迁点从幼儿园到中学教育扶贫全覆盖，确保贫困群众搬得出、稳得住、能脱贫。

从2019年起招商局集团先后捐赠资金3.2亿元，支持威宁县在移民搬迁点先后新建四所"招商育才"学校（育才幼儿园、育才小学、育才初中，育才高中），实现了从幼儿园至高中教育的全覆盖，形成了"强基赋能并重，全程贯通培养"的育才模式，助力威宁教育全面发展。其中，育才小学和育才初中均可容纳学生 3000 人，育才高中办学规模为 6000 人，极大地提升了威宁县易地扶贫搬迁安置点的教育保障水平，有效改善了当地教育资源不足的现状。

为提高威宁育才学校的教学质量，打造高素质的师资队伍，招商局慈善基金会与深圳市蛇口育才教育集团深化合作，推动蛇口与威宁育才结对帮扶，两地交流学习。威宁育才的骨干老师到蛇口育才学习考察，参加集体教研、交流备考经验、开展特色共育，促进威宁育才系学校办学质量提升。开展师资赋能项目和心理健康项目，累计培训专业技术人员 8800 余人次，有效改善了当地教师办学理念、师资质量和心理辅导能力。

除了招商育才学校的建设，招商局慈善基金会还充分发挥作为独立慈善事业行动主体的灵活性优势，充分调动各方社会力量，链接多种外部专业资源，通过项目合作方式积极引入外部专业公益组织，开展创新性帮扶实践。从 2013 年开始，招商局慈善基金会还与北京为华而教公益发展中心开展持续项目合作，在威宁县组织实施"边远乡村支教计划"。该项目从相关合作高校应届毕业生中遴选大学生志愿者，经过专业培训后将志愿者选派至乡村中小学开展为期两年的全职支教活动，为当地补充优秀教育资源。2013 年至 2016 年，招商局慈善基金会前后投入资金超过 350 万元，支持 60 多人次大学生志愿者为威宁县羊街镇和牛棚镇 10 所中小学提供义务支教服务。在开展基本教学工作的同时，支教志愿者们还充分发挥各自主观能动性，积极联系引进外部社会公益资源，帮助解决支教学校面临的各种资源短缺问题，获得了当地政府、学校、家长及学生们的一致好评。

此外，招商局慈善基金会动员上海真爱梦想基金会等 10 余家专业社会组织参与教育帮扶，开展了"梦想中心教室建设""乡村支教计划""成长小剧场""宣明会儿童素质发展""一千零一夜睡前故事"等项目，覆盖威宁乡村学校近 60 所，学生 3 万多名。

**（四）探索乡村养老新模式**

快速老龄化背景下，农村养老问题越来越引起各方关注。蕲春县 60 岁以上农村老人达到 15.5 万人，占总人口的 15%，其中"空巢老人"4.08

万人，农村五保对象 8098 人。随着年轻劳动力外出务工，当地"空巢老人"养老问题日益突出。招商局集团协同蕲春县政府将搬迁和养老相结合，有效解决了当地孤寡老人赡养问题。

蕲春县充分利用招商局集团对口帮扶的契机，为向桥乡斌冲幸福新村、青石镇大屋幸福新村等多个易地扶贫搬迁安置点配套建设规划合理、配套齐全、管理有序的乡村幸福院。截至 2020 年底，蕲春县建成农村幸福院 69 所，入住老人 1462 人；社区居家养老服务中心 8 家、床位 45 张；互助照料活动中心 97 家、床位 388 张，初步形成了以县乡福利院为支撑、以农村幸福院和社区农村日间照料中心为依托、民办养老机构为补充的养老服务新模式。

### （五）全方位创新增收方式

招商局集团根据每个帮扶地区的实际情况，因地制宜地选择合适的就业增收模式。2014 年招商局集团启动蕲春劳动力转移计划，具体由招商局物业负责实施、以校企合作的形式在湖北黄冈第二高级技工学校设立"招商局物业冠名班"，首期招生 46 人，尝试以人力资源培训和劳动力输出方式帮助当地居民实现稳定就业和增加收入。

新疆叶城和莎车两地产业基础条件较差，贫困农户增收缺乏有力的生产要素支撑，亟须通过创新解决就业等途径实现农民稳定增收。结合两县"一人就业，全家脱贫"的扶贫工作目标，招商局慈善基金会大力支持发展庭院经济，建设当地工业园区扶贫车间、物流市场、交易市场等基础设施建设，有效促进了贫困人口增收和边疆社会稳定。

2017 年，由招商局慈善基金会投入资金 2500 万元，对叶城和莎车各资助 1250 万，用于配套支持两县贫困户发展庭院经济。项目分别覆盖叶城县铁提、洛克、依提木孔、乌吉热克 4 个乡镇的 16 个贫困村和莎车县伊什库力、阿尔斯兰巴格、恰尔巴格、墩巴格、塔尔尔其、拍克其、阔什艾日克等 7 个乡镇的 18 个村，共计支持帮扶当地贫困户 2400 户。叶城、莎车两县村民实现了"家家都有安居房，门前有果树，院里有菜园，房后是棚圈，养鸡养鸭又养羊"的心愿。一座牲畜棚圈第一年养殖 5 只羊，可增收 2000 元，一片菜园可增收 300 元，一架葡萄增收 500 元，一群家禽增收 200 元以上。总体上，可帮助每个贫困户年均增收 3000 元。庭院经济项目的实施拓宽了就业增收渠道，使贫困户人均纯收入达到 31500 元以上，安置了闲散劳力和不宜到大田劳动的劳力，充分利用庭院及房前屋后的闲置土地，发展各具特色的庭院养殖、种植业，有效提高了土地的经济效益，将农户院的"方寸地"建成脱贫致富的"增收园"。

2019 年，基金会在叶城县投入资金 1500 万元，通过援建 1 座服装加工扶贫车间，帮助解决县城周边贫困乡镇贫困人口 2500 余人的就业问题，使当地人均年收入达到 18000 元。同一年，基金会又在莎车县投入扶贫资金 1500 万元，援建 2 个农贸市场和 70 间"十小店铺"，帮助贫困人口 4800 余人实现在家门口创业就业。相关扶贫举措的推进实施获得了当地政府及贫困农户的广泛认可和好评。

## 二　助力乡村振兴，全面改善农村面貌

招商局集团根据《招商局集团"十四五"时期定点帮扶及乡村振兴工作规划》，提出以建强一批人才队伍、打造一批乡村振兴示范点、培育一批区域发展产业集群"三个一批"作为重点帮扶措施，以稳组织、稳服务、稳就业，兴人才、兴产业、兴治理"三稳三兴"作为帮扶工作目标，全面开展乡村振兴。

### （一）做活产业振兴

产业振兴是 2021 年之后招商局集团定点帮扶的重点方向，以开展产业帮扶项目和引进帮扶项目及龙头企业为主要方式，以无偿和有偿帮扶资金两种方式开启欠发达地区的造血行动。

在湖北蕲春，招商局集团依托蕲春产业新城，在蕲春建设蕲艾康养中心、智能物流仓储基地等，打造长江中部城市群畅通内外"双循环"的重要支点和辐射鄂东南的核心电商物流枢纽。同时，深化当地油茶产业，在 6 个示范村建设初加工、深加工车间，建设产业路和晒果厂，促进油茶产业的延链、补链、强链；援建智能玻璃温室和现代化标准化联动产业大棚，打造以高科技种植为主、研学为辅的农业高科技农旅融合示范基地，通过种植反季节蔬菜实现产业错位发展，有效帮助当地群众增收。

在贵州威宁，招商局集团为多个乡村振兴示范点发展特色产业，如改造提升养牛圈舍、种植玉露香梨、配套产业设备、改装水果分拣线等改善

产业环境，通过延链、补链、强链的方式推进特色产业发展，提升产品标准化水平。

在新疆叶城，招商局集团建立以叶城县为中心的农产品冷链物流体系，完善冷链物流基地设施设备，加快当地现代化冷链产业进程。同时，支持村民发展庭院经济、路边经济、夜市经济，增强村经济活力，通过发展乡村特色旅游带动当地群众增收致富；援建30座温室大棚，助力当地蔬菜产业发展。

在新疆莎车，招商局集团在永安易地搬迁点建成骆驼养殖基地，建设乳制品加工厂并链接销售渠道，壮大驼奶业特色产业，以养殖业带动饲草种植业、乳制品深加工业全产业链跨越式发展，推进乡村一二三产业一体化融合发展。同时，新建温室大棚56座，加快设施农业现代化；发展多胎羊培育项目，改良肉羊品种，助力当地畜牧业发展。

（二）开展人才振兴

人才振兴，一头连着脱贫攻坚的成果延续，一头连着全面乡村振兴的稳步推进。招商局集团以培训教师、医生为抓手，为脱贫攻坚阶段的教育、医疗等基础设施建设持续培养合格人才，以软件帮扶确保巩固民生的保障成果。同时，为搞好乡村振兴，招商局集团大力培育乡村"领头雁"，提升乡村干部抓产业、领航乡村发展的能力，带领帮扶地区村民走向共同富裕；加强农村基本公共服务和农业产业人才培育，通过带头人项目培养本土人才。

招商局集团链接专业资源，持续为乡村医生、教师提供定制化、高质量培训。如与中国人口福利基金会合作，邀请具有丰富诊疗经验的专家开展中医适宜技术培训，夯实了脱贫地区医疗保障基础，显著提升了医疗公共服务水平。与上海互济公益基金会合作，向蕲春乡村小学校长开展培训，增强校长学前教育意识及管理理念。与深圳育才集团教学交流，提升威宁中小学教师队伍校园管理、课题研究和社团建设能力，为威宁打造一流的教育示范校奠定基础。与北京慈弘慈善基金会、上海互济公益基金会合作，向蕲春、威宁乡村教师提供阅读技巧、教学管理等培训；与央企远程医疗平台合作，链接北京安定医院优质师资，为威宁县教师提供中小学生心理健康教育和辅导培训。

同时，招商局集团着力培养乡村公共服务人才、培育乡村振兴带头人。招商局持续开展帮扶地区干部培训班，将理论学习与实地考察相结合，助力基层干部思想和能力与乡村振兴新时代新要求俱进。在湖北蕲春，通过电商培训培育当地一批电商创业者、市场主体负责人；在新疆，聘请行业专家为当地有产业发展意愿的农户开展种植养殖技术培训，提升农户大棚管理和牲畜养殖水平。

2023 年以来，招商局积极响应国务院国资委"让生命听见声音——中央企业公益助残活动"号召，共投入 220 万元为 20 名听力残障儿童实施人工耳蜗植入手术，帮助他们重回有声世界。手术后，残障儿童听力逐渐恢复，经过一段时间康复，言语识别率有明显提升，在学习、生活中与他人交流明显顺利，生活自理能力大大提升，彰显了央企助力人才振兴和慈善事业的责任担当。

**（三）做好文化振兴**

招商局集团面向不同群体开展富有特色的文化体育活动，营造良好乡风文化氛围，为乡村振兴提供精神动力

在威宁县持续开展"悦读成长计划"，为 126 所乡镇学校累计捐建图书角 1759 个，配书 17.5 万册，培养教师阅读教学能力和学生自主阅读习惯，帮助师生体验"阅读的力量"，并举办"招商杯"小学生阅读创作大赛，引领乡村阅读新风尚。2022 年，举办"招商杯"校园足球联赛，威宁全县67 支队伍 1600 名中小学生参赛，展现乡村少年新风貌，强化乡村凝聚力。

在蕲春县开展社会工作进社区活动，打造"社工＋义工"服务队伍，培育村民骨干力量，关爱"三留守人员"，开展村风文明活动。在叶城县，由驻村第一书记及驻村工作队在三个驻点村开展文化街建设，丰富老年活动中心，不断完善文化阵地，满足群众精神文化需求。2023 年，向蕲春、威宁、莎车、叶城四县分别捐赠《求是》和《红旗文稿》各 1000 份，让党和国家大政方针政策传遍帮扶地区。

**（四）做实生态振兴**

招商局集团以保护生态、改善环境为出发点，助力完善生产生活基础设施，推进帮扶地区改善农村人居环境，建设美丽宜居乡村。

在贵州威宁，实施人居环境整治项目，培养村民垃圾定点投放的习

惯，促成"村收集、镇转运、县处理"的垃圾处理系统持续有效运行，社区环境卫生明显改善。同时，开展生态振兴带头人赋能项目，培养生态振兴人才。

在湖北蕲春，实施生态振兴项目，修建安全饮水设施、产业水利设施、灌溉工程及泄洪闸等，解决群众出行难、用水难、易受灾等问题。

### （五）引领组织振兴

招商局创新性地推进集团15个下属企业党支部与帮扶县15个脱贫村结对共建，同时发挥四个驻点基层党员干部的引领带头作用，以"一阵地、两党课、三实事"为内容，通过慰问困难党员、结对共建交流、解决民生难题等方式，切实把村党组织建设成为巩固脱贫成效、全面推进乡村振兴的坚强战斗堡垒。

### （六）深化消费帮扶

消费帮扶方面，招商局以"27°农"公益品牌为抓手来促进农民增收。截至2024年12月底，直接购买脱贫地区农产品1.7亿元，帮助销售脱贫地区农产品1.2亿元。在国务院国资委社会责任局的精心指导下，招商局积极参与历年"央企消费帮扶兴农周"，并于2023年11月在深圳"海上世界"举办"共享收获，同助振兴"消费帮扶聚力行动，活动期间展览近百个县500多种农副产品，线上线下累计销售额达1903.1万元，人民网、《经济日报》、《深圳特区报》、《深圳晚报》、蛇口电视台等媒体相继进行宣传报道，取得了良好的社会影响。

## 第三节　结合央企优势与地区禀赋打造特色产业

招商局集团在定点帮扶工作中，将央企的多元业务优势与欠发达地区的实际需求和特点有机结合，放大帮扶效果。一方面，招商局集团充分发挥了自身多元产业优势和企业管理经验，商业联动，以集团自身产业培育资源优势带动欠发达地区快速发展。另一方面，在定点帮扶过程中始终坚持立足地方资源禀赋和特色优势，结合县域产业发展状况及市场经济发展趋势，合理规划具有地方特色的帮扶工作模式，实现地区产业发展和精准帮扶目标的统一。

## 一  结合特色农产品与集团行业优势，打造助农品牌

欠发达地区由于地理原因，往往拥有得天独厚的农作物生长条件。以招商局集团定点帮扶的地区为例，贵州威宁地处云贵高原，有"天然凉棚"的美誉，是"云贵高原夏秋蔬菜生产基地建设重点县"，该县出产的"威宁土豆"是国家地理标志产品；湖北蕲春被誉为"医圣故里"，蕲春艾草质量优良；新疆叶城和莎车，日照时间长、昼夜温差大，干果及水果品质出众，拥有"叶城核桃""莎车巴旦木"两大地理标志产品。但优质的农产品受限于当地市场化水平不高、与发达地区消费市场脱节等因素，导致"卖不远""价不高""缺订单"。

针对上述问题，2018 年，招商局慈善基金会尝试从消费端入手，以实现扶贫产业价值链"破局"为目标，整合集团相关业务优势，以首个对口定点扶贫县威宁县位于北纬 27° 为名，设计了"27°农"公益助农品牌。通过"合作社（扶贫县）+品牌（基金会）+品控（招商食品）"的运作策略，以市场化手段促进农村贫困户的可持续增收。自 2018 年 10 月正式启动以来，"27°农"项目积极搭建线上线下销售平台，先后推出新疆干果能量包、蕲春油茶籽油、威宁黑苦荞茶等多款特色农产品，并将采购范围逐步从集团和招商银行定点扶贫县扩大到全国 13 个欠发达地区。2023 年，招商局集团推出 C 公益品牌，"27°农"作为"参与社区建设  共享发展成果"的代表，被纳入 C Pal 系列项目。

几年来，"27°农"公益助农品牌成效显著。一是助力农户就业增收。截至 2024 年 12 月，项目成功开发百余款助农产品，支持购买农产品总额 1.7 亿元，帮助销售 1.2 亿元。通过农产品采收与销售帮助农户增收，以合作社带动超万名贫困人口就地就近就业。二是助力欠发达地区产业升级。招商局以组织化的形式培育了 20 多个产业合作社，以平台链接了 70 余家农产品生产主体（合作社、农业企业等），打造"阳光威宁"县域蔬菜品牌，不断发展壮大产业上游力量，提升生产质量。三是助力农户提升责任主体意识。"27°农"平台不仅拓宽了欠发达地区农产品的销路，让农户不用再为没有销路而烦恼，而且统一的品牌带来的产品品牌溢价，还帮助农户对市场需求有了更好的认知，充分调动农户参与产业发展、监督管

理的积极性，激发其内生动力，为农户加快脱贫不返贫打下了坚实基础。四是助力减贫脱贫效益提升。招商局注重调动社会各界力量的参与，特别是调动20万招商人作为消费者的积极性，以各种形式鼓励各级公司工会及员工购买贫困地区农产品，充分体现了招商局"人人参与扶贫"的决心，不断传递招商温度，更大范围地提升扶贫减贫效益。

"27°农"公益助农品牌的成功，一方面得益于招商局在帮扶地区甄选优势特色农产品原料，不断开发标准化、品牌化的助农产品，提升帮扶地区农产品市场竞争力；另一方面整合了集团各行业的专业优势，整合专业资源，拓展消费市场，开发农产品物流专线，用市场化手段促进贫困户通过消费扶贫实现稳定增收。在产品质量方面，全程产品品控及销售由招商局食品（中国）有限公司（简称"招商食品"）负责实施。招商食品树立严格的品控标准，将分散在全国欠发达地区的优质农产品纳入"27°农"品牌，将粗加工的农产品精细分类，不断开发更易被市场接受的助农产品，帮助农户建立起"可销售的产品渠道"，也确保了广大消费者享有"可保证的品质"。在物流运输环节，充分发挥下属公司中国外运股份公司物流板块的专业优势，在贫困地区科学布局物流分发中心，开发农产品物流专线，建设农产品冷链运输系统，不断完善贫困地区农产品流通网络。在贵州威宁、新疆等地开设了近10条农产品物流专线运往北京、上海、深圳、贵阳等地。这些物流专线有效降低了农产品运输成本，解决了流通中的痛点和难点，提升了农产品价格竞争力。在销售渠道上，招商局集团一方面持续运营微信小程序，积极与各大线上平台开展合作，并于2023年6月发布推出"福有招"平台；另一方面在招商局集团二级公司办公大楼及各地重点商圈开展线下活动，每年时令节日期间，在北京、上海、深圳等地设置展销处，推介特色农产品，吸引集团员工及社会公众参与。

## 二 立足区位优势和港口建设经验，建设长江深水码头

招商局集团在蕲春定点帮扶中的一项重要工作就是帮助其建设管窑长江码头。蕲春拥有32公里优质长江岸线，招商局集团对口帮扶蕲春后调研发现该县位于长江北岸的管窑镇具有得天独厚的航运区位优势，于是经过与交通运输部、湖北省政府及蕲春县等多轮沟通，确定招商局集团捐赠建

设资金 5000 余万元，援建拥有两个 5000 吨级泊位的现代化长江码头，同时整合招商局集团在港口、航运等方面的专业资源。招商局集团一方面提供码头建设的专业人才和技术支持；另一方面引进专业运营团队，为蕲春培育一个成熟的码头和一支专业化经营队伍。为确保项目顺利推进，招商局还派出具有港口建设管理经验的原招商国际工程管理人员赴蕲春县任挂职副县长，专门负责码头建设管理工作。

从 2015 年正式立项，至 2017 年项目主体工程基本完工并投入使用，蕲春港长江码头项目创造了"一年完成前期工作，一年完成主体建设，当年基本投入运营"的超常速度，获得湖北省交通运输厅品质工程和平安工程称号。项目建成运营后，管窑码头港口航运年吞吐量达到 120 万吨，不仅为蕲春县培育了新的经济增长点，同时还带动蕲春县水路航运正式跨入"长江时代"，积极融入国家"长江经济带"，极大地提升了蕲春的储运服务水平，使蕲春从内陆经济走向外向型经济，加快了区域脱贫步伐。

### 三　利用资源禀赋和园区管理优势，发展健康产业

湖北蕲春具有丰富的中医药产业资源，招商局集团在帮扶过程中瞄准蕲春地处长江经济带和拥有中药材产业资源的优势，将当年建设深圳蛇口"前港—中区—后城"的成功模式推广到蕲春，以"港口先行、产业园区跟进、配套城市新区开发"为区域经济勃兴路径，实现港、产、城联动，为蕲春经济发展奠定基础。

招商局集团发挥 40 余年园区开发的经验优势，与湖北各级政府合作，以国家级高新技术开发区的标准，共同开发占地 35.8 平方公里的蕲春李时珍工业园区河西新区。以李时珍文化元素和蕲艾产业为依托，持续为当地导入产业资源，打造标杆园区，发挥自贸区、央企双创示范基地等的辐射效应，打造一个立足当地中医药行业，集聚以医疗行业为核心的综合形态、产业与居住、商业及配套等相融合的招商局蕲春健康产业新城，成立招商局健康产业（蕲春）有限公司，充分发挥国有"链长"企业在蕲艾产业链中的支撑带动作用。

在生产端，招商局集团建设蕲艾基地，丰富种质资源。累计投入有偿

帮扶资金约 2100 万元，建立 103 亩种质资源基地及开展种质资源研究，通过试验对比，筛选出优质、高产和适合不同用途的种质，解决了蕲艾产业发展中种源混杂、种子种苗质量参差不齐等问题。蕲艾基地被授予"国家重点研发专项蕲艾生态种植示范基地"等荣誉称号。经过"脱毒—组培—炼苗"流程，已提纯蕲艾良种 8 个，初步选育优良种源 3 个，产量得到大幅提升，亩产干叶由 180 公斤上升到 323 公斤。

在销售端，招商局集团开发新型产品，强化销售推广。充分发挥"27°农"公益助农品牌和招商食品专业优势，开发蕲艾精油、艾灸贴等特色产品，在外观上进行重新设计，充分挖掘蕲艾的价值潜能。在技术上将传统蕲艾与现代纺织工艺相结合，推动蕲艾产品从传统的理疗转向应用更广的纺织品领域。累计销售蕲艾产品 500 万元，有效帮助蕲艾"走出大山，走向世界"。

## 四 综合考虑产业发展与生态效益，开发戈壁产业园

新疆莎车地处塔克拉玛干沙漠南缘，自然条件恶劣、生态环境脆弱，但独特的地理气候因素也为特色产业发展提供了得天独厚的条件。招商局集团在广泛调研和充分论证的基础上，立足当地资源禀赋，发挥戈壁滩光热资源丰富和土地辽阔的优势，先后投入将近 2000 万元助力戈壁产业发展，形成集研发、育苗、种植、加工、仓储、保鲜、配送、休闲观光等为一体的戈壁产业园，通过"科技+企业+基地+农户"的运作模式带动当地群众嵌入产业发展链条，统筹谋划生态保护和产业升级，实现经济效益、社会效益、生态效益的多赢，使荒芜的戈壁滩变成了安居乐业的"幸福园"。

戈壁产业园在助力产业振兴的同时兼顾生态振兴，通过开发未利用土地资源，向戈壁要耕地、向节约要水源、向科技要产量、向光热要品质，帮助建设现代高效戈壁设施农业，助力当地产业转型升级，实现了"不与粮争地，不与地争肥"的目标。招商局集团帮助产业园建设智能育苗温室、产业大棚及基础设施，包括农业物联网系统、移动式苗床系统、立柱无土栽培系统、高压微雾系统、蔬菜产业大棚等，有效突破设施农业种植的技术和资本壁垒，促进产业集约化发展。产业大棚配备水肥一体化设备，实现了精准施肥精准灌溉。水肥一体化设施有效减少了水资源使用的时间和成本，提高了水资源利用率；产业大棚减少了农药的使用，还能改

善土壤质量，减少对环境的负面影响，使种植效率得到进一步提高，农业生产更加高效可持续。戈壁产业园通过科学有效地利用戈壁荒地，既缓解了耕地用地紧张，又保障了粮食安全。

戈壁产业园有效带动了当地及周边农户增收。招商局集团始终坚持参与式帮扶的理念，帮助农户嵌入产业发展链条，提升农户自身发展能力，构建紧密的利益链接机制，形成"科技＋企业＋基地＋农户"的运作模式。项目建设过程中吸纳周边约90名低收入人口务工，共计发放工资约100万元；项目投资形成的产业大棚资产归村集体所有，主要租赁给种植大户，种植辣椒、瓜果等反季节蔬菜，销往湖南、湖北、四川等地；村集体出租大棚所产生的资产收益用于发放附近三个乡镇公益岗位人员工资，每年1万元，惠及40个家庭百余人，有效拓宽了弱劳力人口收入来源。同时，产业园还能为周边县市农业生产提供优质种苗和高效生态栽培技术的社会化服务，间接带动周边县市设施农业发展，取得了良好的社会效益。

## 第四节　充分激发群众内生动力

参与式发展是乡村建设领域重要的理念和方法。该理念重视社区成员的地方知识，认为本地成员对自己生活环境的了解最为深入，通过赋权，让社区成员在发展项目中拥有发言权和决策权，增强他们的自信心和自主性。参与式发展强调所有利益相关者的参与，包括妇女、儿童、老人和其他弱势群体，确保每个人都能在发展过程中受益。[①]

招商局集团作为央企，在整个帮扶过程中并不是扮演高高在上、指手画脚的角色，而是俯下身子、躬身入局，以参与式发展的理念指导脱贫攻坚和乡村振兴。招商局集团的干部充分相信欠发达地区的群众最了解当地实际情况，当地群众既是帮扶的对象，更是生产致富的主体力量，激发当地群众的内生动力至关重要。因此，在定点帮扶中，招商局集团始终把培育和激发群众的内生动力及内在活力作为开展工作的重要着力点。

---

① Robert Chambers, *Whose Reality Counts? Putting the First Last*. Intermediate Technology Publications, 1997.

## 一 聚焦"人"的全面发展

"人"始终是招商局在脱贫攻坚和乡村振兴中关注的最核心要素，招商局集团聚焦"人"的全面发展，坚持以人的改变为核心，不断探索"智志双扶"模式，在扶贫工作中全方位提升当地人力资本。通过举办贫困地区干部培训班、组织实施乡村妇女能力建设项目、援建当地基础教育等方式，有效提高贫困县当地各类群体的综合素质，为当地的脱贫致富和长远发展奠定人才基础。具体方式上，一方面"引进来"，引入外部专业组织面向贫困地区群众开展培训；二是"走出去"，组织贫困地区的干部、妇女、教师等到深圳等地实地学习，开阔视野。

### (一) 依托工业园区经验，系统开展干部培训

招商局相信，干部队伍的观念、视野、素质是影响地方社会经济发展的重要因素，提高贫困地区干部队伍的综合素质对当地脱贫意义重大。为此，招商局发挥百年文化积淀以及改革开放初期创办工业园区的经验和优势，利用场地、区域开发运营管理及人才培养的资源，开办帮扶干部培训班。

招商局组织定点帮扶县的各级干部"走出去"，开展系统培训。每年由定点帮扶县政府部门组织两到三批干部，前往招商蛇口工业区、漳州招商局开发区学习地域开发、园区运营、人才培养等方面的理念和方法，将招商局集团在参与蛇口工业区、漳州开发区发展过程中积累起来的经验传递给定点帮扶县的干部，以达到更新观念、开阔视野、拓展思路的目的。在此过程中，招商局慈善基金会除了提供直接经费支持，还积极协助集团人力资源部持续优化提升培训课程，有效推进当地扶贫工作开展。

威宁干部培训班于 2011 年正式启动，招商局慈善基金会按照每人每期 1 万元标准投入资金 60 万元支持 60 名当地各级党政干部参加培训。此后在积累经验的基础上，从 2013 年开始，培训班逐渐扩展到湖北蕲春和新疆莎车、叶城等地。据统计，截至 2024 年 11 月底，招商局帮扶干部培训班项目共办 31 期，培训干部学员人数共计 1242 人，其中威宁 557 名，蕲春 421 名，叶城 101 名，莎车 98 名，吉安青原区 40 名，漳州社区干部 25 名。

**（二）借鉴世界扶贫经验，重视女性素质提升**

在世界范围的扶贫经验中，女性素质的提升对于改善家庭和社区的经济状况有着不可忽视的作用。招商局慈善基金会在脱贫攻坚中也非常重视提升当地女性的综合能力，以女性能力的提升带动家庭的脱贫致富。

在贵州威宁的扶贫中，基金会联合北京农家女文化发展中心在草海镇实施乡村妇女能力建设项目。2012 年 9 月至 2013 年 8 月举办的第一期培训班，先后有 40 多位草海镇银龙村妇女跟班学习，最终 19 名顺利完成课业，获颁证书。在此基础上，分别于 2013 年 9 月和 2015 年 3 月启动的第二、三期妇女能力建设项目，将同属威宁县草海镇的草海村和大江家湾村妇女纳入培养计划。

招商局慈善基金会组织的妇女能力建设，内容主要包括以下几方面：一是开展文化课学习，引导妇女吸收新知识和新观念；二是引导妇女参与社区公益，组织文艺活动；三是举办乡村妇女微型创业班，帮助妇女增强经营意识和能力，推动当地农业产业的转型；四是培育妇女发展小组，帮助建立和完善自组织管理，通过小组支持提升能力建设；五是外出参访，组织妇女同志到云南丽江、山西永济蒲韩社区等地参访学习。这些培训有效地加深了乡村妇女对社区公共事务的理解，增强了其参与社区发展的意识。

## 二 高度重视村民参与

招商局集团的几乎所有帮扶项目都强调村民参与，充分尊重村民主体地位，在管理机制上探索村民自治，通过自我管理、自我运作，调动贫困群众的积极性和主动性。向村民开放深度参与机会，包括公开资金和项目信息；搭建平台、降低门槛，让村民参与项目设计；在建设过程中充分及时响应村民，实现实质监管；移交后续管理权责给村民；等等。让受益群众参与项目治理，不但能实现满足现实需求的硬件设施建设和维护，而且能激发村民自主管理的积极性和自主发展的内生动力。

**（一）以村民自主管理运营农贸市场**

2016 年，招商局慈善基金会在湖北蕲春大屋幸福新村捐资建设了一个"幸福新村农贸市场"。项目规划用地 7000 平方米，总建筑面积 1856 平方米，前后总投入 472 万元，结合大屋幸福新村周边日趋完善的旅游资源，打造集特色农产品销售、农技培训和社区公共空间等功能于一身的农副产品交易市场，作为全镇 43 个行政村自产特色农副产品的集中销售平台。

幸福新村农贸市场采取了村民自我管理的运行机制。经过与当地青石镇镇政府、大屋村村民委员会反复沟通讨论，成立了由大屋村委会全体村干部及村民代表组成的管理委员会，负责农贸市场建成后的招商、运营和管理，同时由镇政府牵头成立监督委员会，负责日常监督。项目资金按比例折算为贫困户手上的股份，做到共建共管。在盈利分配方面，制定公开公平的分配标准，按照村集体占 40%、大屋村贫困户占 60% 的比例进行分配，同时要求对分配结果进行定期公开和公示。大屋村百余户贫困户以股东的身份直接获得分红收益，周边行政村村民也可间接受益。

**（二）以家长自我管理开设幼儿班**

招商局慈善基金会、深圳市博时慈善基金会与"互满爱人与人中国"合作，于 2016 年 3 月开始在湖北蕲春开展互满爱乡村幼儿班项目，建立社区自治模式的幼儿班，为 3—6 岁贫困儿童提供优质学前教育，缩小贫困地区与发达地区教育发展的差距，减少代际贫困传递。截至 2024 年，累计在 7 个乡镇开办 66 个幼儿班，惠及 3791 名儿童。

社区自治模式幼儿班是在公办、私立幼儿班无法全覆盖的边远贫困乡村，针对居住分散的幼儿开办的学前教育。其特点是强调社区参与及自治，幼儿班由家长委员会参与管理，教师也由家长委员会及村委会举荐，由"互满爱"提供培训，为乡村培养人才，用最小的成本为山村孩子提供学前教育机会。

以社区自治幼儿班为切入口，乡村中相关群体的素质得到了提升，幼儿班不仅成为学龄前儿童的学校，也成为社区重要公共文化空间，社区居民聚集到幼儿班开展集体活动，社区的自治能力在悄然提升，社区在慢慢被激活。具体说来，幼儿班发挥了如下作用。

一是培养了一批本土幼儿教师。所有幼儿班老师均是本村居民，他们原本是本村高中毕业在家务农的妇女、返乡青年、代课老师等，在当地村委和村民推荐下成为幼儿教师，接受"互满爱"连续三年的系统、专业的幼儿教育进阶培训及督导。

二是以先进教学理念培养乡村幼儿。社区自治幼儿班虽地处偏远，但教学理念和方法与现代学前教育接轨，每月、每周都有清晰的教学框架，鼓励孩子们学习自然、动物、音乐、美术知识，引导孩子们在社区环境中学习独立生活、独立解决问题。

三是引导幼儿家长形成正确教育理念。幼儿班每学期至少开 4 次家长会，进行儿童心理学、营养、健康知识培训，还教家长如何正确鼓励孩子，培养孩子的学习习惯和兴趣爱好，针对孩子不同成长阶段给予正确引导。

四是培养起社区的责任主体意识和能力。幼儿班的家长委员会定期开会，参与幼儿班大小事务的讨论与决策，以确保项目能真正被接受并在社区生根。同时，提升家长在社区参与中的积极性与能力，并影响更多社区居民。

### （三）以互助小组开展"小母牛"项目

2016 年，招商局慈善基金会与四川海惠助贫服务中心达成合作意向，启动蕲春乡村社区综合发展项目，将其成熟的扶贫模式"小母牛"项目①引入蕲春落地实施。项目前后用时五年，投入资金近 500 万元，通过为农户提供礼品牲畜（肉牛）及养殖技术培训，帮助蕲春县檀木镇和向桥乡 4 个项目村的 1020 户贫困农户发展畜牧业以实现增收脱贫。

该项目的特色是推动当地农户建立互助小组，以互助组形式将贫困户组织起来，引导、组织农户参与社区活动，两年后通过事先约定的"礼品传递"方式再帮助其他贫困农户，由受助者变为助人者。

### （四）以村民为主体实施灌溉工程建设

贵州威宁一直面临灌溉用水严重缺乏，制约村民增收的问题。2021 年，贵州威宁启动毕节市水务局援建的灌溉系统主管道建设项目，该项目覆盖金钟镇寨营村和新田村两个行政村 500 余户，土地 610 亩。招商局集团作为定点帮扶企业援建灌溉系统支线管网工程项目。针对当前农村产业

---

① 2008 年，在国际著名扶贫发展组织"国际小母牛"的支持下，四川海惠助贫服务中心成立并引入"国际小母牛"的参与式工作理念和方法，在我国乡村社区开展"小母牛"项目，即通过为农户免费购买牲畜、农作物，并提供相关技术培训、社区孵化、能力建设等方式帮助贫困农户改善经济条件。

基础设施建设普遍面临的资金量大、村民参与度低、后期维护弱、效益差等问题，招商局慈善基金会在整个建设过程中不仅提供资金支持，而且高度重视村民的主体性，通过协助村民在灌溉系统设计、建设监督、后续管理机制建设等关键环节的有效参与，提高资金使用效率和村民满意度，探索以村民为主体的乡村振兴产业基础设施建设管理工作模式。

一是明确各方职责定位，整合资源，形成合力。与以往的硬件建设项目不同，该项目的参与方较多，包括地方党政部门、村两委、受益群众、招商局慈善基金会和第三方组织等。项目开展前，在招商局慈善基金会统筹下，各方召开多次交流协调会，就角色作用和职责边界达成共识：项目村受益群众作为主体，享有和承担参与项目关键环节的权利和义务；地方党政部门和村两委在各自层面发挥领导和监督作用，提供行政支持和服务；招商局慈善基金会代表招商局集团发挥统筹协调作用，整合各方资源，通过搭建政府和社会组织合作平台、因地制宜设计合作方案等方式，有效促进各方合作并推动项目落实。成都蜀光社区发展能力建设中心作为技术支持方，在促进村民参与方面提供具体的村民能力建设和陪伴支持服务。达成共识后，项目参与方各司其职、发挥所长，合力推动项目顺利开展。

二是协助建立社区组织，以组织化形式落实村民参与。针对村两委日常工作较繁重，难以全程参与特定项目的实际情况，招商局慈善基金会联合村两委在充分宣传、广泛动员的基础上，协助建立受益群众管理小组，以组织化形式落实村民参与。在村民清楚了解管理小组和村两委的关系、管理小组的角色定位以及选人标准之后，寨营村和新田村各自选出了项目管理小组。管理小组是受益群众的代表和带头人，负责带领村民参与管线走向和给水桩的布点设计、讨论后续管理制度，代表村民监督工程质量等具体事项。为了提升管理小组的管理能力，招商局慈善基金会还提供有针对性的外出参访和能力培训，帮助学习社区工作方法和水利灌溉知识，协助管理小组讨论明确工作职责、工作任务和行动方案，建立起初步的工作基础和能力。

三是找准关键环节，提供能力建设，陪伴村民有效参与。在项目实施过程中，村民主要参与规划设计、质量监督和后续管理制度制定等关键环节。为了让村民更有效地参与，招商局慈善基金会联合第三方社会组织开展了大量的村民能力建设。例如在规划建设阶段，将专业的规划设计"转译"为村民能够看懂、理解的设计方案，以便村民在此基础上表达意见、参与具体设计；在质量监督方面，梳理出监督的内容和技术标准，以方便管理小组有的放矢地开展监督；在制定后续管理制度方面，不是直接给出制度内容，而是将制度框架拆解成一个个村民能够思考和回答的问题，比如谁来进行后续管理，管理哪些内容，水费按照什么标准收取，水费的使用要求有哪些，等等。充分倾听村民的呼声和现实需求有效保障了其能深度参与项目的关键环节，这也是充分发挥第三方社会组织陪伴作用的关键所在。

**（五）以健康互助社开展社区慢性病健康管理**

招商局自 2023 年起关注"治未病"，针对农村中老年慢性病管理难题，启动威宁县慢性病预防控制项目。首期项目以威宁县二塘镇产底村、铁营村为试点，资助威宁自治县乌蒙兰社会工作发展中心，与县卫健局、乡镇卫生院紧密合作，支持村医、患者及家属、社区骨干、村支两委等成立两个慢性病自管小组"健康互助社"，来推动自上而下的农村慢性病三级管理体系转轨成以患者为中心的服务体系。

基于公共卫生服务的性质（处于私人服务与公共品之间的过渡地带；不仅仅是诊疗，也是服务），项目从推动软性服务开始，支持乡镇卫生院、村医与村民建立信任关系，"与慢性病患者站在一起"，让村民感受到被重视和被专门对待，进而透过诊疗技术及人格化信任关系，推动村民形成责任主体意识。对于村医、乡镇卫生院来说，当自身服务能产生实质价值而不是走形式时，也意味着价值感、成就感和内在动力的激活。

同时，项目也支持社区开展自下而上的公共参与。通过"健康互助社"，让村民成为健康"公共品"的主人，参与决策、做出承诺并自我管理。活动包括以村组为单位选举小组长，由小组长主动带动村民测血压、血糖，将数据反馈给村医，减轻村医工作量。促进社员互相交流健康知识，互相提醒和监督用药，定期组织和相约体检；开展旨在提高慢性病患者健康知识水平的活动，如"健康厨房"、环境卫生整治、健身操、健康教育等健康文娱活动等，并以农事历、节庆历和风俗民情为契机将健康融入社区公共生活场景中，营造主动健康的社区氛围；利用积分激励机制促进社区健康管理，将规范服药、按期体检、定期参加健康互助活动等纳入积分管理和嘉奖范畴，来调动社区村民和慢性病患者的积极性。

试点村的工作显著提升了慢性病管理的效率和成效。村民主动体检、量血压和血糖、按时服药的意愿明显提升。与非试点村相比，试点村慢性病管理数据真实性和质量更高。项目还推动了县卫健局公卫管理方面的创新，比如将公卫经费下放到社区层面，用作社区自组织的活动经费，并配套相应的考核机制，这为试点经验的可持续和推广提供了更大的可能性。

# 第十一章　积极探索社区公益资助：
## 从工作板块到组织基因

　　城乡社区发展与治理，是既符合时代发展需求又与招商局企业社会责任战略相匹配的工作领域。经过前后十几年的不断探索与努力实践，招商局慈善基金会城乡社区发展与治理资助项目得以实现持续演化和升级迭代，并逐渐沉淀出若干议题资助实践特征，包括对社区自组织机制的高度重视、工作推进过程的开放性、项目资助内容的立体性及项目演化中的组织学习等。也正是在这种不断演化与升级过程中，招商局慈善基金会得以逐步建构起自身专业能力，从一家企业背景的基金会发展成为国内具有较高行业影响力的专业公益机构，并实现工作理念从乡村扶贫到农村社区发展再到城乡社区治理的递进式演变。目前，城乡社区发展与治理板块越来越成为招商局集团企业社会责任探索前沿行动议题、引领行业发展的一个重要窗口，一套完整的社区价值理念及相应工作方法也以类似"组织基因"的形式逐步嵌入基金会机构内部，拓展到更多项目板块，基金会最终也将机构使命确立为"激发人的价值，凝聚社区力量，推动社会参与"。经过十余年的资助实践，社区发展成为招商局慈善公益事业的重点领域之一，并正式纳入招商局 C 公益品牌中的 C Pal 子品牌，以"爱心家园，共享美好"为品牌理念。

　　据统计，截至 2023 年，招商局慈善基金会累计向城乡社区发展与治理项目板块投入各类资金超过 6000 万元。① 从基金会的分阶段实践来看，

---

　　① 报告统计主要基于招商局慈善基金会年度工作报告有关城乡社区发展与治理板块的相关工作描述，综合基金会项目总结报告及年检报告中的对应项目数据加以汇总整理。不过，由于基金会在不同年份针对个别项目的统计处理口径存在一定差异，报告在数据汇总过程中尽可能保持前后一致，并且将明显不属于城乡社区治理与发展议题领域的（转下页注）

2015 年以前的探索期主要通过多个额度较大的项目资助来帮助基金会积累资助经验并逐步找到工作聚焦领域，而随着 2016 年以后招商局慈善基金会项目品牌的确立，近年来机构年度项目资金投入逐渐稳定，基金会采用小额资助模式对更大范围合作伙伴形成支持，并不断扩大基金会自身在相关议题领域的社会影响力。

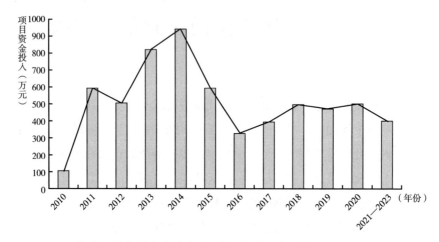

**图 11-1  招商局慈善基金会城乡社区发展与治理资助板块历年资金投入情况**

基于在城乡社区发展与治理工作领域的长期探索和深耕，招商局慈善基金会获得了广泛行业认可并获颁多项行业荣誉，包括 2014 年 5 月在第十二届全球华人企业领袖峰会上接受"国际小母牛"亚欧区总裁颁发感谢证书、2020 年 12 月入选代表国内民间公益组织极高认可度的第四届中国基金会评价榜"金桔奖"、2021 年 10 月获得由中国人口福利基金会颁发的第九届中华人口奖"特别贡献奖"等，招商局慈善基金会已经成为在国内城乡社区发展与治理领域扮演重要角色的一家行业资助型公益机构。

---

（接上页注①）项目剔除。比如，基金会从 2010 年起在上级业务主管单位民政部推荐下与北京爱佑慈善基金会签订战略合作协议，成立"爱佑童心招商局专项基金"，先后投入资金 1000 多万元支持爱佑基金会开展先天性心脏病儿童救治，虽然大量救助工作是在基金会扶贫项目点推进实施，但其并不是基于基金会乡村社区发展项目框架开展，因此未被纳入项目板块资金投入统计。

## 第一节　开放心态下招商局自有公益品牌探索

### 一　以项目征集方式寻找工作方向

事实上，基金会成立之初，对于招商局慈善公益事业的具体聚焦领域和工作方向，创始团队并没有具体的规划。不过，鉴于其承担的国家定点扶贫责任，乡村扶贫工作毫无疑问成为慈善基金会平台建立后集团上下关注的一个重点议题。结合集团一直以来开展的定点扶贫工作，2009 年 8 月 26 日，在深圳蛇口召开的基金会第一届理事会第二次会议上，基金会秘书处向理事会做有关"招商局慈善基金会社会参与项目建议"的汇报。报告基于招商局企业社会责任理念及集团自身组织优势，同时结合对国内扶贫工作现状及趋势的分析，提出由基金会自主开发设计"招商扶贫创新计划"的构想。

该计划认为，针对我国贫困治理领域呈现的一系列新情况和新问题，[①]开展扶贫工作需要充分发挥民间社会组织在参与贫困治理过程中的灵活性、创新性优势，建立扶贫工作瞄准机制，进而推动贫困治理模式创新，通过撬动多元主体参与、不断扩大扶贫工作的社会效益。根据以上分析，"招商扶贫创新计划"设计了包括扶贫创新大赛、扶贫创新论坛、示范项目推广及集团员工参与等在内的多项内容，希望通过对民间扶贫项目进行广泛征集、评选、研究，发现和总结具有一定创新性的民间扶贫发展模式，并以基金会创投形式资助扶贫创新实践，着力打造符合招商局集团品牌内涵、具有相当社会影响力的企业社会责任标杆项目。

### 二　以"资助"为起点介入乡村扶贫

基于上述方案设计，"招商扶贫创新计划"首先以"招商局扶贫创新奖"对外公开征集和评选的形式得到组织落实。2010 年 7 月 16 日，在国

---

[①]　报告分析认为国内扶贫工作在经过此前三十年探索实践取得系列重大成果的同时，也逐渐出现了农村贫困群体"小集中、大分散"、低收入人口发展能力弱、返贫率高、城市贫困问题日益凸显等新情况。

内相关公益咨询机构的支持下，经过近半年的策划筹备，由招商局慈善基金会与中国社会组织促进会联合主办的"招商局扶贫创新奖"正式启动。

评选活动得到大量扶贫发展机构的积极响应和支持，至 2010 年 10 月 10 日，在 3 个月左右时间内，主办方共收到来自全国各地近 200 家各类组织机构提交的 300 多个项目提案申请，地域上覆盖了全国 30 个省、自治区、直辖市，项目领域也涵盖了制度促进、生计发展、教育/就业、妇女发展、灾后重建及医疗卫生等多元议题。活动最终评选出扶贫创新行动奖 10 项和行动奖入围项目 6 项，另外还评选出扶贫创新设计奖及设计奖入围项目各 5 项。在公开征集评奖的同时，招商局慈善基金会还邀请国内外相关领域专家学者共同参与举办"扶贫创新论坛"，围绕乡村社区扶贫发展议题展开集中研讨，获得强烈社会反响。

对于招商局慈善基金会而言，通过举办扶贫创新奖评选活动，帮助机构在创立之初便得以快速接触大量优秀扶贫发展机构，切实看到国内民间扶贫力量的成长及其在扶贫工作中的灵活创新优势，由此确立了基金会以"资助"社会组织的方式参与乡村扶贫工作的总体战略方向，为基金会后续针对一线扶贫社会组织开展资助及农村社区发展品牌项目的设立奠定了基础。

## 第二节　组织学习引领推动下"社区力量"被看见

根据"招商扶贫创新计划"的总体方案设计，除了评选优秀扶贫项目案例，帮助相关扶贫机构进行创新示范项目推广也成为其重要内容之一。由此，在扶贫创新奖评选的基础上，招商局慈善基金会从 2011 年开始正式启动在农村社区发展议题上的探索性资助工作。此后数年，基金会工作团队围绕乡村社区发展领域的多元需求，针对不同类型扶贫发展机构开展了大量创新性资助探索。在此过程中，基金会工作团队逐步意识到社区多元主体参与对于乡村扶贫发展项目推进的重要性，社区力量越来越受到重视。

### 一　多元项目资助实践中的公益协作

基于"扶贫创新奖"项目评选，招商局慈善基金会从 2011 年开始率先以部分获奖机构为对象，积极推动农村社区发展项目资助工作。比如，2011 年 4 月，基金会与四川海惠助贫服务中心签订项目合作协议，支持其在云南保山龙陵县和隆阳区两地开展"滇西贫困乡村综合社区发展项目"，希望通过 3—4 个项目实践，帮助当地贫困农户尽快实现社区自力更生的可持续发展目标。① 同年，基金会还与上海真爱梦想公益基金会签订合作协议，支持其在四川、福建、河南、安徽、贵州等地，通过提供乡村多媒体教室和开发梦想课程方式，推动农村素质教育发展。除以上两大主要合作项目以外，基金会早期资助的其他获奖机构还包括陕西西乡妇女发展协会、四川仪陇乡村发展协会和吉林梨树胜利果乡农民专业合作社等。招商局慈善基金会希望通过为这些农村扶贫机构提供项目资金支持，鼓励基层组织在扶贫领域的多元实践和智力投入，以创新公益模式为中国扶贫发展事业注入新的活力。

在以扶贫创新奖为核心线索开展项目资助的同时，招商局慈善基金会在之后几年进一步拓宽工作视野，与其他诸多社会组织积极开展合作。例如，从 2013 年开始，基金会联合山西永济蒲韩乡村社区和北京农禾之家咨询服务中心共同发起"乡土社区工作者培训计划"，旨在依托蒲韩乡村社区农民合作组织的先进发展经验，帮助国内其他农村合作组织、涉农社会组织等培养既能推动农村经济事务发展，又能开展社区教育和服务的中青年人才。为配合乡土社区工作者培训计划的实施，招商局慈善基金会还在2014 年联合芬芳文化书院启动"乡村文化及人文价值探索研习营"项目，旨在通过支持乡村文化及人文价值的研习共学，在乡村工作者技能培训之外积极推动学员将文化反思视角融入乡村社区工作。此外，基金会还以集团定点扶贫县建设的"幸福小镇"乡村综合发展平台为抓手，与国内多家专业社会组织进行接触合作，推动包括"绿十字""农家女"和北京社区参与行动服务中心等在内的众多优秀公益机构成熟项目模式在定点扶贫县落地实施，探索多方公益力量在同一行动平台上形成合力，推动社会扶贫模式创新。

---

① 此后，基金会又在 2012 年联合四川海惠进一步将"小母牛"扶贫模式拓展至云贵交界的乌蒙山区贫困农村。

## 二 重视"参与式发展"的价值

上述多元资助项目的开展，为招商局慈善基金会后续农村社区发展议题资助工作的进一步深化积累了丰富经验，尤其是合作伙伴带来的"参与式发展"理念，对基金会项目资助品牌化探索产生了重要影响。对于招商局慈善基金会而言，与相关公益机构的合作过程具有重要的组织学习意义。正是基于在资助项目中的深度参与式观察和学习，参与式发展理念及工作方法的重要价值才被基金会工作团队看见。

与四川海惠助贫服务中心的合作是招商局慈善基金会观察和学习参与式工作方法的典型案例。2008 年，在国际著名扶贫发展组织"国际小母牛"的支持下，四川海惠成立并引入"国际小母牛"的参与式工作理念和方法，在乡村社区开展"小母牛"项目，致力于通过为农户免费购买牲畜、农作物，并提供相关技术培训、社区孵化、能力建设等方式帮助贫困农户改善经济条件。项目开展过程中，除了纯粹生计层面的改进提升，项目团队还特别重视村民充分参与、性别视角引入及项目公信力建设等价值内容。其中在推动社区参与方面，项目团队注重引导农户通过成立互助小组形式积极介入社区公共事务管理，以此调动个体参与的积极性、拥有感和归属感，进而有效促进居民团结并增强社区主动发展的意识和能力。对于四川海惠团队的参与式社区工作方法与理念，招商局慈善基金会给予高度认可和支持，自 2012 年开始先后投入配套项目资金 170 多万元，以资助项目点所在社区公共基础设施建设等形式，在滇西和乌蒙山区两个项目区域推动建立了 37 个村民互助小组，取得良好效果。

2012 年，招商局慈善基金会联合北京农家女文化发展中心，在集团定点扶贫县贵州威宁共同发起乡村妇女能力建设项目，推动当地妇女学习文化、吸收新知识和新观念、主动组织文艺活动并积极参与社区公益等。在此基础上，分别于 2013 年和 2015 年举办的第二届、第三届妇女能力建设项目进一步扩大支持范围，包括组织妇女同志到云南丽江、山西永济蒲韩社区等地参访学习，举办乡村妇女微型创业班和培育妇女发展小组等，帮助建立和完善妇女自组织管理机制。通过相关培训活动的开展，有效提升了妇女参与社区公共事务的意识，表现突出的班级辅导员陶艳还被选为村妇女主任，成为当地第一位妇女干部。乡村妇女能力建设项目取得的一系列成果，让招商局慈善基金会再次看到参与式发展所带来的积极改变。

## 第三节　在社区自组织视角下打造乡村发展公益价值链

随着前期一系列项目资助工作的探索推进，招商局慈善基金会工作团队开始思考自身在议题推动过程中的角色定位问题，并着手进行第一次系统的基金会战略规划。基于在前述多元化项目资助中的参与式观察和学习，2014 年 10 月发布的基金会首份战略规划报告对基金会发展提出了"盘活社区资产，培育社区组织，打造乡村发展公益价值链"的策略目标，希望通过创新基金会参与扶贫的机制和项目资助模式，推动招商局慈善基金会成为社会力量参与贫困社区发展的合作创新引领者和行业发展推动者。以此为基础，招商局慈善基金会开始启动其农村社区发展议题资助的品牌化提升工作。

### 一　"幸福家园"乡村社区支持计划聚焦自组织培育

根据与四川海惠团队的合作经验，招商局慈善基金会发现乡村居民除了生计发展需求外，还普遍希望通过修建村庄活动室等公共基础设施来积极改善社区生活环境和丰富村民公共生活。围绕村民相关公共需求，在连续几年为"小母牛"项目点村庄配套公共设施建设经费的基础上，基金会项目团队经过研究，认为可以将工作内容进一步拓展到"小母牛"项目点以外，通过村庄小型公共设施资助撬动更大范围村民自组织集体行动，以此推动村民积极参与社区建设行动，真正实现以乡村社区为主体的参与式发展。

在 2015 年既有合作伙伴小范围试点基础上，招商局慈善基金会 2016 年正式对外推出品牌资助项目——"招商局·幸福家园"乡村社区支持计划，旨在支持中国农村社区村民，以互助协商方式，分析和解决本社区公益需求，并在这一过程中聚焦多元参与和协作，促进农村社区治理结构的优化。"幸福家园"资助计划的设计开发标志着招商局慈善基金会自有品牌项目建设的起步，同时也体现了基金会对自身在公益行业价值链中定位的思考，尤其对通过支持大量一线社会组织推动农村社区自组织培育的高度重视。项目一经推出便获得行业伙伴广泛关注，其中仅 2017 年，项目资助计划就收到来自全国各地社会组织的申请书 256 份，经过初筛、复筛、答辩及终审等多个环节，最终确定 20 个项目获得资助，项目点覆盖了包括河北、甘肃、陕西、湖北、辽宁、江西等在内的全国 13 个省份。

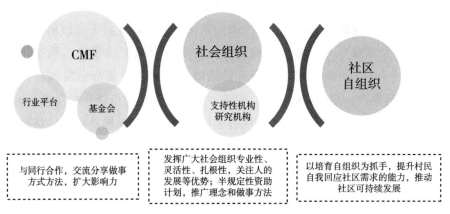

**图 11-2　"招商局·幸福家园"乡村社区支持计划项目框架设计**

说明：图中英文字母"CMF"为招商局慈善基金会的英文缩写。

"幸福家园"乡村社区支持计划的实施很快取得了一系列成效，通过村庄小型公共设施的建设撬动了更大范围村民自组织集体行动。比如，首期资助项目中，四川雅安宝兴县永富乡中岗村修建文化活动中心暨安全饮水工程项目成功动员全村 37 户村民全部参与，先后投工 290 人次，顺利完成项目结项并挂牌。山西汾阳市仁道村老人日间照料服务中心完成房屋修缮后很快安排老人入住，并由本村 9 名核心妇女骨干自发组成志愿者队伍为老人提供服务。此外，海南乐东黎族自治县镜湖村"小空间、大舞台"项目成功发动全体村民参与，在修建小型设施的基础上，还自发募捐建设社区文化广场，得到项目所在地各级政府的高度关注与肯定。

**二　枢纽型组织引入与乡村社区发展立体式资助**

在积极推进项目资助工作的同时，为了对项目实施过程中可能存在的问题进行挖掘和反思，2017 年，招商局慈善基金会还联合"资助者圆桌论坛"评估专家团队对部分代表性资助项目开展评估，以期通过总结经验，促进项目工作理念、框架及方法的不断改进。评估结论认为，由于部分合作伙伴的组织能力存在结构性偏差，精于社区动员，疏于专业技术，导致其对村民社区需求响应的停滞不前，而"幸福家园"乡村社区支持计划本身计划色彩又较重，更多资助社区的基础设施建设，对于人和自组织发展的强调还不够，对社会组织乡村发展能力的贡献也相对边缘，最终可能带来社区真实需求扭曲和社区项目可持续性不强的结果。专家团队进而建议，项目的资助内容需要强调社区真实、多元需求的回应与社区自组织培育两条线索的齐头并进与相互促进，从已有的单纯公开招标制，变为新伙伴招标与老伙伴洽谈相结合，注重项目实施的能力积累和经验传承，同时通过引入枢纽型组织资助，积极推动农村社区发展领域的社会组织培育及能力建设工作，进而从支持行业发展角度探索知识生产和能力提升。

　　根据上述专家评估建议，2018 年招商局慈善基金会针对项目资助思路做出一定调整，将资助链条中社会组织的重要性提到更高位置，希望通过为农村社区发展领域各类社会组织提供包括项目资金、能力建设和知识生产在内的全方位支持，借助社会组织的赋能参与，积极推动农村社区内外多方协作及资源整合，最终达到提升村民自我回应社区需求能力及社区整体可持续发展的目标。在社会组织资助类型上，从 2018 年起，招商局慈善基金会开始注重加强对枢纽型机构的支持，希望通过充分发挥其区域枢纽功能，培育和带动一批成长中的农村发展社会组织，着力打造我国乡村发展领域的公益价值链。① 此外，2018 年以后的项目资助也越发重视行动者网络的搭建，通过线下培训、集体游学、参与式评估等多种方式积极推动领域伙伴共同成长和行业知识经验交流分享，由此，招商局慈善基金会乡村社区发展资助工作越来越呈现出立体化特征。

　　经过连续数年的探索实践，据统计，2015—2020 年"招商局·幸福家园"乡村社区支持计划共计资助 87 家一线社会组织，培育村民自组织 145 个，累计开展农村社区发展项目 108 个（申请项目近 600 个），项目内容

---

① 比如，2018 年"幸福家园"资助计划共资助成都蜀光社区发展能力建设中心、广东省绿芽乡村妇女发展基金会和贵州田野环境与发展研究中心三家枢纽型机构，其中"成都蜀光"资助项目培育孵化一线农村社区发展社会组织 20 家，直接服务 20 多个农村社区。

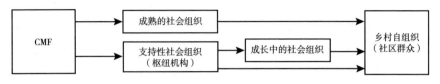

图 11-3　"招商局·幸福家园"乡村社区支持计划行动路径

涵盖老人照护、留守儿童教育、妇女发展、环境保护、生计发展、文化培育、能力建设及议事协商等多元社区发展议题,最终直接受益村民约 5000人,间接受益村民达 15000 人。

## 第四节　从乡村到城市:社区理念与方法的拓展延伸

基于项目品牌化阶段的一系列资助实践,招商局慈善基金会在国内乡村社区发展领域的影响力不断提升。不过,经过近十年的探索,我国农村社区发展资助领域的内外部环境逐渐出现一些变化。一方面,随着国家定点扶贫县逐步脱贫摘帽,基金会亟须思考机构乡村社区发展工作如何进一步向前推进。另一方面,伴随我国新型城镇化战略的加速推进,人口在城市和乡村之间的快速流动打破了原有生活方式和社会关系结构,农村社区面临的一系列问题越来越需要放到城乡社区互动的一体化框架下加以解决,而快速城市化背景下城乡社区治理领域出现一系列新问题和新挑战,也亟须通过城乡统筹协调一体化给予回应。针对相关形势变化,招商局慈善基金会开始就乡村社区发展资助工作的转型升级问题展开思考和布局。

除了上述外部宏观环境的系列变化,另一个促使招商局慈善基金会考虑将工作从乡村逐步拓展到城市的因素来自对基金会办公地所在的蛇口社区的支持和观察。2014 年,13 位蛇口热心人士提出希望在招商局慈善基金会下设立一个专项基金会,通过自我组织、自筹资金的方式支持推动蛇口社区相关公益活动的开展。时值深圳市政府正积极培育发展社区基金会,于是基金会秘书处团队鼓励社区居民大胆尝试,成立一个独立社区基金会。在招商局慈善基金会的全力指导支持下,经过近一年时间精心筹备,成功动员 360 多位社区居民一起参与捐赠,筹集资金 130 多万元,最终推动蛇口社区公益基金会在 2015 年 9 月正式注册成立。蛇口社区公益基金会的成功创办使蛇口居民有机会重拾 20 世纪 80 年代蛇口工业区改革的记忆和荣光，也让招商局慈善基金会逐步形成了延续蛇口基因、系统推进城市社区自组织培育工作的思路和想法。在此之后，招商局慈善基金会以身边的蛇口社区为试验场，广泛邀请行业伙伴围绕社区需求和资源开展多元社区公益实践、支持社区公益人才培养等，在社区探索社会公益创新。

2019 年 10 月，招商局集团在深圳蛇口举办主题为"共享收获，脱贫有招"国家扶贫日活动，基金会做有关"后脱贫时代"集团持续参与乡村社区发展工作的思路解读汇报，并在招商局慈善基金会已有"招商局·幸福家园"乡村社区支持计划基础上对外发布"未来+乡"乡村发展战略。同年 11 月，招商局慈善基金会联合上海交通大学中国发展研究院"城市酷想家"团队共同举办"流动的中国"线上论坛，邀请国内资深学者围绕我国城乡融合与乡村现代化问题展开探讨，标志着招商局慈善基金会对社区发展议题的关注正式从乡村拓展到城市。与此同时，招商局慈善基金会项目资助工作也在 2019 年开始进行一定的拓展性尝试，除了传统的乡村社区发展项目资助，还支持部分城市社区公益组织针对流动人口城市融入问题开展相关服务。

在 2019 年初步探索基础上，招商局慈善基金会针对我国城乡社区治理议题的资助项目升级从 2020 年开始全面启动，当年 9 月正式对外推出"未来+乡"社区支持计划。该计划旨在支持一线社会组织围绕我国城乡社区面临的真实问题与公共需求，培育社区内生力量，推动社区多元参与，探索和实践基层社区治理与服务的创新解决方案，进而促进城乡社区可持续发展。在此计划的促推下，招商局慈善基金会的社区资助实践开始进行更大胆的探索和创新。2020 年，基金会投入项目资金 500 多万元，支持各类城乡社区治理及社区防疫抗疫项目超过 40 个。基于 2020 年项目资助经验积累，2021 年和 2022 年招商局慈善基金会进一步与国内多家公益机构联合发起多个社区支持项目，涵盖城市流动妇女支持、儿童发展、社区减灾防灾等多元主题，扩展社区发展理念和方法在不同领域中的应用和价值。2023 年，招商局慈善基金会进一步聚焦"一老一小"社区服务领域，以城乡社区面临的服务需求入手，探索构建有社区视角的公共服务体系。

　　随着系列资助项目的开展，招商局慈善基金会在城乡社区治理议题框架下的资助实践越来越呈现多元化态势，一套完整的社区工作方法与价值理念也更加深刻地植入机构内部。在总体目标上，招商局慈善基金会希望通过资助和支持社会力量参与城乡社区建设并打造开源知识平台，一方面在我国公益行业培养一批具有社区发展理念和工作能力的社会组织，另一方面为机构在基层社区治理的创新探索积累方法与经验，以此不断提升基金会在城乡社区发展与治理领域的专业性和影响力。

# 第十二章　有效助力企业和员工公益：
## 以专业精神解决社会问题

　　招商局慈善基金会成立早期，招商局集团在整个招商局公益慈善板块中扮演了捐款者的角色。招商局集团及下属单位根据集团要求每年把捐款列入企业预算。表面上看起来基金会毫无筹款压力，但也缺少与出资方这一重要利益相关者的沟通交流，缺少向出资方的反馈，更缺少对出资方需求的回应。

　　随着基金会的专业度越来越高、社会影响力越来越大，基金会在招商局集团内部的被认可度也越来越高。基金会开始考虑企业捐赠者的视角，同时，企业也更加信赖基金会，愿意有更多互动，共同开发公益项目。于是，2016年之后，基金会愈加强调和重视招商局集团各企业作为资助方的公益诉求，设置独立业务模块——"企业公益"，基金会逐渐加强对下属企业的专业公益引导，由被动协助支持企业捐赠需求转变为主动引领、设计企业公益项目。企业参与公益，是带着对自身能力、资源评估的参与，是带着商业思维的参与。为推动企业更有效地参与公益，基金会力求在理念和议题上与企业达成共识；引导企业及其员工逐渐形成"社会问题"意识，提升分析社会问题、利用自身优势参与社会问题解决过程的能力。

　　员工是企业的宝贵资源，招商局集团充分回应员工参与社会公益的内在动力，为员工奉献社会、提升自我、丰富阅历、帮助他人的需求提供平台。基金会将员工首创作为推动责任文化创新的动力之源，推广现代公益理念，采取"一个中心、两种方式、三维支持"策略，积极引导员工志愿者发挥自身所长服务社会。"做身边的公益"已成为招商局员工的普遍共识。招商局集团的员工，特别是年轻员工，对参与公益抱有极大热情，公益活动为他们提供了工作之外参与和表达的机会，获得满满成就感和价值感。

表 12-1　招商局企业公益历年支出情况

| 年度 | 企业公益支出<br>（万元） | 企业公益支出占比<br>（%） | 企业公益项目数<br>（个） |
|---|---|---|---|
| 2011 | 232.65 | 23.11 | 8 |
| 2012 | 195 | 8.07 | 6 |
| 2013 | 191.42 | 4.27 | 9 |
| 2014 | 996.97 | 24.03 | 17 |
| 2015 | 611.44 | 18.02 | 17 |
| 2016 | 495.91 | 9.72 | 20 |
| 2017 | 827.18 | 10.65 | 13 |
| 2018 | 1228.95 | 12.69 | 15 |
| 2019 | 1537.6 | 17.34 | 18 |
| 2020 | 2260.24 | 21.67 | 24 |
| 2021 | 2480.8 | 25.24 | 24 |
| 2022 | 2860 | 19 | 22 |
| 2023 | 2366.5 | 33.24 | 14 |

## 第一节　满足员工慈善需求

倡导公益理念，引导公益行动，营造公益文化，是招商局慈善基金会的重要职责之一。自成立以来，基金会持续为企业员工参与公益活动和志愿服务搭建平台、提供机会，根据员工能力与参与深度，分层次组建了志愿者队伍。基金会牵头发出招商局"公益三小时"全球志愿者行动倡议，号召各地员工践行集团环境、社会与治理（ESG）价值理念，以"Waste Less, Give More"（减少无意识的浪费，增加有意义的付出）为主题，通过"招商局志愿者支持计划"申报项目。鼓励多元方式减塑、降碳、减排，营造关爱社区公益氛围等，身体力行助力全球可持续发展。

招商局集团的员工积极参与志愿服务和公益活动，形成了独特的招商局企业文化，员工志愿服务收效显著。一是提升员工公益理念。"做身边的公益"已成为招商局员工的普遍共识，"We're change makers"的理念深入员工心中。员工志愿者与社区的联系更加紧密，对社区的需求更加敏感，解决社区问题、回应社区群众需要的行动更加迅速有效。二是扩展志愿服务深度。参与的员工志愿者数量逐年增加，项目设计的质量得到大幅度提高。从过去单一的捐赠发展为行动介入，乃至整体统筹设计；从满足服务对象的物质需求到通过多样化服务提升服务对象的精神需求。三是提高员工综合能力。员工参与志愿服务，无形中提高了自身资源整合、沟通协调、团队协作、品牌宣传等多方面的能力，提高了员工的成就感和价值感。四是促进员工合作交流。因为志愿服务项目招募了二级公司负责不同业务的员工参与，这些员工以志愿者服务为载体，在参与过程中以非工作的形式接触其他业务部门的同事，进一步了解其他同事和集团业务，达到"另类团建"的效果，有助于企业氛围的营造。

表 12-2　招商局集团员工志愿者计划参与情况

| 年份 | 志愿者计划项目数 | 志愿者人数 | 志愿者服务人次 | 累计服务时数 | 受益人次 | 举办活动场次 |
|---|---|---|---|---|---|---|
| 2016 | 2 | 15 | 100 | 200 | 100 | 15 |
| 2017 | 24 | 506 | 1076 | 6094 | 10000 | 100 |
| 2018 | 22 | 1085 | 2378 | 14650 | 10260 | 260 |
| 2019 | 34 | 2175 | 3646 | 18227 | 14906 | 348 |
| 2020 | 25 | 626 | 1292 | 6552 | 12224 | 353 |
| 2021 | 46 | 1738 | 3262 | 13654 | 105167 | 266 |
| 2022 | 32 | 1578 | 2947 | 10359 | 24102 | 351 |
| 2023 | 50 | 1500 | 4900 | 19000 | 44000 | 550 |

## 一　结合员工专长组建专业志愿者队伍

2010 年，基金会结合招商局集团员工的特点和业务专长，倡导组建了四支不同类别的灾难应急状态下的专业志愿者队伍，包括以重庆交通科研设计院（以下简称"重庆交科院"）人员为主的交通大队，负责为保障突发灾难状态下公路及隧道等的畅通提供专业咨询志愿服务；以招商局物流集团为主的物流大队，负责在突发灾难状态下组织专业物流志愿服务；以雅致集成房屋股份有限公司为主的房屋大队，负责在突发灾难状态下提供活动房屋专业装卸志愿服务；以漳州开发区为主的突击大队，负责在突发灾难状态下提供专业公共保障志愿服务。

这四支队伍均为针对突发自然灾害状态下的应急需求而组建的。作为专业人员，他们充分发挥自身的业务优势，在灾难来临时，作为核心力量，更有针对性、更有效率地开展志愿工作，更好地将招商局志愿者的专业能力与社会需求相结合。2011年基金会进一步规范管理四支专业志愿者队伍，在统一标志、旗帜、服装的基础上，指导各支队伍完成《专业志愿者管理办法》和《灾难应急预案》，为随时行动做好准备。

## 二　开展资助计划鼓励员工多形式参与公益

2016年，招商局慈善基金会正式启动"招商局志愿者支持计划"，用于鼓励员工以实际行动参与解决社会问题。该计划支持招商局集团及其各下属公司的员工志愿者队伍开展公益活动，通过了解和分析社区的实际公共需求，以无偿、高效、可持续的实现路径服务社区，鼓励、引导企业员工志愿者为社区的繁荣发展积极贡献自己的才能、时间和力量。基金会为招商局员工自主策划、组织和实施公益项目提供资金资源、能力建设、品牌咨询等全方位服务。

招商局集团及各二级公司的员工可以以多种形式参与志愿服务。基金会以"提供公共议题引导"和"员工自主设计、开展公益服务"这两种统分结合的方式，为员工了解、体验、参与公益服务打造行动平台。员工可作为志愿者，参与企业或基金会在精准扶贫、社区友好、青少年发展等已有公益项目的走访调研、执行、管理和监测、评估等多个环节；亦可自己发现社会需求，自行申报公益项目。

2017年，招商局慈善基金会与上海真爱梦想公益基金会共同支持了第四季全国"去远方"旅行大赛，有165名儿童的梦想获得项目资助。基金会在全国招商局系统中招募了55名志愿者，全程陪同获得资助的儿童，分别前往全国17个目的地实现"去远方"的梦想。"去远方"项目是基金会统筹、组织的第一次面向全国志愿者的公益行动，在招商局员工中形成了广泛影响，推广了招商局志愿者文化，强化了"人人公益"的氛围，锻炼和培育了志愿者队伍。

在"招商局志愿者支持计划"的引导下出现了若干优秀志愿者项目。2018 年，基金会结合当年集团"公司日"主题"立足长远把握当下"，号召员工志愿者"立足长远，放眼未来，留住绿水青山"。香港总部率先参与国际海岸清洁运动，"净滩行动"期间，包括集团领导在内的 300 多名志愿者齐心协力，帮助香港屯门龙鼓海滩清理出 92 袋共计 864 公斤海洋垃圾，提升了员工海洋保护的意识和能力，强化了集团倡导的环保理念。再如招商局重庆交通科研设计院有限公司西藏办事处根据长期调研，了解到阿里地区因地处偏僻，缺乏与外界沟通的机会，于 2019 年面向那曲市的学龄儿童组织开展了"教育走出去"活动，帮助山区孩子走出大山，感受城市生活、开阔视野。

## 第二节　引领企业开发公益项目

招商局慈善基金会成立后，统一承担起招商局集团及下属单位的公益慈善责任。初期，招商局集团各单位虽统一以基金会的名义对外捐款，但各单位的公益项目基本延续了以往的内容，较为分散，各自为政，缺少统一规划和设计，基金会更多扮演了"出纳"的角色。当时各单位申报的公益项目主要包括两大类，一类是响应政府要求或倡导的捐赠，另一类是各下属单位自觉践行企业社会责任，济困扶弱、奖教助学的公益项目，如招商局下属各单位根据自身的业务特点，分别在不同高校设立的多个奖学金项目。

2014 年 8 月，在云南鲁甸发生 6.5 级地震后，招商局慈善基金会经过研判灾情以及自身专业能力，与中外运物流联合推出招商局"灾急送"灾害应急专业物流平台，开启招商局企业利用自身专业优势参与公益的新阶段。同时，基金会也开始以专业的公益方法引导企业更为有效地开展公益活动。由此招商局企业公益迈上了新的台阶。

### 一　以公益投资的视角策划企业公益项目

2015 年，基金会为了提高集团各单位开展公益活动的专业性和有效性，首次设计了《下属单位申报项目公益资金使用效率评分表》，从公益投资的角度提出"战略公益，互惠互利"的投资回报原则，以此指导各单位公益项目的策划和设计。评分表设置了品牌、影响力、公益性等3个大项10个小项的评分标准，同时单列其他重要因素及其回应思路，较为全面地涵盖了下属单位公益活动设计的诸方面考量。设计并使用《公益资金使用效率评分表》，既是管理流程的规范化推进，更重要的是引导各单位在项目设计的过程中，更加重视企业品牌辨识度，发挥企业专业优势，注重创意传播，切实提升公益资金使用效率，打造出具有招商局特色的公益品牌。

## 二　以"为捐赠人服务"的理念助力企业公益

2016年起，基金会越来越重视企业作为捐赠方的角色，从"出资人视角"看待集团下属单位，强调"为捐赠人服务"的理念。随着基金会及企业公益理念的共同成熟，招商局企业公益更加强调"让企业成为解决社会问题的行动者"，通过公益设计为企业解决社会问题提供更有效的方案，为企业创造社会责任附加价值。

基金会为企业参与公益提供广泛而有力的支持，在推动企业公益方面，基金会扮演着公益实践中的合作者、价值倡导中的引领者和内外协同中的协调者等角色。基金会引导企业发现社会真问题，思考用商业手段解决社会问题的路径。企业在某业务地开展经营过程中，或是企业相关人士担任两代表一委员时，或是企业在扶贫工作中，都会发现一些社会问题或社会需求。基金会引导企业以公益的视角，从企业业务优势出发，提出社会问题的解决方案，并付诸行动，从而成为解决社会问题的行动者。

招商局慈善基金会的公益圈资源也为企业参与公益提供了有力支持。基金会可以广泛动员相关资源，如项目实施方的政府部门、其他公益界伙伴、志愿者等，这也是招商局慈善基金会在推动企业公益方面不可或缺的重要作用。

## 第三节　完善公益配套措施

企业公益与员工志愿者计划得以顺利实施，不仅有招商局慈善基金会的专业引领和企业的大力支持，还与每个企业内部的公益联络专员密不可分，他们可称为招商局集团的公益"隐形战队"。

## 一　以企业公益联络员制度助力企业公益

自 2017 年开始，基金会着手在招商局旗下各二级单位和各基层公司建立企业公益联络制度，明确企业公益主管领导，并将负责企业公益项目的具体负责人纳入"企业公益联络专员"队伍。基金会给联络专员提供专业指导，并支持各联络专员了解和处置一线公益项目，帮助各联络专员积累公益经验。几年来，企业公益联络专员队伍不断扩大，每年都有新的企业联络专员加入其中。"企业公益联络专员"队伍为企业公益项目设计、员工志愿者队伍培育、基层单位公益实践等方面提供有效支持，助力各企业提升公益能力，分享公益经验，碰撞公益创意，参与公益传播，倡导招商局企业系统内的公益文化，塑造企业解决社会问题的公益思维。

各企业的公益联络专员这支"隐形战队"形成全集团的公益工作网络，指挥、调度各级志愿者资源，实现公益管理全覆盖，有效达成公益共识，统一志愿行动标准，联动全球招商人参与志愿服务。

## 二　以进阶志愿者课程赋能公益队伍

为了更好地服务招商局企业公益工作需要，2018 年，招商局慈善基金会开发了"种子计划"和"成蹊计划"两类志愿者课程，向不同阶段的志愿者提供培训。

"种子计划"是初阶版企业公益培训班，面向有志于从事招商局公益（志愿）服务的公益"零基础"人士，以相关经验较缺乏的招商局公益联络专员和志愿者骨干为对象。该课程包含招商局公益理念贯彻、基金会项目管理制度解析、优秀公益项目分享等，旨在帮助企业员工熟悉招商局公益理念和管理规定。课程从关注员工生活幸福感出发，以"构建积极人际关系"为主题，引导公益"零基础"员工了解志愿服务为个人及社区带来的正面意义，帮助其掌握初阶志愿服务技能。

"成蹊计划"是招商局企业公益培训的"高阶班"，主要面向招商局企业内具有一定公益项目策划实施、志愿者团队管理经验的公益联络专员、招商局志愿者骨干、志愿者支持计划项目负责人等。该课程引入专业的第三方支持机构，以参与式手法，从公益的理念和方法、招商局公益脉络、优秀公益项目案例分享、志愿服务项目策划等多个角度讲授，形成招商局企业公益骨干培训课程体系，从而建立招商局企业公益"社群"，收获更多公益"同行者"和项目"操盘手"。

### 三 以分级资助方式鼓励员工自主设计公益项目

在招商局，员工不仅可以参与集团已有的各类公益项目，还可以成为公益项目的开发者，自行发现身边社区的问题并提出解决方案，设计公益项目。2019年，基金会针对员工自行申报的公益项目，探索采用"分级资助"的方式，制定了一套评分标准指标体系。该指标体系分为员工主体创造、关注身边的社区、引入多方参与、可持续性、品牌与传播、志愿者团队发展六大维度，从这六个维度对项目进行评分后予以相应资助。一类项目周期短，需求分析准确、方案完整，为员工志愿者提供体验机会，资助3万元；二类项目周期较长，具有一定持续性，多样活动组合，可挖掘故事性传播素材，员工志愿者参与频次较高，逐步产生志愿者骨干，资助6万元；三类项目可持续方案明确，品牌传播性强，建立自发的员工志愿者组织，并将志愿者队伍的发展纳入年度计划，进行志愿服务体系建设，并培育志愿者领袖，资助10万元。

2022年，基金会结合工作实际修订了《招商局志愿者管理办法》，将志愿者分为企业志愿者和社会志愿者两类，并进一步对招商局志愿者的工作原则、流程进行规定和明确。

经过几年的探索，基金会已初步形成一套集团员工志愿者支持操作指引，初步建立了支持志愿者项目的标准化模型，为员工开展志愿服务提供明确的工作指引，促进项目有序开展。

## 第四节 打造招商局企业公益品牌

企业参与公益与社会组织或个人参与公益的重要差异在于企业的核心业务能力，若企业可依托自身业务优势，打造公益产品，可起到事半功倍的效果。招商局集团三大主营业务集中在综合交通、地产及园区运营和金融板块，围绕这些核心业务，招商局集团推出公益品牌。如综合交通方面，有以中国外运为主力参与的"灾急送"和长航集团的长江生态保护；地产方面，有招商蛇口的"安心家园"；金融方面，有招商仁和人寿的红荷义工。

## 一　集招商局多专业于一身的救灾品牌——"灾急送"

### （一）"灾急送"的发起

2014年鲁甸地震发生后，基金会立即梳理了参与救灾的思路：救灾工作具有高度专业性，参与救灾不宜单独行动，最好针对灾区切实需求，根据现场情况统一协调，发挥专业特长，与其他公益伙伴密切配合、尽己所能、量力而行。进而基金会结合过去救灾经验，梳理出招商局参与救灾的专业特长。一是招商局的几个下属单位具有相关专业能力，外运物流（原招商物流）具有仓储、运输能力，重庆交科院具有灾区道路、桥梁修复技术咨询能力，"雅致"具有应急活动板房技术等。另外，外运物流成都公司曾于雅安地震时参与救灾物资的运送，有较好的组织能力。二是基金会积累了一定公益网络资源。基金会历年参与数次公益网络的救灾行动，与国内主要救灾团体，如壹基金、扶贫基金会等深入合作，积累了一定的经验。

基于上述分析判断，理事会果断做出决定，要求基金会此次参与救灾以发挥物流等专业功能、解决灾区一线紧缺物资为重点，有效开展相关工作。于是，招商局慈善基金会与招商局集团旗下的外运物流联合推出"灾急送"救灾应急物流平台，以回应社会力量在救灾行动中对于应急物资物流运输的需求。

在2014年的鲁甸地震中，"灾急送"先后向一线救灾的壹基金、中国扶贫基金会、中国红十字基金会、救助儿童会昆明办、友成基金会、乐施会等20余家公益机构提供无偿物流服务超过4000吨，有力地支援了前线救灾，获得了社会各界，尤其是公益同行的广泛好评。之后，"灾急送"在历次救灾应急中发挥了重要作用。该项目依托招商局集团综合交通运输业务优势，建立应急物资运输保障值班联系机制，及时响应各级政府和社会各界的应急运输保障需求，充分发挥全球网络优势和"物流国家队"的主力军作用，是国内目前唯一一个成体系、有品牌、建机制的民间自发应急物流志愿服务队伍。

"灾急送"平台持续以专业、高效、有序、精准的服务获得了救灾伙伴、灾害发生地政府及广大公众的好评，赢得了"央企良心，国之栋梁"的赞誉，并获得各类表彰奖励。2014 年"灾急送"项目获"中央企业优秀志愿服务项目"，"灾急送"志愿者代表、中外运物流西南公司员工姚青被国务院国资委文明办评为"中央企业优秀志愿者"。2015 年，《打造"灾急送"灾害应急专业物流平台》案例入选《2015 金蜜蜂责任竞争力案例集》。2016 年，项目被国务院国资委文明办评为"中央企业志愿服务品牌"，并被中国物流与采购联合会应急物流专业委员会评为"2016 年应急物流优秀案例"。2017 年，项目荣获行动者联盟 2017 公益盛典"年度十大公益企业"。2020 年，招商局"灾急送应急物流志愿服务队"荣获"全国抗击新冠肺炎疫情先进集体"。2023 年，"灾急送"项目成为 C 公益项目之 C Aid 的典型代表，以"同舟共济，为爱出发"作为品牌口号。

### （二）"灾急送"的足迹

从 2014 年发起至今，"灾急送"的足迹已遍布全国各省区市，累计行驶里程近 45 万公里，在鲁甸、喀什塔县、九寨沟的地震中，在全国各地的洪涝灾害中，在抗击新冠疫情中，都留下了"灾急送"的身影。

表 12-3　招商局集团"灾急送"历年救援情况

| 年份 | 启动次数（次） | 运送救灾物资数（吨） | 救援里程（公里） |
| --- | --- | --- | --- |
| 2017 | 80 | 6000 | 50000 |
| 2018 | 32 | 210 | 27400 |
| 2019 | 28 | 305 | 20157 |
| 2020 | 200 | 4024 | 242636 |
| 2021 | 50 | 500 | 57000 |
| 2022 | 46 | 208 | 43000 |
| 2023 | 27 | 215 | 27000 |

2017 年，"灾急送"项目共启动 80 余次，招商局旗下 10 家物流系统的城市公司响应支持，先后参与新疆喀什塔县 5.5 级地震，四川阿坝九寨

沟 7.0 级地震，多省洪水、泥石流等灾害的紧急救援工作，救援行动共覆盖新疆、四川、陕西、云南、湖南、吉林、辽宁、贵州 8 个省（区），累计运送救灾帐篷、折叠床等紧急救援物资近 6000 吨，行驶里程约 50000 公里。

2018 年，"灾急送"项目共启动 32 次，支援了贵州黔东南、云南景谷等地暴雨灾害，山东寿光洪涝灾害，广东潮汕地区洪涝灾害，金沙江堰塞湖灾害，四川宜宾 5.7 级地震等重大自然灾害救援工作，救援覆盖 7 省（区）18 个县（市），累计运送紧急救援物资共 18500 件、近 210 吨，救援里程达 27400 公里。

2019 年，"灾急送"项目共启动 28 次，中外运物流 9 个城市公司参与救援，有力地支援了四川宜宾 6.0 级地震、辽宁开原龙卷风、长江中下游及广西、东北、四川等地洪涝等重大自然灾害救援工作，救援行动覆盖 8 个省（区），累计运送紧急救援物资体积近 1522 立方米、305 吨，救援里程达 20157 公里。此外，"灾急送"在深圳、长沙、成都、威宁等 8 个地区仓库设置专门的"灾急送"备灾仓，为壹基金提供备灾仓储支持。

2020 年 1 月 26 日，为支援抗击新冠疫情，招商局"灾急送"应急物流志愿服务队紧急启动一级响应，为社会支援湖北防疫救援物资免费提供应急运输和仓储支持，以高效而专业的物流服务驰援疫区。在驰援疫情防控的 66 天里，"灾急送"出动救援车辆 240 余台，司乘人员 270 余名，志愿者近 500 名，提供 150 余个抗疫物流解决方案，发运物资 3679 吨、8926 立方，提供免费物流服务价值 347 万元，打造了全国最大的公益抗疫物流平台，以高效、专业、安全的应急物流服务打通了抗疫物资运输的"生命线"。

2021 年 7 月以来，河南、山西相继遭受重大水灾，招商局"灾急送"及时启动，为社会各界驰援水灾提供精准、高效的公益物流服务。截至 2021 年 10 月下旬，"灾急送"沈阳、西安、长沙、天津、威宁、青岛、武汉、深圳、广州、芜湖、厦门、佛山、成都等 13 个备灾仓运作团队紧急行动，累计出动 72 台救灾车辆，运送救灾温暖箱、应急食品、饮用水、卫生包、睡袋、救灾帐篷等救灾物资共计 131718 件。救灾运输行动均由中外运物流有限公司高效、安全承运，支援了"灾急送"框架协议伙伴深圳壹基金公益基金会和其他社会爱心机构的爱心善举。

2022 年，全国多地疫情和地震等自然灾害频发，给人民群众生产生活带来严重冲击。招商局"灾急送"驰援疫情并对各地自然灾害提供精准、高效的公益物流服务。截至 2022 年 11 月，除响应香港第五波疫情外，"灾急送"在内地先后启动 46 次，在湖南、贵州、广东的洪涝灾害，四川泸定地震以及广西、西安、上海等疫情支援行动中调动沈阳、深圳、长沙、西安、成都、重庆、昆明、威宁、芜湖等 9 个城市的备灾仓资源，紧急运送口罩、帐篷、睡袋、额温枪、救灾保温箱、夏季温暖包、爱心蔬菜包、应急日用物资等共 1.3 万多件，合计 2776 立方、208 吨，累计救援里程 4.3 万多公里，提供公益备灾仓面积近 6000 平方米。

2023 年，全国各地区因极端气候导致的洪涝、台风、泥石流等自然灾害频发，给人民群众生产生活带来严重冲击。基金会协同"灾急送"联合救灾伙伴机构和外运物流东北、华南、西北、西南、华中公司在沈阳、长沙、西安、成都、昆明、芜湖等 6 个城市启动响应 27 次，累计行驶里程 2.7 万多公里，发送救灾温暖箱、夏季温暖包、家庭救灾箱、帐篷、防潮垫等救灾物资 1.3 万多件，达 848 立方、215 吨，有力地支援了受灾一线。"灾急送" 8 个备灾仓持续提供备灾仓储支持，救灾备灾体系得到进一步巩固。

### （三）"灾急送"的优势和特色

"灾急送"平台的打造与运行，充分结合了招商局集团企业的专业特长和基金会的公益网络及传播优势，探索了具有招商局特色的救灾应急机制，打造了招商局救灾品牌。

结合专业物流能力，建立高效快速运行响应机制。"灾急送"采用扁平化指挥运作机制，可以高效完成情报收集、灾情研判、资源调度等一系列动作，可迅速联动招商局集团旗下物流板块专业的应急物流志愿者大队，并针对物流运输的时效性、安全性和畅通性等问题提出解决方案，因此能出色地完成各种"急、难、险、重"的运输任务。在支援抗击新冠疫情期间，"灾急送"的快速响应得到充分体现。2020 年 2 月 11 日，"灾急送"接到向湖北武汉一线医院、抗疫相关单位运输一批近 15000 公斤、105 立方米应急食品的物流需求，从需求响应到物资运达，全程用时不到

24 小时；2 月 14 日，在北京突降大雪的恶劣天气条件下，"灾急送"仅用半天时间便完成了对湖北救援物资的集货、装载和发运，切实保障了疫情防控工作的顺利开展。

结合企业网点布局，建立前端常态化备灾点。常态化备灾是快速启动应急救灾物流的重要保证，能从前端大幅提升救灾效率。结合招商局物流业务的全国仓库网点布局，招商局"灾急送"备灾仓库可选地点覆盖华南、华北等 7 个片区 39 个城市。其中，与壹基金合作的备灾仓补点已覆盖西南、西北、华东、华南、华中五大片区的 9 个城市。

结合招商局集团各方优势资源，全方位保障应急物流需求。"灾急送"在实施过程中得到招商局集团各二级公司及其下属分公司的大力支持，各企业结合自身业务特点，针对特定救灾援助提供全方位保障。每一次救灾，外运物流都会调动当地分公司的优势资源，根据受灾区域的具体情况安排熟悉当地的司乘人员，并根据不同的地理状况、物资情况安排合适的运输车辆。2020 年初新冠疫情期间，湖北防控一线对外来车辆管控严格，社会大量爱心物资仅能到达武汉市区，无法下沉到湖北省内疫情防控形势同样严峻的其他市县，于是外运物流湖北公司以市际短途转运网络，打通从武汉向周边市县运送物资的渠道，解决了"最后一公里"的应急运输需求。此外，在抗疫期间，招商仁和保险为每位司乘人员捐赠总保额 100 万元的应急意外险。

结合基金会优势，建立与公益资源的联动机制。"灾急送"项目依托企业优势业务板块，但又不仅是一个企业公益项目，招商局慈善基金会对该项目进行统筹，可以通过基金会整合各方资源，使"灾急送"项目与其他公益组织有机互动，形成合力。招商局慈善基金会链接救灾公益伙伴资源，与壹基金、中国扶贫基金会、中国社会福利基金会等签订联合救灾合作框架协议，为公益组织免费提供专业救灾物流支持。

## 二　企业结合自身特色形成品牌项目

### （一）招商港口：C Me Fly 乡村教育公益项目

自 2015 年以来，招商港口依托员工志愿者团队的力量，坚持自发实践与探索，持续关爱留守儿童和乡村贫困儿童群体，于 2015—2019 年在深圳连续开展了五届"儿童亲子夏令营",让乡村留守儿童在暑假能与参与港口建设的父母在深圳团聚并助其增长见闻、开拓梦想。自 2020 年开始,志愿者团队从参与儿童夏令营活动的群体出发,走向其所在村庄的更多留守儿童和乡村儿童,创新探索并相继在广东五华、连平、湛江和贵州威宁等地的乡村小学成功开展了六届"儿童成长营"。并于 2023 年将项目融合蝶变为专业化、高水准、成体系的"乡村教育公益项目",从"港口建设者—乡村留守儿童—互助支持者"的服务脉络探索设计出"夏令营—成长营—支持营"三位一体的"乡村教育公益项目"儿童关爱服务体系,力求以教育"薪"火点燃乡村振兴之灯。

十年来,项目结合物质援助、成长教育、梦想开拓和文化交流四个层面,通过"云教室""成长教室""儿童游乐园""图书角""文化墙""阅读活动""公益课程""趣味活动""夏令营研学交流"等系列活动的实施,惠及广东、贵州、广西、四川等地近 30000 名儿童,为 260 个港口建设者家庭创造亲子团聚的机会,覆盖乡村学校 22 所,改造成长教室 6 间,建设云教室 3 间、游乐园 2 处,搭建图书角 130 个,绘制校园文化墙22 面,捐赠图书 10000 余册。通过该项目的开展,招商港口还培育了一支逾千人的有情怀、有技能的员工志愿者团队,他们各有特长、富有爱心、乐于奉献,为企业公益活动的持续开展提供了有力保障。

十年间,招商港口相继荣获"首届'中央企业青年志愿者服务项目大赛'一等奖""深圳市十佳爱心企业""2023 年度'深圳社会力量助力乡村振兴'20+典型案例"等多项荣誉,招商港口志愿者项目实践模式也为集团其他二级公司所分享和借鉴,并带动及联动深圳市相关单位和企业参与项目的合作支持。

### (二) 招商公路:公益助教计划——C Green

C Green 公益助教计划系招商局 C 公益项目之一,由招商局慈善基金会资助、招商公路策划实施。该项目旨在加强央企 ESG 建设,传递上市公司品牌价值,以"公益助教+传递绿色理念"为主要形式,重点选择地方师范院校,通过设立企业奖学金、引进开设绿色环保类公开课、支持大学生开展绿色环保类社会实践活动,让育人之人传播绿色发展理念,不断深化青年对可持续发展问题的观察与思考,鼓励和支持更多大学生以青年智慧和青年行动服务国家绿色发展和乡村振兴，争做"绿水青山就是金山银山"理念的积极传播者和模范践行者，为美丽中国建设贡献青春力量。

C Green 公益助教计划的执行方式，一是经济资助，设立企业奖学金，以三年为一捐赠周期，资助院校开展师范生综合能力培训以及绿色环保类社会实践活动；二是赋能培训，联合专业机构，以 C Green 公益品牌连接政府、行业、上下游供应链、学校、媒体等利益相关方，建立 C Green 外部伙伴共益模式，以优质的公益项目和丰富的公益成果，提升招商公路面向行业和社会的影响力和美誉度。

该项目具有重要意义，有助于招商局商业向善、尊师重学传统的薪火传继；有助于地方师范院校的教学提升；有助于招商公路积极履行企业社会责任，加强 ESG 建设，以实际行动践行绿色低碳发展的积极举措。C Green 品牌成效显著，已初步形成具有鲜明特色、有示范作用和有社会效益的 ESG 特色品牌，受到资本市场广泛关注，相继荣获"ESG 竞争力·战略公益"奖、"上市公司乡村振兴优秀实践案例"、"2023 中国上市公司董事会最佳实践"、"上市公司 ESG 最佳实践案例"、"中国上市公司 ESG 百强"等多项荣誉。

### （三）招商蛇口：绿色理念、关爱社区

招商蛇口是较早提出绿色地产战略的企业之一，从绿色理念、绿色建筑、绿色运营到绿色生活，不断探索城市新风貌和绿色健康人居的实现路径。招商蛇口的企业公益也继续秉承"绿色"理念，从 2017 年开始，招商蛇口连续三届作为国际青年能源与气候变化峰会（IYSECC 10.0）的战略合作方，持续推动相关方和公众对气候变化的重视。

"绿萝行动"是招商蛇口自 2017 年起打造的绿色可持续 IP，目前也成为 C Green 系列项目之一。该项目旨在面向社会传递绿色思想，以公众意识先行，推动低碳社会建设。活动于每年 4 月 22 日世界地球日启动，历经多年耕耘，"绿萝行动"已成为招商蛇口积极承担央企社会责任的标志性活动。

招商蛇口依托自身强大的企业能级，联动旗下住宅、商业、园区、写字楼、酒店、公寓、邮轮等业务板块，进行全国推广。同时邀请知名品牌共同发起绿色生活倡议，通过业务场景、跨界合作推动环保责任与可持续

生活理念的普及与实践。活动形式包括旧衣换新绿、环保科普、旧物集市、低碳出行、低碳课堂、森活节等，累计号召超过千万的城市居民一同加入城市低碳生活的践行。在 2021 年的"绿萝行动"中，招商蛇口发布了中国房地产行业首份供应链"碳中和"绿色质造公约，现已携手 50000 家生态圈内企业共同打造"碳中和"绿色供应链。同时，召集中外"碳圈"达人，从专业领域研究探讨低碳社会共建的路径、关键点及相应解决方案，从学术和应用层面，推动中国低碳社会前行。2024 年的绿萝行动，还在全国推动 100 座绿萝花园共建，将绿色理念从城市行动渗透至社区共建，结合社区空间优化与品质提升，通过绿色重新激发公共空间活力。

如今，"绿萝行动"已渗透至招商蛇口的全国业务板块，包括招商积余在管的逾 2000 个物业服务项目的业主、招商蛇口一站式线上服务平台 ONE 蛇口逾 2450 万用户，均已成为"绿萝行动"的触点服务对象。通过"绿萝行动"，招商蛇口积极推动城市可持续发展，践行"美好生活承载者"的履责理念和实践，以实际行动为生态环保发声，持续引导公众关注环保议题、践行绿色生活。

招商蛇口也在深圳市持续开展与社区建设相关的公益项目。如与中国社会福利基金会"心唤醒"基金、无锡灵山公益基金会、简急救等合作，连续数年开展"安心家园"项目，在深圳、武汉等地社区、人群聚集的公共场所建立 AED 急救站点，为站点覆盖地区的人群提供急救保障，培训持证急救人员，并开展心脏突发疾病急救相关的配套宣传活动。再如，招商蛇口一直资助支持南山区蛇口社区基金会，与蛇口社区基金会一起推动社区公益生态持续改善，促进蛇口社会资本不断增值。

### （四）漳州开发区：回应漳州当地需求

招商局漳州开发区有限公司的企业公益紧紧围绕漳州开发区的百姓需求和社会特点，力求通过企业公益助力建设更加美好的社区。

早期漳州开发区主要面向辖区大病返贫家庭开展大病慈善救助，面向低保户开展低保慈善救助，面向社区孤寡老人、留守儿童建设"乡邻互助之家"，属于直接资助的公益方式。2018 年开始，招商局漳州开发区利用自身园区开发运营的业务优势，发起成立漳州开发区社区基金会，漳州开

发区慈善公益事业从依赖外部单一资源逐渐走向动员本地社区资源服务本
地社区需求的可持续发展之路。漳州开发区社区基金会是福建省首家社区
基金会，它的成立，在福建全省具有先行先试的典范意义，对于激发漳州
开发区社区活力，推动当地社区公益慈善专业化、可持续发展具有积极
意义。

### （五）"招商局奖学金"项目

"招商局奖学金"是由招商局慈善基金会在高校设立专项基金，表彰
优秀学子的一系列项目集，旨在通过激励榜样，引领青年向上，是招商局
慈善基金会"为有动力的人提供向上的阶梯"价值主张的直观呈现。资助
方式一是遴选在相关学科、专业上具有领先优势的高校并设立专项基金，
重点奖励在相关专业学习上刻苦努力、成绩优异的学子；二是在全国重点
高校设置专项基金，评选在德、智、体、美等多个方向上具有代表性的学
子或励志典型，并以他们独特而富有正能量的事迹，引领青年向上之风。
同时，招商局慈善基金会还邀请招商局集团相关管理人员或专业人员作为
招商局志愿者到校，为高校学子做专场报告，通过他们的职业生涯、参与
国家建设事业的动人经历，与高校学子进行关于选择、学习、成长等相关
主题的对话。

表 12-4　招商局奖学金设立情况

| 年份 | 学校数（所） | 奖学金总额（万元） | 直接受益人数（人） |
|---|---|---|---|
| 2016 | 11 | 185 | 近 600 |
| 2017 | 13 | 220 | 近 650 |
| 2018 | 14 | 282.2 | 近 750 |
| 2019 | 19 | 393 | 近 1940 |
| 2020 | 17 | 383 | 近 1800 |
| 2021 | 22 | 612 | 近 2000 |
| 2022 | 17 | 810 | 近 2100 |
| 2023 | 22 | 996 | 近 2500 |

2016—2023 年，招商局奖学金立项的高校数从最初的 11 所增加到 22
所，奖学金设立总额达 3881.2 万元，直接受益师生逾 12000 人次。参与奖

学金项目的招商局集团二级企业数量由 1 家增加到 5 家，企业的参与积极性越来越高，投入的资源逐步增多，项目产生的社会影响愈加广泛。2018年招商局奖学金资助的华南理工大学"招商蛇口青春华章"项目获得人民网、《南方都市报》、央广网等十几家主流媒体报道；漳州开发区"亦乐之星"项目获得福建漳州当地重要媒体报道，社会反响热烈。

# 第十三章　系统谋划集团境外公益：助力企业融入当地发展

作为一家总部位于香港的大型企业集团，招商局企业社会责任履行理所当然地需要对香港社会运行发展的各种现实问题及多元社会需求给予积极回应。与此同时，随着招商局海外业务的快速发展，以基金会为统一行动平台的企业公益慈善实践如何有效配合集团"走出去"战略，也成为一项重要课题被逐渐提上议事日程。

2010 年香港招商局慈善基金会注册成立，以香港基金会为支持平台，招商局在积极融入香港社会和开展海外公益行动方面进行了大量有益探索。在香港社会参与方面，香港招商局慈善基金会主要聚焦青少年成长和社区服务两大核心议题，通过主动回应香港不同人群的多元需求及社会发展面临的重大现实问题，积极推动香港市民国家认同建构、促进区域人心回归。而在海外公益行动方面，香港基金会注重结合集团自身特征优势，通过开放合作和持续资源投入，着力打造多个公益项目品牌，在有效服务集团发展大局、不断推动集团国际影响力提升的同时，对高质量共建"一带一路"倡议做出积极响应。

截至 2023 年，香港基金会累计公益支出超过 5.28 亿港元，其中面向香港及海外地区投入公益资金逾 2.75 亿港元，尤其是 2017 年以后招商局慈善基金会在香港和海外两大工作板块上均已逐步形成比较稳定的资金投入机制。招商局集团也获得了香港社会各界及海外合作伙伴的高度认可和赞赏。为表彰招商局在关怀弱势社群、促进香港社会和谐稳定方面做出的贡献，2018 年香港社会服务联会向招商局集团颁发"商界展关怀"奖，此后的六年招商局蝉联这一荣誉，代表香港社福界对招商局集团持续参与和付出的高度赞许。招商局在国际行动平台上充分展现了招商局集团的责任和担当，一个"招商局国际公益品牌"正在全球公益慈善界冉冉升起。

表 13-1　招商局慈善基金会历年在香港及海外公益行动中的资金投入情况

单位：万元（港币）

| | 香港 | 海外 |
|---|---|---|
| 2010—2016 年 | 1896(合计) | |
| 2017 年 | 1235. 29 | 966. 58 |
| 2018 年 | 1783. 53 | 1511. 14 |
| 2019 年 | 1606. 55 | 1499. 67 |
| 2020 年 | 4545. 28 | 2535. 1 |
| 2021 年 | 1952. 91 | 1236. 57 |
| 2022 年 | 3790 | 534 |
| 2023 年 | 1870 | 608 |
| 代表性项目 | 中国历史校际精英赛<br>YES 青年快乐人生资助计划<br>招商局 C Me Fly 青少年资助计划<br>香港长者照顾支持计划<br>疫后社区复原支持计划 | C Blue 21 世纪海上丝绸之路优才计划<br>C Pal 招商丝路爱心村项目<br>C Star 非洲青年创新创业支持项目<br>招商局白俄罗斯公益基金 |

## 第一节　成立香港机构系统开展境外公益

为方便集团在香港及海外开展相关公益慈善工作，招商局在 2009 年发起创办内地慈善基金会的基础上，又于 2010 年 2 月在香港注册成立招商局慈善基金会有限公司，以此作为香港及海外公益项目开展的统一支持平台。组织架构上，内地招商局慈善基金会与香港招商局慈善基金会根据"一个平台，两地注册；一套人马，统筹协调"的原则进行管理，两大基金会分别对应内地公益慈善项目和境外公益行动，加以明确分工，功能上各有侧重，财务结算方式也分别以人民币和港币进行统计测算。2016 年，招商局集团进一步向香港基金会加大公益投入，为集团海外公益事业发展提供充足的经费资源。

香港基金会成立初期，依然是各下属公司根据海外业务需要比较零散地开展公益行动。2014 年开始，基金会着手制定海外公益制度，对集团海外公益事业加以规范和完善。2014 年 10 月 31 日召开的基金会第二届理事会第一次会议上，秘书处正式向理事会提交《招商局集团开展海外公益管理办法（草案）》，经会议讨论及后续跟进修订后进一步上报集团办公会审议通过并实施。根据该管理办法，招商局海外公益行动开展遵循量力而行、需求为先、专业合作及合法合规等基本原则，以此确保集团海外公益事业的积极稳妥推进。此外，该管理办法还规定招商局企业社会责任办公室（简称"社责办"）为集团海外公益事业的统一归口管理机构，负责集团下属各单位每年海外公益项目计划及预算的申报审核，而香港招商局慈善基金会则是集团海外公益事业的主要资助机构，负责受理各单位开展海外公益行动时的项目申请及资金拨付工作。集团企业社会责任办公室、香港基金会及下属各企业单位之间分工明确、各司其职，由此确立了招商局海外公益行动的总体管理架构。

## 第二节　关注"一老一小"，助力香港民生改善

2014 年，招商局开始对集团企业社会责任履行如何有效嵌入香港社会发展的问题进行更加系统的规划和思考。希望通过香港基金会公益行动在回应和解决香港各种现实社会问题过程中的广泛参与，为保障香港长治久安发挥招商局应有的作用。在此背景下，招商局在香港的公益行动开展逐渐形成了"支持青少年发展、促进教育文化交流，关注社区需求、助力社会和谐"的基本资助理念。其中，青少年项目板块主要聚焦香港青少年群体的国情教育、心理关怀及创业成长等多元议题，而社区板块则重点关注加速老龄化背景下香港老年友好城市建设等相关社区服务问题。

### 一　青少年发展：回应多元需求与建构国家认同

青少年是一个国家和地区发展的未来。为了有效促进香港地区人心回归，青少年工作无疑是重中之重。针对香港青少年群体的多元社会需求，香港招商局慈善基金会通过多种项目探索分别给予积极回应。

为有效增加香港青少年群体对中国历史文化的了解、提升他们的国家

认同感和归属感，从 2017 年开始香港基金会在香港探索通过与青少年学生增强互动的方式开展国情历史教育系列项目。首先与香港网络媒体《巴士的报》合作举办"走进中国隧道——中国历史校际精英赛"，在网站分别针对香港中小学生开设"历史长河""时空穿梭"等教育栏目，结合时事热门话题及青少年阅读兴趣，每天刊登 3—5 篇历史故事，每周制作一条卡通短片，同时开发手机应用程序，以卡通片观看和游戏问答等有趣、好玩的形式向全港中小学生普及中国历史知识。在此基础上，每年定期举办线下的校际知识竞赛，以学校为单位、学生自主组队、现场竞答比赛的方式激发香港学生主动参与学习中国历史的积极性。"历史长河""时空穿梭"教育专栏自 2017 年 7 月上线，在不到一年半时间内网站累计浏览量就达到 830 万人次，而 2017—2019 年连续举办三届的"中国历史校际精英赛"也吸引了众多香港中小学生参加，其中仅第三届赛事就有超过 100 所学校的 6600 多名学生报名参赛。此外，从 2019 年开始，针对中国历史即将纳入香港初中必修科目的情况，香港基金会与香港教育领域具有一定影响力的社会团体——教育评议会合作，提前针对小学课程与初中学习要求衔接问题，面向香港 5 所小学六年级学生开展"中国心、香港情"小学历史课程，增加小学生对中国历史的认识并进一步凝聚小学中国历史教育共识。

"香港青少年艺术体验计划"是香港基金会在香港最早开展的公益项目之一。该项目支持香港本土艺术团体在港演出优秀舞剧，并开设慈善专场，邀请香港基层家庭中小学生以及社区弱势群体免费进场观影，在丰富居民精神生活的同时，培养青少年艺术审美和发展个人爱好。以 2017—2019 年连续三年举办的项目活动为例，观赏舞剧包括《白蛇传》《刘三姐》《尘埃落定》等经典剧目，每次活动均邀请 600 名左右来自香港基层家庭的中小学生、长者及伤健人士参加。为培养青少年艺术兴趣及加深其对艺术作品的理解，活动在演出结束后增设观后导赏环节，由节目主创团队向观众介绍舞剧创作理念，并鼓励学生基于观影和现场互动问答参与观后感写作，最后由香港基金会组织评审，对优秀观后感作品给予奖励。随着项目活动连续多年在香港举办，受惠家庭不断增多，该项目活动逐渐成为香港基层家庭每年期盼的一次盛大聚会。从 2018 年开始，香港基金会进一步对项目计划进行升级，在慈善专场演出之外增设"驻校艺术家计划"、

"舞蹈精英培养奖学金"及"舞蹈员海外交流观摩赞助"等项目内容，希望以此进一步弘扬中国传统文化艺术，鼓励香港青少年发展艺术特长。2019年观影活动还邀请深圳东湾小学师生参加，通过组织深港两地中小学生共同观看经典艺术节目，为深港青少年群体提供互动和深入交流的平台。

青年群体向上流动难一直是困扰香港经济社会的一个重要问题，而随着粤港澳大湾区发展战略的实施推进，到内地创业就业成为越来越多香港青年的新选择。香港基金会利用自身横跨深港两地的地理位置优势，2018年与深圳前海管理局合作举办"招商杯"粤港澳青年创新创业大赛，在大湾区建设及粤港澳三地合作深化推进的背景下，充分发挥前海深港现代服务业合作区促进港澳青年来内地创新创业的战略平台作用，不断增强港澳青年与内地青年群体的交流合作。活动于2018年5月启动，大赛香港赛区共吸引超过130个项目团队参与报名，经过初选和正赛角逐，最终按照"企业成长组"和"初创团队组"两个组别分别评选出金、银、铜三个等级奖项各1、2、3名，同时两个组别的各前15名成功晋级下一轮，在半决赛和决赛中与来自广东赛区和澳门赛区的数十个项目进一步展开竞争角逐。大赛的成功举办，为香港青年群体到内地施展才华搭建了舞台，促进香港青年以实际行动积极融入国家发展大局。该项目也被纳入C公益品牌之C Star范畴。

此外，针对青年学生群体中越来越多人存在焦虑和抑郁等负面情绪的现实问题，香港基金会从2019年开始与香港仁爱堂达成合作意向，共同推出"招商局·仁爱堂YES青年快乐人生资助计划"。该项目以积极心理学理论为基本指导框架，2019年首期项目活动面向香港500名大中学生提供"快乐课程"，训练学生积极认识个人性格强项，运用正向思维应对生活中的各种挫折和挑战，鼓励青少年建立健康积极心态，增强校园正向情绪。基于2019年的项目成功探索，2020年该项目活动又进一步扩展至全港6所中学，直接惠及学生近1000名。随着项目实施规模的不断扩大和影响力的不断提升，"YES青年快乐人生"项目成效也逐渐获得香港社会广泛认可。在香港基金会项目积极效果的示范带动下，香港圣公会自2021年起在下辖所有中小学校增开正向心理学课程。与此同时，针对2020年新冠疫情暴发后青少年日常学习和生活受到较大影响的问题，香港基金会还联合香港社会服务联会共同发起"支援受疫情影响之儿童及青少年计划"，针对低收入家庭孩子网络学习及身心健康等需求，支持社会机构为学童提供包括学习用品支援、情绪疏导和亲子关系辅导等在内的多元服务。

在上述一系列公益项目探索实践的基础上，2021 年香港基金会进一步将相关项目行动加以整合，对外发布以香港青少年群体为目标对象的公益品牌项目"招商局 C Me Fly 香港青少年资助计划"①，承诺每年项目经费投入不少于 1500 万港元，不断强化招商局在香港社会的融入和参与，加强对香港青少年群体的支持和培育。该项目计划的推出旨在通过有效整合香港基金会既有相关项目行动，在培养青少年情感认同的基础上，加强通用技能提升与培养，面向未来积累起一批了解内地、认同祖国、愿意与国家发展同频共振的香港后备人才梯队，积极推动年青一代主动融入国家发展大局，促进人心回归。具体项目资助内容方面，C Me Fly 重点提倡六大核心价值观 Care（关切）、Motivate（积极）、Explore（探索）、Fearless（勇敢）、Love（爱心）和 Youthful（活力），结合物质支持和价值倡导开展定制化人才培养。通过"内地升大奖学金"、"准教师奖学金"、"领导力培养计划"及"毅恒之星伙伴计划"等一系列项目设计，为青少年群体提供包括物质援助、能力建设和社会实践机会等在内的多维项目支持，充分体现招商局关切未来、关注社会、关爱基层的行动和情怀。2021—2024 年，C Me Fly 共实施 35 项青少年教育项目，为基层家庭青少年提供物质支持、能力提升和社会实践等机会，在过程中注重扩大同辈影响，覆盖全港大、中、小学生 41500 人。C Me Fly 系列项目前期的系统化探索，为招商局的青少年发展议题积累了丰富经验，增加了品牌内涵。2023 年 10 月，C Me Fly 也正式成为招商局 C 公益品牌的子品牌，持续引领内地、香港及境外青少年的多元发展需求，激励青少年各展所长、回馈社会。

## 二　社区友好：推动乐龄安老和参与社区共建

根据香港特区政府统计处发布的人口普查数据，2022 年全港 734.61

---

① 项目名称中的英文首字母 C、M、F 与招商局慈善基金会机构英文缩写"CMF"相对应。此外，项目英文名称"C Me Fly"中的每一个字母分别代表项目的六大核心价值观。

万常住人口中，65 岁及以上人口数量达到 152.89 万，占总人口比重从 2016 年的 15.9%上升到 20.8%。[①] 面对人口加速老龄化的挑战，如何有效保障老年人口退休后的健康生活、积极推动香港老年友好城市建设，越来越成为特区政府需要着力关注的一个现实问题。香港招商局慈善基金会瞄准香港社会这一迫切需求，自 2017 年起持续布局"乐龄社会"议题，重点关注通过有效推广乐龄科技产品和创新服务在安老助老机构及社区居家养老中的使用，增进长者及其照顾者的健康福祉，助力香港建设老年友好型城市。

　　围绕"乐龄社会"，香港基金会自 2017 年开始资助香港特区政府和香港社会服务联会每年定期举办"乐龄科技博览暨高峰会"，以科技产品展示、现场互动体验及专题研讨和工作坊等方式，加深香港市民对乐龄科技的认识，积极推广乐龄产品的应用，帮助长者在健康、舒适和安全的环境下自主实现社会参与。在香港基金会长期支持下，截至 2023 年，"乐龄科技博览暨高峰会"已连续举办七届，累计展示来自全球不同国家和地区的最新乐龄科技产品 4500 件，逐步发展成为香港最大规模的乐龄科技公众教育展，累计吸引 24 万人次进场参观体验，2018 年第二届活动时任香港特区行政长官林郑月娥女士甚至亲自到场支持。此外，在以科技产品展览形式积极推动乐龄科技公众教育的同时，香港基金会还与香港赛马会等慈善团体合作，从 2019 年开始支持香港社会服务联会探索开展"香港乐龄科技辅具器材租赁服务"，并在 2020 年资助设立全港规模最大、功能最全的乐龄科技产品清洁及保养服务中心；2021 年研发投用香港唯一的乐龄器材租赁电子系统——招商局"e 赁务"，方便全港入住医院及居家安老长者能够以低廉的价格租用适老化器材，进一步推动乐龄科技产品走进千家万户。香港基金会在乐龄科技推广方面的积极尝试也得到香港特区政府的充分认可和支持，2018 年特区政府在财政预算中预留 10 亿元作为"乐龄及

---

[①]　如果以 60 岁作为老龄计算标准，2021 年香港老年人口数量更是高达 206.5 万，占全港总人口的 27.9%。详细参见香港特别行政区政府统计处，《2021 年人口普查-主要统计表（人口）》，2022 年 10 月 28 日发布，https：//www.censtatd.gov.hk/sc/scode600.html#section3。2022 年的数据见香港特别行政区政府统计处香港统计数字一览，2023 年版，https：//www.censtatd.gov.hk/en/data/stat_report/product/B1010006/att/B10100062023AN23B0100.pdf。

康复创科应用基金"，专项资助香港安老及康复机构试用或购买乐龄科技产品设备，提升院舍适老化及服务能力。

作为较早进入人口老龄化阶段的经济发达地区，香港在面临巨大社会养老服务压力的同时，经过长期探索和积累，在社区为老服务领域也已形成相对丰富的实践经验。粤港澳大湾区建设加速推进背景下，如何利用香港地区已经积累的经验，促进粤港澳大湾区各城市交流合作，帮助内地加快推动养老服务设计和布局，也逐渐成为大湾区各方关注的一个热点议题。为此，香港基金会在针对香港老龄化问题探索开展乐龄科技服务推广系列行动的同时，再一次充分利用自身横跨深港两地的区位优势，推动香港积极融入粤港澳大湾区社会建设事业。比如，2017 年香港基金会资助香港大学秀圃老年研究中心和广州市番禺区正阳社会工作服务中心合作完成对深圳蛇口和广东番禺 1000 位长者的社区需求调研，发布全国首份地区养老服务需求调研报告，为区域社区养老服务模式探索提供精准、专业的数据依据。在此基础上，2019 年香港基金会进一步联合招商蛇口启动"乐龄伙伴"中国养老创新家支持计划，以深港合作社会养老服务体系建设为切入点，通过专家授课、海外游学及机构参访等多种形式，促进两地安老服务业经验分享，培养一批志在养老、开拓创新的高端管理人才，助力构建中国养老新生态。

除了围绕社会养老议题展开多元探索，全球新冠疫情大流行背景下，香港基金会从 2020 年开始尝试以支持基层社区防疫抗疫及疫后恢复为切入口，积极推动招商局集团在香港的社区共建参与工作。比如，香港基金会先后发布"支援受疫情影响之香港儿童及青少年计划""（第四波疫情）疫后社区复元支持计划"等公益项目，针对低收入家庭（特别是劏房住户）学生网络学习及身心健康等需求，捐赠网课电脑、数据卡、学习用品等急需物资，提供情绪疏导、亲子关系辅导、社区共融活动等关爱服务。两项计划联动各区社会服务机构 27 家，直接支持全港 18 区超过 2400 个家庭。资助计划定位清晰、管理严谨、服务切实有效，得到合作伙伴和服务对象的一致好评。在此基础上，面对 2022 年初香港第五波疫情快速蔓延形势，香港基金会设立 3381.5 万港元专项基金，紧急启动"招商暖邨"社区关爱行动，重点为香港重点社区与公共屋邨、体弱长者及儿童等脆弱人群提供物资、经济和情绪支持。截至 2022 年 11 月 30 日，"招商暖邨"已捐赠防疫及生活物资逾 540 万件，支援 2 万多名公屋物业管理人员，助力香港 176 个公共屋邨加强防护；在疫情集中暴发的最困难时期为 300 多家安老院及残疾人院舍提供物资援助；捐赠现金 386.9 万港元，为近 10000 户困难家庭提供食物券、超市购物券，切实回应各方需求，正面展示招商局服务香港社会的决心、能力与担当。疫情过后，"招商暖邨"社区关爱行动以"爱香港，齐护邨"为品牌口号，重点关注基层社区群体，尤其是香港公共屋邨家庭，通过支持弱势社群提高生活质量，鼓励企业义工积极参与义工服务回馈社会等，营造平等关爱氛围。"招商暖邨"行动的开展使香港基金会在香港社会服务界树立了务实高效的正面形象，同时也促进了招商局集团在香港基层社区显示度及影响力的提升。2023 年，招商局推出 C 公益品牌，"招商暖邨"作为社区关爱的典范，被纳入 C Pal 系列项目。

## 第三节　响应共建"一带一路"倡议，服务发展大局

随着共建"一带一路"倡议的提出，招商局作为负责任的央企，积极响应，海外公益行动的推进步伐明显加快。2015 年 3 月 16 日召开的基金会第二届理事会第二次会议上，理事会针对基金会海外公益工作提出明确要求："'一带一路'计划得到了国家高度赞赏并列入国家倡议，这对于招商局而言既是挑战也是机遇。……（基金会）要从实际出发，借用海外业务单位的资源和优势，积极配合集团海外发展，扎扎实实地做好海外公益工作，不断积累开展海外公益的经验。"[①] 从具体项目实践来看，自 2015 年开始招商局海外公益项目行动开展的频率明显提高。比如，由招商港口申请的斯里兰卡白内障患者医疗救助活动在 2015 年转为集团海外公益常规行动，并以"招商局一带一路光明行"为名设立专项，分别于 2016 年 3—8 月和 2017 年 4—7 月在斯里兰卡 4 座城市开展 6 次免费医疗救治活动。2016 年 5 月，斯里兰卡发生洪涝和山体滑坡灾害，招商国际科伦坡码头紧急向香港招商局慈善基金会申请经费资助，用于购买价值 500 万卢比的救

---

① 《招商局慈善基金会第二届理事会第二次会议纪要》，2015 年 3 月 16 日。

灾物资支持当地民众灾后安置和社区重建。

随着共建"一带一路"倡议的纵深推进及招商局集团自身海外业务的快速扩张，2016 年以后招商局慈善基金会海外公益行动进一步拓展。香港基金会项目团队在前期相关项目经验探索基础上，改变既有零散式的单次资源投入模式，开始以更加系统的方式对集团海外公益慈善事业展开设计思考，重点关注集团在相关国家的关键业务点位，坚持人道救援和价值推广双管齐下，以实际行动积极响应国家高质量共建"一带一路"倡议，有效服务集团发展大局。

## 一 结合自身业务优势，着力打造特色项目品牌

为推动集团海外公益事业健康发展，香港基金会在相关项目开发过程中特别注重结合集团自身资源禀赋及能力优势进行针对性设计，着力打造富有招商局企业特色的公益项目品牌，其中由香港基金会与招商港口联合打造的"C Blue 共筑蓝色梦想——21 世纪海上丝绸之路优才计划"（以下简称"C Blue 优才计划"）就是这方面的典型。

2016 年起，香港基金会联合招商港口进一步丰富该项目内涵，策划"一带一路 C Blue"行动方案，"C Blue 优才计划"由此正式启动。"C Blue 优才计划"旨在充分发挥招商局集团在港口运营管理及物流航运等领域的核心优势，邀请相关国家和地区港航业高端人才来华参加为期一个月的培训，通过理论学习、实地探访及专题研讨等多种形式，针对学员开展有关中国港口革新技术和管理运营知识方面的能力建设培训，为发展中国家培养港航人才的同时，促进跨国文化交流。自 2016 年项目启动以来，招商局"C Blue 优才计划"每年举办，截至 2024 年，已成功举办了 13 期，累计为来自 6 大洲 61 个国家的 389 名港航青年提供培训，开创了以企业为主导、政府支持、公益资助、专业院校协办的国际公益培训新模式，搭建了交流互鉴、相互支持、合作共赢的公益平台，打造了中国可持续交通对外展示的"金名片"。"C Blue 优才计划"被选为央企典型案例在第三届"一带一路"国际合作高峰论坛民心相通专题论坛进行压轴展演，向来自80 多个国家的 300 多名代表展示了中国企业为促进文明交流互鉴做出的积极贡献。以"C Blue 优才计划"的理念和经验为基础，招商局塑造了 C 公

益品牌之 C Blue 子品牌，以"共筑蓝色梦想，用爱超越距离"为品牌内涵，依托招商局的港航业务优势，为发展中国家培育港航人才，讲好中国故事，促进民心相通。

基于"C Blue 优才计划"的成功经验，香港基金会后续又开展了多个 C 公益项目。2019 年在斯里兰卡发起"招商丝路爱心村"帮扶项目（C Pal），累计投入超过 50 万美元，帮助当地贫困乡村改善基础设施及公共医疗条件，推广中国减贫经验，助力发展农业、养殖业等，授人以渔，帮助 6000 多名村民提升生活条件。2023 年，"C Pal 招商丝路爱心村"被列入第三届"一带一路"国际合作高峰论坛务实合作项目清单，被中国民间组织国际交流促进会评为"丝路一家亲""小而美"示范案例。

在"C Blue 优才计划"项目的基础上，招商局依托集团产业资源和创业综合服务优势，又开启了"招商局 C Star 青年创新创业支持计划"，以"投资青年，点亮未来"为口号。该项目以吉布提设立的青年创新创业中心为载体，持续回应非洲低收入国家创业青年需求，有针对性地提供数字化能力建设、行政管理、跨境贸易资源链接、共享办公、创业孵化等全方位服务，支持创业带动当地经济发展，将非洲人口机会转化为发展动力。项目自启动以来，共组织 17 场线上线下培训及交流活动，覆盖吉布提、埃塞俄比亚、肯尼亚、乌干达、喀麦隆等国 271 名非洲青年，并组织非洲创业青年及创业导师来华参观学习，打造包括妇女健康电子医疗服务平台、母婴购物平台、端对端物流等项目，使其通过了解中国电商市场及移动支付应用模式，进一步拓展思路、打磨产品。招商局 C Star 凭借完善的项目管理经验入选《联合国全球契约十项原则在"一带一路"倡议下基础设施行业的应用：企业实践指导手册》优秀案例。

总体来看，"C Blue 优才计划"和"C Star 青年创新创业支持计划"等特色品牌项目的探索开展，对世界各国深入了解中国，促进人文交流、民间交往发挥了积极作用。

## 二　加入全球公共行动，积极提升集团国际影响力

在充分发挥企业自身特征优势、打造特色公益项目品牌的同时，招商局海外公益行动始终坚持开放合作的基本原则，通过加入相关国际行动网

络，与其他国际公益机构联合与合作，在全球重要公共议题的探索解决中发挥招商局集团的价值和作用，从而不断提升集团的国际影响力。相关项目案例以"非洲贫困国家儿童免疫接种推广项目"为代表。

2017 年，香港基金会开始参与全球卫生安全行动，成为"全球疫苗免疫联盟"（GAVI）在亚太地区的第一个非政府战略合作伙伴，并在同年正式推出"非洲贫困国家儿童免疫接种推广项目"。该项目计划投入资金 150 万美元，用于支持为吉布提、坦桑尼亚、多哥等境外低收入国家 5 岁以下婴幼儿进行免费疫苗接种，保护贫困儿童免受肺炎、脑膜炎等高危致命传染病感染，通过不断提高当地疫苗接种率，帮助贫困国家儿童提前建立健康免疫"防护墙"。对于香港基金会而言，加入"全球疫苗免疫联盟"意味着广泛合作网络的建立，从而在全球行动平台上促进了集团国际影响力的提升。比如，项目获得比尔及梅琳达·盖茨基金会 1∶1 资金配捐，通过与"全球疫苗免疫联盟"、受援国政府、联合国儿童基金会及盖茨基金会等机构联合行动，共计为相关国家婴幼儿免费接种疫苗 80 余万针剂，并向安哥拉当地 190 个公共卫生机构捐赠了一批包含 190 个太阳能疫苗冰箱、300 个疫苗保温箱以及 20 箱配件的疫苗冷链设备，有效保障了安哥拉针对新生儿提供的 13 种基础疫苗的安全储存，预计将惠及约 16 万安哥拉新生儿。该项目是招商局慈善基金会在境外公益实践中探索民间专业合作的一次成功尝试。2018 年，"全球疫苗免疫联盟"在阿联酋首都阿布扎比召开全球免疫发展规划（2016—2020）中期评估会议，时任香港基金会秘书长李亚东作为唯一受邀的中国非政府机构代表出席会议，并发表题为"推动创新合作　构建全球公共卫生安全"的主题演讲，获得主办方和与会嘉宾积极反响，有效提升了招商局集团的国际品牌美誉度。

此外，轮椅网球项目在斯里兰卡颇受关注，2002 年由斯里兰卡网球协会发起，旨在鼓励因伤残而退役的军人及社会伤健人士参与轮椅网球训练，并努力争取荣誉，从而重拾对生活的信心，保持积极向上的生活态度。自 2017 年至今，香港基金会成为该轮椅网球项目的主要支持机构，帮助球队改善训练条件、参与赛事交流，持续提升该项目在国际上的专业排名和影响力。在香港基金会的支持下，斯里兰卡轮椅网球项目有 11 名正式球员，其中 3 位主力球员在世界排名中常年保持在前 100 名。2021 年，香港基金会资助斯里兰卡轮椅网球队参加了东京残奥会等国际赛事，并在意大利世界杯获得团体季军的好成绩。该项目聚焦全人类共通的情感诉求和精神追求，采取斯里兰卡人民喜爱的形式传递积极、自强的正向价值观，在当地以及国际社会获得良好反响。

### 三　开展深度合作，不断深化国际友谊

参与共建"一带一路"推进实施过程中，招商局集团与包括斯里兰卡、吉布提、白俄罗斯等在内的多个国家和地区建立起深度合作伙伴关系。以这些战略合作关系的有效建立为平台，香港基金会在相关国家开展多元公益行动探索，通过持续公益资源投入，不断深化中国与这些国家的国际合作友谊。

白俄罗斯是"丝绸之路经济带"建设推进过程中与中国积极开展合作的重要欧洲国家之一，招商局集团深度参与中白工业园的开发共建，特别是由其直接投资5亿美元建设的中白商贸物流园已成为中欧班列的重要运输节点。随着双方经贸合作关系的日益深化，招商局开始有意识地加强集团在当地社会的公益参与。比如，2016年7月白俄罗斯遭受巨大风灾，香港基金会第一时间伸出援手，支持当地灾民展开灾后自救和重建家园。2017年5月，香港基金会捐助11.3万美元，资助位于中白工业园核心区明斯克大道西侧的小牛村进行村路改建，解决了长期困扰村民的道路出行困难问题。该项资助行动受到当地政府和村民的热烈欢迎，并在同年11月以"小牛村边的大工程"为标题登上中央电视台《远方的家》"一带一路"系列节目。

在前期一系列公益行动实践探索的基础上，为进一步全面推进集团在白俄罗斯的公益项目开展，2018年香港基金会决定在白俄罗斯单独设立专项公益基金（"招商局白俄罗斯公益基金"），由此开创集团在海外成立公益基金的先河。基金充分依靠集团下属企业员工的积极性和主动性，通过健全工作机制，规范日常管理，有效提升项目管理的效率和弹性。借助在地公益基金的专项支持，招商局后续又在白俄罗斯实施了包括汉语推广普及、国际儿童村援助、"中白硕果林"、中白艺术文化交流等在内的多个公益项目，每一次项目活动开展都在当地民众中引起热烈反响。此外，2020

年全球新冠疫情暴发之际，招商局集团紧急捐助 30 万美元，用于购买 1 万台血氧仪和 3 万个高等级 N95 口罩等防疫物资，并在第一时间通过专机送达白俄罗斯，对其国内抗疫行动形成有力支持。某种程度上看，招商局在白俄罗斯的深度社会参与和持续公益投入为两国合作打下深厚的民间基础，推动中白两国全天候全面战略伙伴关系不断走向深入。

# 第十四章　努力承担行业支持责任：
## 成为公益行业的引领者

作为一个典型的公益资源集合型组织，招商局慈善基金会在过去十多年间，通过持续的资源投入和理念方法创新，积极承担起行业发展支持责任，也有效地推动了基金会在我国公益行业内多元影响力的打造。在具体做法上，招商局慈善基金会主要通过推动行业生态建设和议题倡导两种行动策略积极参与到国内公益行业发展的推动工作中。

行业生态建设方面，招商局慈善基金会持续深度参与包括中国基金会发展论坛和资助者圆桌论坛在内的国内多个重要行业平台，与平台多元主体联合行动，共同致力于促进中国基金会行业生态系统构建，推动行业基础设施建设并助力行业人才培养。

议题倡导方面，结合机构自身在相关领域的工作开展，招商局慈善基金会积极参与到包括城乡社区治理、乡村卫生健康及城乡流动在内的多个行业议题建构推动工作中，通过行动网络搭建、价值理念倡导和行业知识生产等多种方式对相关议题领域的多元主体参与及资源投入进行引领和带动。

随着对公益行业支持工作的持续推进，招商局慈善基金会的行业影响力也不断提升，获得了广泛的行业认同并获颁多项行业荣誉，包括 2020 年12 月入选代表国内民间公益组织极高认可度的第四届中国基金会评价榜"金桔奖"、2021 年 10 月获得第九届中华人口奖"特别贡献奖"等。

## 第一节　发起联合行动营造公益生态

招商局慈善基金会参与公益行业支持的关键策略之一是通过参与发起

或加入相关联合行动平台，在多元主体合作的框架下共同推动国内公益行业生态建设和专业化发展。纵观招商局慈善基金会成立以来的相关探索与实践，其行业生态推动工作主要通过行业基础设施建设、组织能力促进提升和专业人才培育发展等具体途径来开展。

## 一 推动行业基础设施建设

类似于生物学的生态系统概念，公益行业生态指向公益行业内部处于不同节点位置的相关环境支持要素及关键行动者构成的关系网络。其中，行业基础设施是支撑整个公益行业有效运行的基础性环境，这种环境有助于公益行业内所有组织行动者开展工作并最终达成其使命。不过，由于行业基础设施使用的非排他性特征，并不是所有机构都有意愿对行业基础设施建设进行投入，此时处于公益行业生态价值链上游的基金会可以发挥独特的价值和作用。招商局慈善基金会行业生态推动工作的关键措施之一就是通过支持相关行业平台积极推进行业基础设施建设，其中所依托的一个重要平台是中国基金会发展论坛。

中国基金会发展论坛是我国公益基金会发展领域最重要的行业支持性平台之一，其前身为2009年由八家行业代表性机构倡导发起的"中国非公募基金会发展论坛"，2016年随着《中华人民共和国慈善法》的颁布实施，正式更名为"中国基金会发展论坛"①。招商局慈善基金会于2012年受邀加入中国基金会发展论坛，成为组委会成员，此后十多年间持续参与支持论坛相关工作开展。尤其是2017年论坛秘书处执行团队进一步注册成为一家实体组织，招商局慈善基金会在定期提供论坛会费支持的同时，也尝试以多种灵活形式支持论坛的行业发展推动工作。

在行业基础设施建设方面，2017年招商局慈善基金会提供30万元经费，支持中国基金会发展论坛秘书处团队联合北京墨德瑞特管理咨询机构共同开展"中国公益基金会素质能力模型建立项目"，项目聚焦基金会工作人员素质能力模型构建，进行相关人力资源管理工具开发，通过行业基

---

① 该论坛致力于通过举办年度会议、策划区域峰会、开展行业问题研究及进行行业倡导等多种途径，加强中国基金会行业内部沟通与合作，推动建设中国基金会行业生态系统，力图使中国基金会行业真正发展成为有效解决社会问题、促进社会良好运转的重要力量。

础设施建设行动有效促进基金会行业人才专业化发展。在 2017 年《基金会工作人员素质能力库 1.0》手册开发构建的基础上，2018 年招商局慈善基金会又追加投入 28.7 万元，支持两家机构对 1.0 版本手册进行优化，并将工具应用场景拓展至基金会以外的更广泛公益组织，最终形成项目成果《公益组织素质能力库 2.0 及其应用手册》，积极为国内公益行业发展提供基础公共产品服务。

在中国基金会发展论坛以外，招商局慈善基金会参与的另一个重要的行动网络是由南都公益基金会等多家行业机构于 2016 年底联合发起的"中国好公益平台"。该平台主要聚焦优质公益产品的复制推广和规模化应用问题，通过寻找和遴选一线社会组织的优秀公益服务模式，为公益机构搭建对外交流和展示的平台，并以定制化资金资助和规模化能力培训形式支持优质公益产品复制和推广，最终实现高效、精准、大规模解决社会问题。招商局慈善基金会自 2017 年起受邀加入中国好公益平台成为其联合共建机构，并在此后数年间提供资金支持平台开展包括公益机构影响力规模化研究、社会组织监测评估能力建设等在内的一系列项目，在帮助中国好公益平台拓展其行业生态发展推动行动的同时，也扩大了招商局慈善基金会自身的行业影响力。

## 二　促进公益组织能力提升

如果说行业基础设施是支撑公益行业有效运行的基础环境要素，那么公益组织则是现代公益行业运行发展的核心行动主体。当前包括基金会在内的大量国内公益机构由于创立时间较短、经验积累不够等原因，专业能力不足，这是阻碍我国公益行业良性发展的一个重要因素。针对公益机构（尤其是基金会自身）专业能力不足的现状，招商局慈善基金会借助相关行业平台的专业力量，面向以基金会为主的公益组织积极开展能力建设工作，而资助者圆桌论坛就是核心平台之一。

鉴于针对一线社会组织的资助工作在公益行业生态构建推动中的重要价值以及国内基金会领域专业资助理念与资助技能的严重不足，2015 年招商局慈善基金会联合南都公益基金会、浙江敦和慈善基金会等四家行业代表性机构共同倡导发起"资助者圆桌论坛"，旨在打造中国资助型机构共学和共创平台，共同探索公益战略、项目以及机构治理管理的有效模式与方法，助力中国资助机构为推动社会问题解决做出独特的贡献。

根据平台最初框架设计，资助者圆桌论坛通过行动学习、互动咨询等多种形式，致力于为行业伙伴提供四项能力提升支持服务。一是秘书长私董会：从成员机构具体案例出发，针对机构的使命、战略、策略组合、核心项目、组织管理等关键事项召开私董会，在坦诚和关心氛围下，提出直率且实用的改进建议。二是资助工坊：从具体资助工作案例出发，通过案例研讨和私董会形式，帮助资助工作者学习和锤炼资助技能，完善资助项目设计，从而提升资助工作者的资助管理能力。三是陪伴式咨询：通过实践派专家及专业团队深入机构和项目提供长期深度咨询，帮助解决机构在资助过程中遇到的特定问题和挑战，包含使命战略梳理、资助机制建设、项目设计与监测评估体系设计等。四是资助知识库：开发专注于资助实践的理论、指南、案例及研究资料库等，为成员机构提供可随时阅读的在线知识信息库。

随着后续资助者圆桌论坛执行团队日益发展壮大，近年来招商局慈善基金会也尝试通过多元资助模式，支持执行团队针对资助型基金会能力建设工作开展更多探索。比如，2020 年招商局慈善基金会联合深圳市文合至雅公益基金会向资助者圆桌论坛秘书处团队提供 50 万元经费支持，针对国内资助型基金会一系列管理困境背后的治理能力问题开展"资助型基金会治理能力提升项目"，通过研发学习课程、开展能力建设培训、一对一诊断咨询等方式，探索理想情境下基金会治理的基本原则和实践做法，进而不断提升基金会的治理功能，为国内资助型基金会发展提供扎实的组织治理与管理机制保障，促进本土资助型基金会专业化能力的有效提高。

## 三 支持专业人才培育发展

除了行业基础设施及社会组织行动主体，现代公益行业的有效运行和发展都离不开大量兼具社会情怀与专业素养的公益人才。然而，与公益机构能力不足的问题类似，由于我国公益行业整体发展时间较短，在缺乏一定行业积累的情况下容易出现专业人才短缺的问题，而这种现象在国内基金会领域普遍存在。对此，招商局慈善基金会积极承担行业发展支持责任，通过相关行业平台联合行动来推动专业人才的培育。

继 2012 年受邀加入中国非公募基金会发展论坛并在后续几年间持续参与支持论坛相关工作开展，2015 年招商局慈善基金会联合浙江敦和慈善基金会，主动申请成为第七届中国非公募基金会发展论坛的轮值主席单位，负责主持论坛组委会在 2015 年的年度日常运营管理工作，并策划和推动论坛年会的召开。以此为契机，针对国内资助型基金会专业人才严重缺乏的问题，招商局慈善基金会和敦和慈善基金会一起协调推动，将 2015 年论坛年度活动主题确定为"倾听一线的声音"，旨在通过开展一线项目官员调研、举办基金会项目官员协力营、召开年度会议及地方分论坛研讨等一系列活动，来加强基金会行业对资助工作者能力建设与素质培养的重视，以此为公益行业生态建设奠定人才基础。

近年来招商局慈善基金会也持续资助中国基金会发展论坛秘书处团队开展人才培养工作。例如，针对基金会行业区域生态构建议题，2021 年招商局慈善基金会资助论坛秘书处开展"湖北基金会能力提升与生态建设项目"，尝试从区域性社群网络搭建和关键人才能力建设培育角度切入，推动基金会行业生态建设进一步向纵深推进。此外，围绕国内资助型基金会专业人才培养问题，招商局慈善基金会还支持论坛秘书处团队开展"资助工作者能力培养计划"，促进基金会资助工作者以社会问题分析为核心的工作能力提升。以上项目开展在我国基金会行业专业人才培育发展的支持推动过程中均发挥了积极作用。

## 第二节　建构行动议题，倡导价值理念

在通过行业平台开展联合行动积极推动公益行业发展之外，招商局慈善基金会行业支持的另一个重要策略是，通过关键议题网络建构来对特定领域的多元主体参与及资源投入加以倡导和引领。尤其是近些年来，招商局慈善基金会越来越关注到议题引领工作的重要价值，逐渐以更积极主动的姿态参与到多元议题的建构中，分别在社区发展治理、乡村卫生健康及

城乡人口流动等多个议题领域持续投入，充分发挥基金会作为资源集合型组织的行业引领和带动作用。

## 一 搭建城乡社区治理合作网络

招商局慈善基金会最早关注的是社区发展与治理议题，这在某种程度上与基金会在国内城乡社区发展与治理领域的长期深耕密不可分。在推动机构城乡社区发展与治理项目品牌化探索过程中①，除了资助大量一线社会组织开展项目实践，招商局慈善基金会也尝试对相关议题网络给予支持。

从 2012 年开始，招商局慈善基金会连续资助"百名女村官论坛"，通过每两年一届的论坛，为中国农村社区女性领导者搭建交流平台，并就不同时期女性"村官"关注的社会热点问题展开研讨和培训。2013 年，招商局慈善基金会支持北京农禾之家和山西永济蒲韩乡村社区共同发起旨在促进乡村发展人才培养的"乡土社区工作者培训计划"，并在 2014 年配套启动"乡村文化及人文价值探索研习营"项目，积极推动乡土社区工作者将文化反思视角融入乡村发展工作。② 此外，从 2014 年开始招商局慈善基金会还尝试资助陕西妇源汇性别发展中心等机构开展"乡土工作者学习网络建设"项目，针对国内农村社区工作者专业能力不足的现状，通过相关课程及教材开发、集中培训等形式进行能力建设。在此基础上，2016 年招商局慈善基金会又进一步整合推出"招商局·幸福田野"乡村人才支持计划，当年投入资金 60 多万元，支持农村发展领域专家和社区工作者开展研究，以探寻乡村社区发展项目手法、行业性议题和未来发展方向等，同时关注研究产出对行业及公共政策的影响。

如果说上述议题推动工作还只是相对零散地展开，那么随着基金会乡村社区发展项目品牌化探索的持续推进，尤其是 2017 年邀请外部专家团队对"招商局·幸福家园"乡村社区支持计划开展独立评估后，招商局慈善

① 有关招商局慈善基金会在城乡社区发展与治理领域的项目品牌化探索，详见本书下编第十一章内容。
② 有关"乡土社区工作者培训计划"和"乡村文化及人文价值探索研习营"项目的详细介绍，可参见本书下编第十章相关内容。

基金会开始更加有意识地对相关议题网络进行建构。比如，2018 年招商局慈善基金会支持资助者圆桌论坛秘书处团队开展"活力乡村——中国乡村发展合作网络计划"项目，致力于搭建中国农村发展领域资助型基金会联合行动网络，通过行业议题研究、集体游学和能力建设培训等多种形式，促进国内农村社区发展领域资助型基金会之间的交流和互动。基于基金会联合行动网络的打造，项目希望先在一定范围内凝聚行业共识，有效增强资助型基金会对农村社区发展领域的整体性理解，并培养基金会工作人员的社区工作理念和手法，最终达到共同支持和推动我国农村社区发展领域社会组织能力提升的目标。

2020 年以后，社区发展与治理领域工作进一步拓展至城市社区，招商局慈善基金会开始更系统地推进对城乡社区治理的议题倡导工作。2020 年，招商局慈善基金会受邀加入"中国社区发展促进网络"，该行动网络由新冠疫情暴发初期的"社区战疫支持联盟"发展而来，后逐步转型成为国内社区建设与发展领域的行业支持性平台。平台致力于通过推动我国城乡社区治理领域的基础设施建设，重建社区关系，发展社会服务产业生态链，促进城乡社区发展。作为行动网络的理事单位，招商局慈善基金会在为平台提供运营经费的同时，2021 年还联合平台的专家针对蛇口社区多元主体开展的服务项目设计进行专业支持，推动创新型社区产品落地实施。

为了配合城乡社区治理领域资助工作的有效推进，招商局慈善基金会也尝试在已有合作伙伴内部积极开展相关议题倡导建构工作。从 2021 年起，招商局慈善基金会开始策划组织城乡社区治理主题伙伴交流会，邀请基金会合作伙伴参与，围绕我国城乡社区治理领域的相关核心问题展开深度交流和研讨，积极推动行业伙伴内部的经验共享和知识共创。其中，2021 年基金会伙伴交流会以"向下扎根，向上生长"为主题，邀请 27 家行业伙伴代表机构参加，在为期两天半的会议中围绕我国城乡社区治理的基本格局及多元参与路径等相关问题进行深入研讨碰撞。在此基础上，2023 年基金会进一步聚焦社区发展领域的关键议题"社区自组织培育"，策划"社区发展共创营"伙伴交流会，基于基金会积累的专业知识，通过邀请伙伴机构参与社区自组织知识输出和共创，推动合作伙伴对社区自组织培育的格局、脉络、关键问题及解法、自身位置及可行方向等问题形成整体性认知，也推动基金会探索从项目资助、有效解决方案输出到广泛应用的闭环。

## 二　倡导乡村卫生健康联合行动

招商局慈善基金会议题推动工作的第二个重点领域是乡村公共卫生与医疗健康，基金会对该行动议题的关注可以追溯到机构在推进集团定点扶贫工作过程中开展的乡村卫生室项目。2016 年，针对集团定点扶贫县贵州威宁基层医疗资源基础薄弱的实际情况，招商局慈善基金会启动实施贫困乡村标准化卫生室硬件设施改造建设项目，前后数年时间投入资金 1.8 亿元，在威宁县资助建设幸福乡村卫生室 541 间。[①] 此外，在配合集团进行乡村卫生室大规模基础设施建设资金投入的同时，招商局慈善基金会还充分发挥自身作为公益事业平台的优势，积极对接外部资源多方位支持威宁县健康扶贫工作，从 2018 年开始与中国人口福利基金会等机构合作，策划实施乡村医生能力提升培训计划，帮助培养基层医疗卫生人才。截至 2024 年 11 月，已对贵州威宁、湖北蕲春、云南镇雄、云南武定和永仁、江西青原等广大乡村地区的 6500 余名村医开展了系统化培训。

基于前期探索，招商局慈善基金会与合作伙伴在项目实践中逐渐意识到虽然民间公益行动在促进乡村公共卫生和医疗健康发展方面能够发挥重要作用，但目前社会部门的参与普遍存在碎片化、难以规模化及政府与社会合作不到位等问题，靠单个公益组织的力量无法有效应对相关挑战。于是，招商局慈善基金会在 2020 年进一步联合中国人口福利基金会、北京三一公益基金会、周大福慈善基金会等机构共同发起"乡村卫生健康联合行动"网络（以下简称"网络"），旨在通过经验分享、议题研究和学习、联合行动等方式，来支持成员机构乃至行业加深对该议题的认识，探索社会部门可发挥价值的行动方向，提升公益资源使用的有效性，共同助力于中西部农村地区健康水平的提高。

---

① 有关招商局集团在贵州威宁推动幸福乡村卫生室建设的具体情况，详见本书下编第十章。

立足议题推动，网络在成立之后逐步推进联合行动。初创期在第三方专业支持机构的有效协作下，一方面对乡村卫生健康服务体系和供给现状开展研究，为成员们呈现全景视野，一方面动员更多行业伙伴加入，通过战略共创方式积极探索网络的价值定位，同时就潜在的行动目标及战略框架等达成共识。2020年网络召开学习及协作工作坊并取得丰硕成果，包括充分肯定建立网络的重要价值，经过讨论初步确立了在村医发展等方面潜在的联合行动方向，并就支持相关项目行动推行的具体网络运营机制形成一致意见。

在2020年行业伙伴战略共创的基础上，2021年"乡村卫生健康联合行动"网络正式进入运作阶段。在该阶段，网络一方面深化对于议题的研究与学习，包括针对中西部地区乡村卫生服务质量提升的典型瓶颈、社会组织在乡村卫生服务供给中的角色和价值进行研究，推动成员之间的交流分享和行动学习；一方面以行动为导向，抓取关键议题并基于社会部门行动经验进行了专题研究和案例梳理，面向成员乃至行业提出社会组织可干预方向。包括面向行业输出了《中西部乡村卫生健康服务质量提升瓶颈研究》，开展"农村地区慢性病防控：社会部门如何参与?"主题分享会，发表三篇专题研究，加深了行业对该议题的认识。

此外，网络也尤为重视对外发声，基于议题洞察和解决方案的梳理，联合政府部门、行业平台、社会组织伙伴，推出线上、线下论坛并传播相关研究成果，针对社会部门可发挥作用的行动方向进行经验总结和传播，也动员更多伙伴关注和加入，共同推出更多样和有效的干预方案。

随着相关工作的推进，"乡村卫生健康联合行动"网络的发展愈加深入，包括进一步深化联合行动，联合成员乃至更广泛的行业伙伴，成为相关议题的有效干预模式的研究、落地实践、输出的"试验田"。比如结合前期针对农村慢性病管理这一关键问题及可干预方向的洞察，以贵州威宁为试点，开展威宁县慢性病预防控制项目，探索政社协同的县域医疗卫生管理机制创新。在此过程中也针对成员们的行动策略深入探讨，推动成员机构找到共同行动的连接点和自身工作的聚焦点。与此同时，基于行业议题研究，平台将以多种形式与更广泛行业伙伴共享及传播知识经验，针对社会部门参与乡村卫生健康工作展开持续探索。

### 三　推动城乡流动议题研究与服务实践

招商局慈善基金会在关注城市化发展趋势、将社区发展与治理领域的资助工作从乡村拓展至城市的同时，也尝试推动为公益实践界呈现一个更全局、更动态、更深入的视角，触及更底层的结构性问题。比如城乡流动、人口和经济的空间布局的不断调整对于社会部门意味着什么，如何平衡公共产品供给的效率与公平，如何跳出社会部门的视角来看政府、企业、社会如何有效分工协作、推动社会治理现代化，等等，进而结合学者的洞见和跨界对话，来探讨这些问题背后的深层次原因、趋势、原理与规律，以期看清未来行动方向，启发思考，指导实践。

2019 年，招商局慈善基金会联合上海交通大学中国发展研究院"城市酷想家"团队推出"流动的中国"研究网络，旨在聚焦城市化和现代化进程中政府、市场与社会三者关系重构问题，通过资助青年社会科学家开展研究、举办"流动的中国"系列学术论坛等，探索中国社会治理的现代化之路。2019 年 11 月，以"城乡融合与乡村现代化"为主题的首期"流动的中国"论坛成功举办，标志着基金会着力推动的议题研究网络建设工作正式启动。此后，招商局慈善基金会邀请知名学者，针对城镇化、流动人口、社会治理、乡村振兴与共同富裕、土地制度改革、公共品提供等热点话题展开讨论，还依托中国基金会发展论坛年会的平台，每年选取公益行业相关的代表性议题举办跨界论坛，以此积极搭建学术界与公益界之间的对话交流平台。与此同时，基金会在 2020 年 3 月对外发布"何为而治——中国当代社会治理研究"资助计划，支持青年学者围绕城市化进程中社会治理创新问题展开专题研究，以通过研究启发实践。截至 2024 年 4 月，"流动的中国"系列学术论坛先后举办相关研讨交流活动 16 期（包括依托中国基金会发展论坛联合举办 5 期活动），青年学者资助计划对外发布 5 期（共资助青年学者开展相关项目研究 61 项），基金会倡导推动的"流动的中国"研究网络逐步成形。

表 14-1　"流动的中国"系列学术论坛

| 时间 | 主题 |
| --- | --- |
| 2019 年 11 月 15 日 | 城乡融合与乡村现代化 |
| 2020 年 10 月 21 日 | 权力界定的空间表达——城乡中国视角下的一道难题 |
| 2020 年 11 月 23 日 | 城市化进程中的公共品供给 |
| 2020 年 12 月 11 日 | 城市发展的观念障碍——刘守英、陆铭的对话 |
| 2020 年 12 月 14 日 | 市场化促进市民化："我的打工网"调研报告发布会 |
| 2020 年 12 月 20 日 | 城市化、农业发展与环境保护 |
| 2021 年 4 月 11 日 | 从 65% 的预期目标看"十四五"城镇化速度和质量 |
| 2021 年 5 月 24 日 | 人口结构与人口流动：第七次全国人口普查告诉我们什么？ |
| 2021 年 5 月 26 日 | 土地制度改革对中国经济转型的关键意义 |
| 2021 年 9 月 5 日 | 乡村振兴与共同富裕——市场、政府和社会的作用 |
| 2021 年 11 月 23 日 | 公共服务供给中的政府、市场与社会 |
| 2022 年 11 月 23 日 | 疫情下流动人口社会服务需求与挑战 |
| 2023 年 8 月 9—11 日 | 移民融入与社区支持 |
| 2023 年 11 月 23 日 | 城市化与流动儿童社会支持 |
| 2024 年 9 月 7 日 | 以人为本的新型城镇化建设：重点与趋势 |
| 2024 年 11 月 24 日 | 以人为本的新型城镇化建设的趋势与机遇 |

表 14-2　"何为而治——中国当代社会治理研究"项目资助情况

| 期次 | 资助结果发布时间 | 资助研究项目数量 |
| --- | --- | --- |
| 第一期 | 2020 年 5 月 20 日 | 8 个 |
| 第二期 | 2021 年 1 月 7 日 | 16 个 |
| 第三期 | 2022 年 1 月 12 日 | 15 个 |
| 第四期 | 2023 年 4 月 12 日 | 14 个 |
| 第五期 | 2024 年 4 月 19 日 | 8 个 |

　　除了支持相关议题研究网络的搭建，近年来招商局慈善基金会还尝试在流动人口议题框架下，针对不同群体展开更具体的行动和倡导。比如，在机构持续关注的流动儿童议题方向上，2021 年招商局慈善基金会与广东省千禾社区公益基金会联合资助了珠三角流动儿童社区组织发展与学习网络，并联合上海联劝公益基金会、广东省千禾社区公益基金会、资助者圆桌论坛等行业伙伴共同发起"流动儿童议题小组"，围绕流动儿童社区服

务有效供给问题开展一系列项目开发与探索实践。此外，针对流动女性的城市社会融入议题，2022 年招商局慈善基金会与中国人口福利基金会联合推出"他乡的妳"流动女性支持计划，该项目也是 C Pal 项目的有机组成部分，旨在通过链接资源机会、构建支持网络、组织能力培训及开展学术研究等多种形式，帮助流动女性更好地融入城市社会，进而在城市空间实现个人和家庭的更好发展。首期共支持 29 家社会组织扎根社区，结合自组织培育、社会服务、社区动员及参与等工作手法，开展了亲子早教、心理疏导、职业规划培训、社群打造等活动。截至 2023 年底，共开展活动1473 场，18338 人次直接受益，39725 人次间接受益，有效推动了流动女性生活质量的改善、个体和家庭的发展、对社区和城市归属感的提升。相关项目行动的探索开展，也推动流动人口社区服务实践不断走向深入。

# 后 记

招商局以其 150 余年的慈善公益历程，书写了一部跨越三个世纪的责任史诗。从民族危难之际的诞生，到新时代的蓬勃发展，招商局集团始终秉承"与祖国共命运，同时代共发展"的核心价值观，将践行社会责任全面融入企业战略、管理和经营中，引领商业向善，推动社会发展，促进公益现代化，创造共享价值，体现出大国央企的责任和担当。

在招商局慈善基金会与湖南师范大学、深圳市社会科学院的专家团队通力协作、共同努力下，本书历经数次打磨，最终呈现在大家面前。在编纂过程中，我们有幸得到了胡政等老领导的鼎力支持，他们的智慧与经验对本书的构思和完善起到了不可或缺的作用。招商局慈善基金会原秘书长钱益兵最早支持了本书的编撰立项。在此向他们表示最诚挚的谢意！

2022 年 7 月，《招商局慈善公益史》的编纂工作正式拉开序幕。在招商局集团领导的悉心指导下，招商局慈善基金会担纲统筹，湖南师范大学慈善公益研究院周秋光教授领衔的团队承担了招商局近代慈善公益史的编纂任务，深圳市社会科学院的徐宇珊研究员与赖伟军副研究员则负责呈现当代招商局的慈善公益足迹。2022 年下半年到 2023 年上半年，两个团队分别数次前往招商局档案馆等地查阅历史档案，掌握基础资料；2023 年 4 月，两个团队共同参观了招商局历史博物馆，并探讨本书的研究思路、研究框架及后续研究计划。此后，周秋光教授团队在撰写过程中充分发挥团队智慧，多次召开线上线下会议，就招商局近代慈善公益部分的史料收集、研究思路、研究框架等问题进行讨论。其中，周秋光教授负责确定研究思路、篇目框架、写作提纲及统稿工作，王猛博士、黄召凤博士负责项目联络、统稿修改等工作，第一至五章的初稿分别由任蜜、万佳敏、陈镱苇、欧阳均灵、张翰林撰写完成，湖南师范大学慈善公益研究院曾桂林教授、向常水副教授也提出了宝贵的意见与建议。徐宇珊研究员和赖伟军副研究员根据研究需要还深入访谈了多位当事人，并前往实地调研。2024年下半年，招商局集团领导、招商局慈善基金会全体同人、招商局档案馆同人等全面审阅了书稿初稿，对结构和内容进行了细致的修改和补充；2024年8月，本书初稿递交社会科学文献出版社，出版社编辑以严谨细致的态度，对书稿修改提出了宝贵建议和专业指导。《招商局慈善公益史》是招商局集团、招商局慈善基金会、湖南师范大学和深圳市社会科学院两个团队、社会科学文献出版社共同智慧的结晶，历经各方的辛勤耕耘，这部作品才得以最终呈现。

如何传承百年积淀的社会责任意识，积极做好企业公民，始终是招商局认真把握并身体力行的重要课题。值此招商局慈善基金会成立15周年之际，我们回顾和梳理招商局慈善公益的辉煌历程，不仅是对过去的总结，更是对未来的展望。在新的发展节点上，招商局集团将继续以创新和引领的姿态，围绕"国家所需、大势所趋、招商所能"，为中国乃至全球的慈善公益事业提供实践经验，为忠实履行新时代新使命做出新的更大贡献。

**图书在版编目（CIP）数据**

招商局慈善公益史 / 张军立等编著 . --北京：社
会科学文献出版社，2025.2. --ISBN 978-7-5228
-4547-0

Ⅰ. F552.9；D632.1

中国国家版本馆 CIP 数据核字第 2024976FG8 号

---

招商局慈善公益史

---

编　　著／张军立　周秋光　徐宇珊　赖伟军

出　版　人／冀祥德
责任编辑／宋荣欣　陈肖寒　邵璐璐 等
责任印制／王京美

出　　　版／社会科学文献出版社·历史学分社（010）59367256
　　　　　　地址：北京市北三环中路甲 29 号院华龙大厦　邮编：100029
　　　　　　网址：www.ssap.com.cn
发　　　行／社会科学文献出版社（010）59367028
印　　　装／北京联兴盛业印刷股份有限公司

规　　　格／开本：787mm×1092mm　1/16
　　　　　　印张：18.75　字数：305 千字
版　　　次／2025 年 2 月第 1 版　2025 年 2 月第 1 次印刷
书　　　号／ISBN 978-7-5228-4547-0
定　　　价／118.00 元

---

读者服务电话：4008918866